2019年度教育部人文社会科学项目青年基金
"南非青少年国家认同教育及其对中国的启示研究"（编号：19YJC880051）资助

非洲教育研究丛书

弥合撕裂
南非基础教育观察

刘秉栋◎著

HEALING THE DIVIDE:
AN OBSERVATION OF BASIC
EDUCATION IN SOUTH
AFRICA

ZHEJIANG UNIVERSITY PRESS
浙江大学出版社
·杭州·

图书在版编目（CIP）数据

弥合撕裂：南非基础教育观察 / 刘秉栋著. -- 杭州：
浙江大学出版社，2023.1
　ISBN 978-7-308-23245-6

　Ⅰ．①弥… Ⅱ．①刘… Ⅲ．①基础教育－研究－南非
Ⅳ．①G639.47

中国版本图书馆CIP数据核字(2022)第213612号

弥合撕裂：南非基础教育观察
MIHE SILIE：NANFEI JICHU JIAOYU GUANCHA

刘秉栋　著

策划编辑	吴伟伟
责任编辑	陈　翩
责任校对	丁沛岚
责任印制	范洪法
封面设计	雷建军
出版发行	浙江大学出版社
	（杭州市天目山路148号　　邮政编码　310007）
	（网址：http://www.zjupress.com）
排　　版	杭州林智广告有限公司
印　　刷	杭州高腾印务有限公司
开　　本	710mm×1000mm　1/16
印　　张	16.5
字　　数	230千
版 印 次	2023年1月第1版　2023年1月第1次印刷
书　　号	ISBN 978-7-308-23245-6
定　　价	68.00元

目 录

INTRODUCTION

绪

论

教育是个人发展的巨大引擎。通过教育，农民的女儿能够成为医生，矿工的儿子可以成为矿山负责人，农场工人的孩子可以成为一个伟大国家的总统。

——纳尔逊·曼德拉

国家兴盛，教育为本。鉴此，各国政府越来越自觉地将教育作为实现国家目标的重要手段。国情不同，必然会走出不同的基础教育改革发展道路，共同为全球基础教育发展注入多元的色彩，也为世界开启美美与共的多元文明时代注入活力和动力。然而，包括南非在内的非洲长期以来被媒体漫画化，并被缩小为一首痛苦的悲伤交响曲，致使大多数中国人将其视为一片富有异域风情而又无限神秘的地方，印象往往单一且符号化。[①] 实际上，位于非洲大陆最南端的南非，扼印度洋和大西洋两洋交汇要道，综合实力在非洲首屈一指，是我国"一带一路"倡议对接非洲的桥头堡。一方面，南非的教育事业在制度设计上走在国际流行的前沿，但同时它又不得不面对发展中国家办教育的现实困难，这种冲突凸显出了南非教育经验的典型意义，具有很好的研究价值。[②] 另一方面，南非基础教育的改革发展在一定程度上反映了非洲基础教育改革发展的面貌，是展现非洲人冲破桎梏、关照自己、谋求发展的缩影。本研究力图通过对南非基础教育宏观政策解读、基础教育改革发展脉络梳理、基础教育投入和成效检视、基础教育教材文本微观透视等构建起纵横阡陌、立体交错的南非基础教育改革发展图景，呈现南非政府如何通过基础教育改革塑造青少年的国家认同意识、推动基础教育向更好的方向发展，为人们进一步认识和理解南非基础教育发展状况打开一扇窗。

[①] [喀麦隆] 塞勒斯汀·孟加.非洲的生活哲学 [M].李安山，等译.北京：北京大学出版社，2016：36.
[②] 王琳璞，毛锡龙，张屹.南非教育战略研究 [M].杭州：浙江教育出版社，2014：2.

第一节　选题的缘起与意义

基础教育是教育事业的基石，是提高国民素质、培养国家建设人才的基础工程，也是民族复兴与国家强盛的重要支撑。[①]南非政府对此有清晰的认识，将基础教育发展置于较高位置，力图通过基础教育发展提高人口质量、增进人民福祉。南非基础教育部制定并发布的《2014 行动规划：面向 2025学校教育》指出，一个国家，只有所有人受到坚实的基础教育，方有可能安享和平、免受贫穷。南非是富有活力而又令人迷惑的新旧混合体。[②]在转型发展过程中，新的民族国家往往面临整合与发展的双重任务[③]，通过基础教育改革不断促进民众对新国家的认同往往是实现国家统合发展的主要途径。学校特别是承担基础教育任务的学校则是开展爱国教育、促进学生形成国家认同感并外化为国家认同行为的重要阵地。[④]默里·普云特（Murray Print）等认为，进入 21 世纪后，许多国家政府要面对更多提出质疑、不信任、不积极的公民，而且这些挑战还会随着年轻一代成长而进一步加剧。[⑤]

诺加德（Stefan Norgaard）研究认为，南非 25 岁以下的人口如今占到了55% 左右，这些"生而自由"（born free）的年轻一代缺乏种族隔离记忆，却将要在民族国家的公民和政治生活中扮演越来越重要的角色，其态度和价值观对南非未来发展有着举足轻重的作用。[⑥]因此，推动基础教育阶段南非青少年的国家认同教育对南非政府而言有着非同寻常的意义。科恩（Serene

---

① 宋乃庆，贾璞. 中国基础教育发展 100 年：走向公平与质量的教育——以党的教育方针为逻辑主线 [J]. 西南大学学报（社会科学版），2021（3）：127-139.

② [南非] 海因·马雷. 南非：变革的局限性——过渡的政治经济学 [M]. 葛佶，屠尔康，译. 北京：社会科学文献出版社，2003：411.

③ [瑞典] 斯特凡·I. 林德伯格. 非洲的民主与选举 [M]. 程迈，译. 南京：译林出版社，2017：13.

④ 欧阳常青，苏德. 学校教育视阈中的国家认同教育 [J]. 民族教育研究，2012（5）：10-14.

⑤ [澳] 默里·普云特. 何谓 21 世纪"好公民"：课程的视角 [M]// 檀传宝，[澳] 默里·普云特. 培育好公民：中外公民教育比较研究. 杭州：浙江教育出版社，2016：2.

⑥ Norgaard S. Rainbow Junction：South Africa's Born Free Generation and the Future of Democracy[D]. California：Stanford University，2015：2.

S. Koh）在其博士学位论文中指出，国家认同生根于儿童阶段。[①] 佐斌则进一步验证了这一观点，认为儿童在 6 岁之前尚不能够形成国家概念，但 7—9 岁便开始出现对自己国家或民族成员的系统性偏爱，10 岁之后产生初级的民族自尊心和国家自豪感等社会情感，到 14 岁以后，国家认同感趋向复杂，开始出现较大的个体差异。[②] 这几个年龄段恰好是学校的基础教育阶段，一定程度上反映出中小学是推进国家认同教育的关键时期。孔子曾言，"少成若天性，习惯如自然"。圣艾修伯里（Antoine de Saiot-Exupery）说过，所有的大人都曾经是青少年，虽然只有少数人记得。可以说，成人的许多行为反应与基础教育阶段所受的教育有着千丝万缕的联系。而广大中小学生的道德认知、思想水平、政治态度等，不仅影响其个人未来发展，更关系国家和民族未来命运。总之，基础教育是培根铸魂的事业，其重要性再怎么强调都不为过。

一、田野观察激发研究兴趣

2016 年 10 月，笔者受国家留学基金委"国际区域问题研究及外语高层次人才培养项目"资助，赴南非接受博士联合培养。在南非半年的生活、学习中，笔者得以近距离观察、访谈，以及倾听南非本地人与非洲其他国家的民众对南非基础教育的评价，这为笔者的南非基础教育改革发展研究积累了感性素材。对于在南非期间的体验与观察，笔者想借用胡塞尔在《欧洲科学危机和超验现象学》中的一句话来表达自己的想法："我不想教诲，只想引导，只想表明和描述我所看到的东西。我将尽我自己的知识和良心首先面对我自己但同样也面对大家来讲话。"[③]

① Koh S S. National Identity and Young Children：A Comparative Study of 4th and 5th Grades in Singapore and the United States[D]. Michigan：University of Michigan，2010：1.
② 佐斌. 论儿童国家认同感的形成 [J]. 教育研究与实验，2000（2）：33-37.
③ [德] 埃德蒙德·胡塞尔. 欧洲科学危机和超验现象学 [M]. 张庆熊，译. 上海：上海译文出版社，1988：21.

　　田野观察选择南非伊丽莎白地区（简称 PE），首先是因为它兼顾了南非城市与农村的特点，能够不失偏颇且比较全面真实地反映南非城乡基础教育的全貌；其次，伊丽莎白港是阿非利卡人和科萨人混合聚居区，白人和黑人有着更多的接触机会，能更近距离感受到后种族隔离时代南非基础教育对促进民族融合的效力；最后，伊丽莎白港的曼德拉都市大学接受笔者进行博士联合培养，为笔者接触更多的青少年以及到周边中小学考察提供了机会。伊丽莎白港是南非国父曼德拉（Nelson Rolihlahla Mandela）的故乡 ①，其实早已改名为曼德拉市，但当地人还在沿用旧称。

　　在伊丽莎白港地区，中小学一共 175 所（包括城镇与乡村在内）②，公立学校（public school）、私立学校（independent school）均有。相较而言，私立学校比公立学校的基础设施要好一些。位于萨姆斯特兰德珍维路 39 号（39 Jenvey Rd，Summerstrand）的私立学校皮尔逊高中（Pearson High School），就被在南非待了 3 年多的津巴布韦籍经济学博士塔福（Tafu）误认为是前模式 C 学校 ③。如今，在许多学校里，各种肤色的儿童似乎都能够比较融洽地相处，这一定程度上与后种族隔离时代的学校融合教育是分不开的。

　　在伊丽莎白港（见图 0.1），临近曼德拉都市大学有一所中学（Cape Recife High School），课间铃响后，孩子们一群接着一群地冲出教室，来到操场上。孩子们肤色不同，但对游戏有着相同的爱好。不像成人，除了必要的工作接触外，休闲时大都黑人与黑人一起，白人与白人一堆。孩子们对于肤色差异貌似不怎么介意，有一起荡秋千的，有在草地上追逐打闹的，还有三两个孩子时不时过去

---

① 曼德拉出生的小镇 Qunu 距离伊丽莎白港约 454 公里。

② School 4 SA Browse Schools in Port Elizabeth[EB/OL]. （2016-10-21）[2018-08-14]. http：//www. schools4sa. co. za/province/eastern-cape/port-elizabeth/.

③ 前模式 C 学校的相应英语表述为 ex-model C school，是指种族隔离时期专为白人学生而设的学校，民主转型后接受黑人学生入读，但迄今基础设施仍然相较其他学校更好。

推着坐轮椅的男孩四处走走晒太阳。①

图 0.1 Cape Recife High School 课间 2017 年 3 月 11 日摄于南非伊丽莎白港

　　然而放学后，路上抑或是海边玩耍的孩子便与家人待在一起，很少有那种色彩斑斓、温馨和谐的相处画面了。实际上，在伊丽莎白港期间，基础教育是很多人不经意间提及的话题，每个人的看法不同，但折射出了其重要性及存在的问题。在阿多大象国家公园（Addo Elephant National Park）午餐期间，导游兼司机莫文（Mervyn）说，如今小学 4 年级的孩子连自己的名字都不会写，同桌的荷兰夫妇只是一再表示同情。笔者接下话茬问起缘由，他显得讳莫如深，说自己也不知道。但能感觉到他的潜台词，他说"以前的教育质量挺好的"。这名中年白人男子话不多，除了进入景区讲解动物和路线外，一直保持沉默。小学教育质量问题是他那天唯一主动提及的题外话，却也没有多说什么。②塔福也提过，南非小学生的学习成绩很不理想，几乎没有达标的。问及缘由，他说孩子们吃不饱，甚至每天就指望着走很远的路

---

① 2017 年 3 月 11 日的观察。
② 2017 年 3 月 19 日的观察和访谈。

到学校去吃免费午餐，吃饱后自然就瞌睡了，没有精力学习。[①]罗特恩都（Lotowndo）说："现在许多孩子的成绩还是很不理想，我虽然不怎么回家，但回去一定会给比我小的弟弟妹妹们买学习用具，鼓励他/她们好好学习，并拿我自己做例子，让他/她们相信教育真的能够改变命运。"[②]一定程度上，白人觉得不分种族让所有的孩子融入同一所学校拉低了原来的质量，黑人则认为是贫穷限制了孩子们的学习精力所致。尽管面临许多困难，但黑人群体对教育改变命运及社会地位依然抱有希望。

二、南非基础教育歧见颇多

南非高等教育享誉全球，基础教育却备受诟病，中小学生学业测试一直落后于许多中等发展水平的国家甚至是非洲一些欠发达的国家，国民对基础教育的期待和现实落差很大。21世纪初，南非政府响应全球全民教育行动，兴建了许多中小学以满足基础教育阶段的学生入学需要。据2007年南非国家报告，全南非约有26292所学校（包括1098所注册的独立学校或私立学校），其中7—12年级的高级中学约6000所，其余为0—6年级的初级学校，可容纳1230多万名学生。[③]南非适龄儿童就学机会一定程度上得到了较好保障，但基础教育发展不均衡现象仍然较为突出。有报告指出，南非约有500所学校用泥土搭建而成，这种现象在东开普省更是常见。相较之下，西开普省南部地区有些学校占地面积广阔，板球场如同槌球草坪一样平坦，设施先进可见一斑。

尽管如此，南非基础教育还是为南非人对国家的认知和为国家感到自豪奠定了一定基础。在萨姆斯特兰德镇（Summerstrand Village）的标准银行

---

① 2018年2月5日的访谈。

② 2016年12月18日的访谈。

③ Isaacs S. Survey of Ict and Education in Africa：South Africa Country Report[R]. Washington：infoDev，2007：4.

（Standard Bank）^① 服务中心办理银行卡时，财务经理珍妮（Jenny）说比勒陀利亚和开普敦是南非特别值得去的两个地方，建议都去看看，如果非要选择一个，开普敦是必去的地方。公寓管理处的白人经理马迪（Madi）也很推荐开普敦，并细数了开普敦的几个知名景点，像桌山（Table Mountain）^②、好望角（Cape of Good Hope）以及斯坦林布什附近的酒庄，等等。她说得眉飞色舞、自豪不已。南非当地人推荐的这些景点及具有鲜明南非特色的地方实际上在南非基础教育教材中大都有显著的呈现，可以说国民的自豪感与所受的教育不无关系。

　　无论经济社会如何转型或发展，也无论人们对教育持有怎样的歧见，教育依然是南非大部分人获取社会资本的主要途径。通常情况下，政治资本、经济资本和文化资本决定着社会群体的阶级位置及综合社会地位。在南非，经济命脉很大程度上依旧掌握在白人手中，换言之，许多白人掌握着经济资本。国家政权组织为黑人尤其是人数较多的族群所把控，也就是说小部分黑人占有了组织资本。相对而言，唯有文化资本是一个相对开放的资本，实现占有的主要途径便是通过受教育掌握应有的知识和技能。因此，不同于其他资本的相对固化，文化资本某种程度上在南非呈撕扯状，是各族群竞相占有的重要资源。南非国家教育场域的资本角力如图0.2所示。

---

① 标准银行集团是总部位于南非的一家银行，在约翰内斯堡证券交易所和纳米比亚证券交易所挂牌。按市值和盈利计算，标准银行是非洲最大的银行。该集团在20个非洲国家、全球共38个国家设有分行。
② 桌山位于南非开普敦城区西部，有着"上帝的餐桌"的美誉，是开普敦最显著的地理标志，也是南非首屈一指的旅游景点。

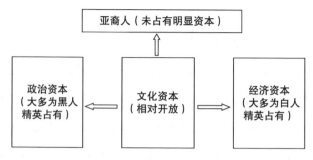

图 0.2　南非国家教育场域的资本角力

虽然民主转型后，政府竭力保障公平教育，推进学校种族融合，给黑人儿童提供入读前模式 C 学校的机会，但南非国家教育场域的资本角力并非完全公平、公开和透明，其实也在进行资本互换或转化，尤其是经济资本能够较为容易地转化为文化资本。因此，时至转型 20 余年后的今天，许多白人儿童依然能够在考试中取得更为理想的成绩，这与其先期占有的经济资本不无关系。经济资本是入读好的私立学校的基础，当然，政治资本也能够为入读好学校提供强力支撑，某种程度上，南非教育场域的角力已逐渐从肤色符号竞争转为资本符号竞争。

三、研究的理论意义和现实意义

南非首任黑人总统曼德拉指出，教育是改变世界最有力的武器。教育还是加强文化理解、民心互通的极好切入点。因此，无论是从比较教育学术视野，还是从我国的国家发展战略的角度考虑，南非基础教育研究都具有明显的学术价值和现实意义。选择研究南非基础教育改革发展问题主要基于以下两方面原因：一是基础教育受益面广，牵涉更多未来国民的认同问题，值得深入研究；二是基础教育是青少年认同形成的关键期，他们所受的教育直接关乎其国家意识，也关乎国家未来的稳定和发展。

（一）理论意义

其一，研究南非基础教育改革发展有助于对南非转型后的政治、经济、社会、人文等诸方面形成全景式的认识。基础教育所包含的具体教育阶段和内容层次是一个动态的体系，深受经济社会发展的影响。基础教育，既是培养公民基本素质的教育，也是深度了解一个国家的重要窗口。南非非洲人国民大会（ANC，简称非国大）旨在将国家建成一个"真正团结、无种族歧视、无性别歧视、民主、繁荣的南非"[①]。一方面，该目标的实现离不开基础教育发展奠定的良好基础；另一方面，该目标的实现有助于推进国民形成共感（we-ness），从而为经济社会发展贡献智慧和力量。

其二，研究南非基础教育中的国家认同问题，可以有效丰富国别研究中的国家认同问题，为后来者进一步研究打下基础。吴方彦和孙蔚在对国家认同问题研究进行综述后指出，现有的文献中还较少有学者关注其他国家的认同状况。[②] 从比较视角来看，国内非洲教育研究兴起较晚，从译介、述评到参与、融入研究是一个渐进的过程，目前在非洲教育一体化、国别研究、对非援助等方面均有丰硕的成果，但政治学、人类学等其他学科比较关注的国家认同问题，却鲜见有以非洲国家为对象的中国教育视角的研究。以教材分析为切入点，从微观层面透视教材的出版者及其呈现的南非历史、文化、英雄人物、本土知识、语言状况等是关于南非研究的新尝试。

其三，研究南非基础教育改革发展问题有助于认识南非转型后的综合改革发展进程。基础教育是一个国家和民族最根本的事业，教育综合改革是一个国家全面深化改革的重要组成部分，是国家统合与稳定发展的基础。非洲国家独立后，现代化道路探索面临重大挑战，其中最核心的挑战是建构现代

---

① Zuma J. Statement of the National Executive Committee on the Occasion of the 104th Anniversary of the African National Congress[EB/OL]. （2016-01-08）[2017-12-05]. http：//www. politicsweb. co. za/politics/anc-january-8th-statement-2016- -jacob-zuma.

② 吴方彦，孙蔚. 国家认同研究中的核心问题探析 [J]. 南京社会科学，2016（6）：72-78.

民族国家 ①，它在本质上是非洲国家如何灵活调配和推动基础教育改革发展凝聚国民向心力的问题。基础教育是促进青少年国家认同的重要途径，然而南非基础教育成效不甚理想。南非基础教育部指出，与其他非洲国家或相似的发展中国家相比，南非基础教育的最大问题是高投入低产出现象严重。② 这种失衡现象具体反映在中小学教育成效不足及其目标落实差距等诸多方面，为此，洞悉基础教育改革发展历程、现状与未来发展路向，厘清其中的影响因素、发现调适途径，有利于推动教育投入和产出形成良性互动。

其四，借助场域理论分析南非基础教育中的国家认同问题是一次新的尝试，可以为国家认同教育研究注入新的认识视角。国家认同教育政策的出台是执政者借以调配资本、创制和传递符号的重要途径，而教材中的国家象征符号的传递则是为了让学习者形成惯习。因此，场域理论中的关键词如资本、符号和惯习等能够较好地融合到国家认同教育分析框架中解释新南非青少年的国家认同危机形成原因，并有助于提出解决问题的策略。

（二）现实意义

其一，南非基础教育发展状况是了解非洲基础教育发展的窗口。南非是非洲地区的"领头羊"，也是金砖国家的成员国之一，在国际社会事务中有着广泛的影响力。作为人类文明的多彩一极，南非的教育、经济、社会发展也会给中国带来许多机遇。中国与南非是全面战略伙伴关系，在经济贸易、人文交流等方面有着密切联系，两国面临的教育挑战有着一定的可比性。透视了解南非基础教育改革发展历程与现状，总结其中得失成败和经验教训，能够为我国基础教育改革发展带来一定启示。

其二，通过分析、解读南非这一异于我国的教育实体的基础教育改革发

---

① 肖宏宇. 非洲一体化与现代化的互动 [M]. 北京：社会科学文献出版社，2014：3.

② Department of Basic Education. Challenges Facing Education in South Africa[EB/OL].（2009-10-26）[2016-10-19]. http://www. cepd. org. za/files/pictures/The%20Challenges%20Facing%20Education%20Interview%20Nov%2009. pdf.

展面临的挑战和存在的特有现象，能更好地增进彼此间的理解。在全球化浪潮之下，多元的文化与传统逐渐褪掉了南非基础教育应有的色彩，南非的国家认同教育遭遇不断的侵蚀。南非如何将关乎民族国家兴衰的青少年培养成富有国家认同感的公民，以便将来为实现民族国家的复兴做出应有贡献，是值得教育研究者深入探索的问题。非洲教育研究需要从"局外人"向"参与者"转型①，这就要求研究者深入田野去体验、观察，切身地感受全球化和本土化之间的张力对南非教育及经济社会发展等诸方面的影响。这种带有人类学性质的研究方法有助于拓展教育研究方法、拓宽研究视野。

其三，廓清南非基础教育改革发展推进族群融合的有效路径。实现和平转型后，南非经济持续增长，但文化传统及本土知识没有得到应有的重视，黑人与白人暗自较劲，冲突时隐时现，归根结底还是认同危机时有露头。南非与先发国家相比，依然备受贫穷、失业等问题的困扰，同一个国家的公民视彼此为"他者"，缺乏共感或者我群意识（we feeling），这就需要通过培养国家认同感来提升南非人民的干劲，凝聚民族精神，鼓舞人民团结。南非在"去殖民化"（deconlonization）方面积极努力，如 2015 年发生的"罗德斯必须倒下"运动，但破坏性明显而建设性缺乏，在发扬民族文化方面没有发掘到适合的载体，在促进国家认同和塑造优秀公民方面收效甚微。因此，本书对于南非基础教育改革发展促进民族国家认同的研究，有助于发现南非如何实现前总统姆贝基（Thabo Mvuyelwa Mbeki）倡导的非洲民族复兴的进路。

---

① 楼世洲，徐倩，万秀兰. 对我国非洲教育研究的思考 [J]. 教育研究，2016（10）：138-142.

第二节　文献综述

一、概念界定

本研究中的核心概念包括"南非""基础教育"和"国家认同"三个词组。其中，南非既是一个政治概念和地理概念，也是一个历史概念；基础教育包括学前教育和中小学教育，但本研究更聚焦后者；国家认同没有出现在研究的题名中，但这是贯穿南非基础教育改革始末的重要目标，也是许多国家的基础教育内隐的和力图达到的目标之一。

（一）南非

本研究中的南非是指新南非，即 1994 年 4 月实现民主转型后成立的由非国大执政领导的新政府。南非素有"彩虹之国"的美誉，全称为南非共和国。南非实现和平转型是第三波民主化浪潮中的奇迹，对非洲乃至整个世界的民主法治带来重要影响。[①]曼德拉曾言，新南非是经历了"异常的人类悲剧之后孕育出的一个令全人类引以为豪的社会"[②]。新南非的诞生结束了南非 43 年的种族隔离制度，标志着全球长达 250 年种族隔离制度的终结。新南非政权和平过渡是内外多方面因素共同作用的结果，外部因素主要是遭受严重孤立、国际社会对旧南非的制裁和南部非洲部分国家对黑人运动的支持；内部因素主要是国内经济困顿、非国大和黑人力量不断壮大、南非白人当局已无力继续维持种族隔离统治。有学者认为，南非和平进程加快是"天时地利人和"的结果。[③]在社会转型的历史关头，南非之所以能够避免大规模流血冲突，顺利实现和平过渡，还与德克勒克和曼德拉的共同努力分不

---

① 马正义 . 重释南非和平转型：从白人政权的制度特征谈起 [J]. 学术论坛，2015（4）：34-37.

② Nkomo M，McKinney C，Chisholm L. Reflections on School Integration：Colloquium Proceedings[M]. Cape Town：HSRC Publisher，2004：7.

③ 袁名清 . 南非和平转型是曼德拉的最大遗产 [N]. 潇湘晨报，2013-12-07（5）.

开。①1993 年，南非按照临时宪法组织不分种族的民主选举，基本结束了南非历史上屡见不鲜的仇杀、冲突和恐怖活动，从国际社会的"不可接触者"一跃成为民主转型的"后来居上者"。

联合国教科文组织报告称，南非是一块非洲人、亚洲人和欧洲人共存的土地，其历史可追溯至 1652 年欧洲人定居好望角，各族群的人们在长期接触中不断碰撞与融合。②美国中央情报局出版的《世界概况》(*The World Fact Book*)显示，今天的南非已是中等收入国家和新兴市场，拥有丰富的自然资源，发达的金融、法律、通信、能源和运输体系。③据 2017 年非洲国家治理指数报告，南非政府治理水平居非洲 54 个国家的第 6 位，其中人权参与指标从第 5 位上升到第 4 位。④南非下辖 9 个省，是全球唯一拥有 3 个首都的国家——分别为立法首都开普敦、行政首都比勒陀利亚、司法首都布隆方丹。南非国土面积为 122.1 万平方公里，超过德国、法国和意大利三国领土面积总和。⑤人口方面，南非总人口 5591 万人(截至 2016 年 10 月)⑥，主要由黑人、白人、有色人和亚裔四大族群组成。语言方面，作为一个多民族国家，新南非规定的官方语言数量居全球第 2 位，11 门官方语言包括阿非利卡语(南非荷兰语)、英语、恩德贝莱语、北索托语、南索托语、斯威士语、聪加语、茨瓦纳语、文达语、科萨语和祖鲁语，此外还有 8 种非官方语言。⑦

---

① 智效民. 南非的三个首都和四位诺贝尔和平奖获得者 [N]. 齐鲁晚报，2013-12-11 (29).

② UNESCO. Aparthied：Its Effects on Education，Science，Culture and Information[R]. Paris：Imprimeries Réunies de Chambery，1967：13.

③ The World Fact Book. South Africa[EB/OL]. (2016-11-23) [2022-03-01]. https：//www. cia. gov/library/ publications/the-world-factbook/geos/print_sf. html.

④ Brand South Africa. Press Release：South Africa Retains Ranking in 2017 Ibrahim Index of African Governance[EB/OL]. (2017-10-27) [2022-03-01]. https：//www. brandsouthafrica. com/press-release/press-release-south-africa-retains-ranking-2017-ibrahim -index-african-governance.

⑤ 温宪. 我是非洲人：姆贝基传 [M]. 北京：世界知识出版社，2000：9.

⑥ Worldmeters. South Africa Population[EB/OL]. (2016-10-29) [2022-03-01]. http：//www. worldometers. info/world-population/south-africa-population/.

⑦ Spain Exchange—Country Guide. South Africa[EB/OL]. (2017-07-30) [2022-03-01]. http：//www. studycountry. com/guide/ZA-intro. htm.

上述语言对应着不同的族群，前 2 种语言原本为白人的语言，后 9 种语言分别是 9 个主要的黑人部族的语言。虽然有 11 门官方语言，但英语是通用语言。

一个国家的历史总是不可避免地与地理环境纠缠在一起。南非的历史，同其他任何国家的历史一样，也是在一个大自然的舞台上展开且被这个舞台所约束和塑造的。从地理位置来看，南非是非洲南部的一部分，位于非洲大陆的最南端和岬角处，东、南、西三面环海，北部陆地毗邻纳米比亚、博茨瓦纳、津巴布韦、莫桑比克和斯威士兰，并环围莱索托王国。杨立华等认为，南非现今疆域形成于 19 世纪 30 年代以后的血战中，它更多的是白人殖民利益的需要，而不是非洲人的意志和选择。[①] 约斯（Louis C. D. Joos）认为，南非海岸上难以接近，陆地上也不易进入，为其处于全球大潮流和大冲突之外提供了天然屏障。[②] 然而事实并非如此。历史上，南非曾遭受荷兰与英国的"双重殖民"，1961 年 5 月脱离英国殖民统治获得独立。对于南非民主转型以前的历史，美国前总统肯尼迪（John F. Kennedy）到访南非时曾有精彩类比。1966 年，罗伯特·肯尼迪（Robert F. Kennedy）在开普敦大学发表演讲，开首这样叙述道：

> 我来到这里，是因为我对这片土地的深情厚谊。17 世纪中叶，荷兰人定居于此，然后由英国人接管，历经劫难后取得了独立；这片土地上的居民一开始便遭受到压制，迄今这一问题仍在延续；这片土地横亘于敌对边界；在这片土地上，现代科技得以广泛应用，丰富的自然资源得以驯化开发；这片土地曾经进口奴隶，如今旧迹

---

① 杨立华，等. 南非政治经济的发展 [M]. 北京：中国社会科学出版社，1994：16.
② [法] 路易·约斯. 南非史 [M]. 史陵山，译. 北京：商务印书馆，1973：18-20.

未消，需要继续努力。①

虽然肯尼迪最后说他指的是美国，但听众都能明白这段历史描述也相当符合南非的历史与国情。吉尔伯特（Erik Gilbert）和雷诺兹（Jonathan T. Reynolds）认为，与南非历史最具可比性的是美国历史，北欧的殖民开拓者几乎在同一时期踏上了北美和南非，并在两地引进了欧洲的农作物和牲畜，创造了用克罗斯比（Alfred Crosby）想出来的"新欧洲"这个名称所代表的世界，且都提出了白人至上主义思想来为白人的统治及蓄奴权利辩护，奴隶获得自由后则又否定白人的政治权利。今天的南非由其原始种族统治，欧洲殖民者则是一个正在缩小的少数族群。当然差异性也显而易见，南非移民构成复杂，既有北欧人、马来人，也有印度人和中国人，北欧人又分为英国人和荷兰人，殖民者内部分歧也十分严重。②经历过"双重殖民"、种族隔离等劫难磨砺的新南非，虽然面临民族融合不够、社会不公、失业率居高不下等一系列新问题，但经济社会发展还是取得了不小的成绩，被视为非洲地区的"领头羊"。斯科曼（Maxi Schoeman）认为，对世界而言，南非只是一个中等实力的国家，并且处于现行国际体系的边缘，但却是非洲大陆上的巨人。③南非高等教育发展水平居非洲大陆第一位，在金砖五国大学排名中相对领先。据联合国教科文组织报告，南非吸引了非洲的大部分留学生，是高等教育学生流动的顺差大国。从国际身份来看，2002 年非盟成立后，南非当选为首任主席国，其获非洲国家认可和支持程度可见一斑。④2011 年，南非成功加入金砖国家组织，力图在改变世界经济格局方面发挥作用。方伟在《新南

① Memmott M. Looking Back: RFK's'Ripple of Hope'Speech in South Africa[EB/OL].（2013-06-30）[2022-03-01]. http：//www. npr. org/sections/thetwo-way/2013/06/30/197342656/looking-back-rfks-ripple-of-hope-speech-in-south-africa.
② [美] 埃里克·吉尔伯特，乔纳森·T. 雷诺兹. 非洲史 [M]. 黄磷，译. 海南：海南出版社，2007：264.
③ Schoeman M. SA as an Emerging Middle Power[M]// Daniel J，Habib A，Southall R. State of the Nation：South Africa 2003-2004. Cape Town：HSRC，2003：147.
④ Landsberg C，Mackay S. Is the AU the OAU Without O?[J]. South African Labor Bulletin，2003（4）：23.

非对外关系研究》中指出，南非通过扮演"南南合作的倡导者"和"南北对话的桥梁建设者"的角色，推动"南南合作"与"南北对话"，最终促进国际政治经济新秩序的建立。[①]

（二）国家认同

国家认同对应的英语是 national identity，又可译为民族认同，许多英语表达用 nation 是源于西北欧传统民族国家的建立方式。国家认同的汉语表达最早出现在 1953 年列文森（Joseph R. Levenson）论梁启超的名著《梁启超与中国近代思想》中。有研究者认为，厘清国家认同的概念，要从分析该词的意义与结构开始，正本清源并考察个体对国家认同的理解与经历。国家认同是诸如全球认同、区域认同、族群认同、民族认同、社会认同、语言认同、个体认同、文化认同、政治认同、宗教认同等诸多认同中的一种。从社会学的视角看，所有的认同都是建构起来的，国家认同也不例外。从心理学角度看，国家认同是指公民的一种主观的或内在化的、认为自己从属于某个民族国家的心灵感受。[②] 国家认同有个人和国家两个层面。在个人层面，主要是在认识和了解国家历史、文化、政治的基础上，从心理上接受自己的国家，意识到自己的国家成员身份资格，认同和遵守国家的政治法律制度，捍卫国家利益并具有高度的爱国主义情怀。[③]

莫利斯（Nancy Morris）等提出，国家认同就是个体有属于称之为国家这个集体的意识和感觉。[④] 换句话说，个人将自己当作民族国家的一员，并绑定在该集体中以与他人区分开来，这种认同感是人们对自己国家身份归属性的一种心理体认，可以唤起强大的情感并传达强烈的连续性元素[⑤]，从而使

---

① 方伟. 新南非对外关系研究 [M]. 杭州：浙江人民出版社，2014：3.

② Huddy L，Khatib N. American Patriotism，National Identity，and Political Involvement[J]. American Journal of Political Science，2007（1）：63-77.

③ 冯建军. 公民身份的国家认同：时代挑战与教育应答 [J]. 社会科学战线，2012（7）：210-219.

④ Morris N，Rico P. Culture，Politics，and Identity[M]. Westport：Praeger，1995：14.

⑤ Esman M J. Ethnic Politics and Economic Power[J]. Comparative Politics，1987（4）：395-418.

人们对自己的祖国产生一种情感和意识上的归属感[1]。江宜桦教授探讨了国家认同的三种意义：（1）政治共同体本身的同一性；（2）一个人认为自己归属哪一个政治共同体的辨识活动；（3）一个人对自己所属共同体的期待，或甚至于对所属政治共同体的选择。江宜桦由此总结，国家认同是指一个人确认自己属于哪个国家，并确认这个国家究竟是怎样的一个国家。[2]从积极角度考虑，国家认同教育的目标是促进国家兴盛发展、鼓足国民干劲与提升国民对国家的忠诚度，手段是通过教育建构起国民的历史记忆、领土意识、民族精神，推动国民生发道路认同、制度认同并最终愿意为报效祖国而努力奋斗。国家认同既是个人和族群与生俱来的既定身份归属符号，又是主观建构的"身份感"。在所有形式的集体认同中，国家认同最具根本性和包容性，它以一系列道德体系、价值观念、行为模式等为客观文化基础，包括赞同性政治（法律认同）和归属性文化（心理认同）两方面。[3]

结合以上讨论，本研究将国家界定为"政治法律与民族文化共同体"，并进一步分解为国土、主权（政府）、族群（人口）和文化（语言）四大要素（见图 0.3）。

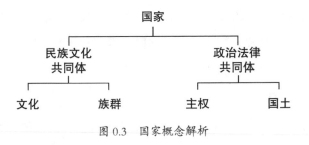

图 0.3　国家概念解析

国家认同包括理性赞同与心理归属两方面，对应的观测点为对领土的归属感、对政府的赞同感、对民族的同一感以及对语言文化的自豪感。同时，

① 李龙．港台青年国家认同的三维分析 [J]．中国青年研究，2016（2）：4-10.
② 江宜桦．自由主义、民族主义与国家认同 [M]．新北：扬智文化事业股份有限公司，1998：12.
③ 桂榕．历史·文化·现实：国家认同与社会调适 [M]．昆明：云南人民出版社，2012：3.

为了使认同感能够得到立体化、全方位的理解，可将之进一步分解为若干个要素，如共感（we-ness）、我群意识（we felling）、自豪感（pride）、归属感（feeling of belonging）、获得感（feeling of gaining）以及使命感（missionary）等一系列积极的体验和感受（见图 0.4）。

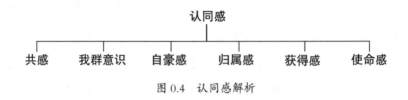

认同感

共感　　我群意识　　自豪感　　归属感　　获得感　　使命感

图 0.4　认同感解析

由图 0.4 可知，若仅从理性赞同与心理归属切入，很难完全真实地挖掘认同的内蕴。如调查显示，南非青年对国家怀有强烈的自豪感和归属感，但在典型个案中，许多青年不认真履行公民选举义务，这实际上从侧面反映出对政府的不赞同和使命感缺失，这样的"认同感"必然也是打了折扣的，如此便不能将南非青少年的国家认同感定义为强烈或高度的层级，而需进一步分析和解读。此外，忠诚感（loyalty）和热爱感（passion）也是国家认同不可或缺的表现形式或重要元素，但在南非的价值观教育中遭到许多学者的否定，认为这是政府霸权的渗透。国家认同教育，就是要通过教育培植民众对国土的情感归属、对政府的认可、对族群及语言文化差异的理解和尊重，从而形成共感，为国家发展贡献力量。

（三）基础教育

基础教育（basic education）是青少年认识自己、认识他人、认识社会、认识自然的重要途径，也是一种有意识地以影响人的身心发展为直接目的的社会实践活动。菲利普斯（H. M. Phillips）等学者认为，从教育视角而言，对"基础教育"一词进行定义甚是繁杂，因其在教育水平的标准分类中几乎不通用。他们指出，基础（basic）包括两层含义：（1）结构的底部足以支撑其上方的部分；（2）以某种形式存在的事物，以充分满足功能需求。① 也就是说，基础教育是其他教育的根基，对其他类型的教育起着不可替代的支撑作用。基础教育的重要性由此可见一斑。有学者指出，基础教育是满足国家未来人才需求的关键，基础教育越扎实、越强大，未来的人才就越优秀。② 叶澜教授认为，基础教育是对国民进行的普通文化教育，是一个有着既定目标的多层次、多因素、多功能的立体结构，通常包括幼儿教育、小学教育、初中教育和普通高中教育。③ 南非学者曾就基础教育周期的设置发生过争论，部分学者建议缩短基础教育周期以加速普及小学教育；部分学者建议延长学习周期以提高学生的教育产出，更好地为现有教育体系服务；还有学者提出融合不同教育支流，以 9 年或 10 年作为基础教育的基本周期。④ 无论如何划分，基础教育发展既包括基础教育各阶段的活动由小到大、由简到繁、由低级到高级、由旧质到新质的变化过程，也包括基础教育各阶段通过自身调整以更好地为国家、社会和人民提供适宜、充分和融洽的教育服务的过程。⑤

　　不同国家对基础教育的定义不尽相同，教育的内容和侧重自然有所不同。在苏联，持续 3 年的基础教育阶段的一项重要任务是教学生读、写和算术，介绍自然研究、社会科学、美学、职业技能，开展体育锻炼，培养学生的推理能力和自给自足能力。小学阶段的科目包括母语、数学、自然研究、音乐和体育锻炼。在尼泊尔，基础教育为期 3 年，内容包括识字、算术、社会科学、体育、卫生、手工艺和绘画等。在印度，基础教育是指为 15—45 岁的人群提供的非正规教育项目，内容包括生存环境、国家发展进程等。这

① Phillips H M. What is Meant by Basic Education?[C]. Paris：A Contribution to the HEP Seminar on "The Planning Problems in Rural Education" UNESCO，1975：1.

② 邓璐. 教育强国，长远看基础教育 [J]. 教育科学论坛，2022（5）：1.

③ 叶澜. 中国基础教育改革发展研究 [M]. 北京：中国人民大学出版社，2009：1.

④ Phillips H M. What is Meant by Basic Education?[C]. Paris：A Contribution to the HEP Seminar on "The Planning Problems in Rural Education" UNESCO，1975：6.

⑤ 杨清溪. 合理发展：基础教育发展新路径研究 [D]. 长春：东北师范大学，2015：30.

些基础知识是为了让受教育者了解社会经济、科学和技术变化，掌握健康卫生、儿童保育、营养等方面的基本原则，学会阅读、写作和算术等基本技能。[①] 可以发现，这些国家在基础教育方面存在共性，即关注信息传播、知识传授和读、写、算技能训练。

据南非《国家课程评估政策声明》，南非基础教育是指 R–12 年级的教育[②]，旨在通过这一阶段的教育活动满足基本学习需要。南非西北大学法律系讲师辛博（Chiedza Simbo）通过对比分析发现，南非对基础教育的界定和认知与《世界全民教育宣言》中的阐述极其相似。[③]《世界全民教育宣言》指出，基础教育是指能够满足基本学习需要的教育，这些基本学习需要包括基本的学习手段（如读、写、口头表达、演算和问题解决）和基本的学习内容（如知识、技能、价值观和态度）。这些内容和手段是人们为了生存下去、充分发展自己的能力、有尊严地生活和工作、充分参与发展、改善自己的生活、做出有见识的决策并能继续学习所需要的。基础教育本身不是目的，它是终身学习和人类发展的基础，各国可以在这一基础上系统地建立其他层次、其他类型的教育和培训。[④] 顾建新等学者梳理发现，南非的正规学校教育基本分为 3 段，即普通教育与培训阶段、继续教育与培训阶段、中学后教育阶段。南非普通教育与培训实施九年制义务教育，受教育对象为 7—15 岁的儿童。入读小学前，儿童还要接受 1 年的学前教育，即 R 年级（reception year）。从 R 年级到 9 年级共划分为 3 段，R–3 年级为低段，4—6 年级为中段，7—9 年级为高段。其中，低段和中段相当于小学，主要学习课程包括 2

---

① Phillips H M. What is Meant by Basic Education?[C]. Paris：A Contribution to the HEP Seminar on "The Planning Problems in Rural Education" UNESCO，1975：6-7.

② Minister of Education Department. Republic of South Africa Basic Education Laws Amendment Bill [EB]. Government Gazette NO. 092101：6.

③ Simbo C. Defining the Term Basic Education in the South African Constitution：An International Law Approach[J]. Law，Democracy and Development，2012（16）：162-184.

④ United Nations. World Declaration on Education for All and Framework for Action to Meet Basic Learning Needs[R]. Jomtien：WCEFA，1990：1-3.

门国语、数学、历史、地理等，高段相当于初中，9 年级毕业后可以获得普通教育与培训证书。到继续教育与培训阶段对学生进行初次分流，一部分学生入读中等技术学校，一部分学生则有机会接受 10—12 年级普通学校教育，完成 12 年学业后参加高中毕业证书考试，取得大学入学许可。[①]

从世界范围来看，主要有两种解释基础教育发展之路的理论范式，一种是现代化范式，另一种是全球化范式。现代化范式以民族国家为分析单位，强调传统与现代的历时维度；全球化范式以超国家为分析单位，强调中心与边缘的空间维度。[②] 该观点与《世界全民教育宣言》的第二点不谋而合，即满足基本学习需要，使学习者有能力、有责任去尊重和依赖他们共同的文化、语言和精神遗产，还要宽容与自己不同的社会、政治和宗教制度，从而为相互依存的世界的和平与团结而努力。在基础教育中，文化与科学知识是统一的基础。[③] 因此，基础教育需要注重提升学生对不同文化的洞察力，让学生更好地理解和欣赏本民族的文化价值观，并对外族文化和外语学习持积极的态度。[④] 在基础教育成效方面，南非全民教育取得了一定进展，但教育质量备受质疑，政府不断出台政策和指导文件推动基础教育改革。

二、国内外研究现状

鉴于南非在非洲的经济与社会地位，其教育问题特别是基础教育改革发展问题受到了国内外学者较多关注，对比分析国内外学者对南非研究焦点的异同，可为发现研究空白或为进一步厘清某方面的问题打下基础。

（一）国内研究现状

基础教育改革发展是国内教育研究领域的热门话题，但从国别视角和

① 顾建新，牛长松，王琳璞．南非高等教育研究 [M]．北京：中国社会科学出版社，2010：11-15.
② 黄忠敬，等．基础教育发展的中国之路 [M]．上海：华东师范大学出版社，2016：14.
③ Sun X T. What Is the Base for the Basic Education[J]. Theory and Practice of Education, 2001（5）：16-23.
④ 束定芳．外语教学应在传统教学法与交际教学法之间寻求融合：李观仪先生的外语教学观及外语教学实践主张 [J]．外语界，2019（2）：16-23.

比较视角来看，有关南非基础教育的研究成果相对薄弱。在中国知网中输入"南非基础教育"进行搜索，显示有80篇相关文献，其中学术期刊论文42篇，学位论文34篇，其他类别4篇，涉及"南非教育改革""基础教育课程改革""课程标准""数学素养""一体化发展战略"等20个主题。[①] 仔细审读后，发现有48篇论文与南非基础教育直接相关，其余研究虽关乎南非，但关注的是高等教育、继续教育、职业教育、教师教育等其他阶段或领域的相关问题，或是对非洲教育的整体研究。近年来的南非基础教育研究情况见表0.1。

表0.1 "南非基础教育"相关研究

序号	题目	发表年份
1	南非《2005 课程》改革策略研究	2003
2	南非国家课程的实施、调整及启示——评南非"2005 课程改革"	2004
3	当前南非初等教育国家课程政策鸟瞰	2004
4	南非"以结果为本的教育"课程模式探析	2006
5	以结果为本位：转型期的南非基础教育课程政策变革研究	2008
6	南非以结果为本位的教育改革	2008
7	南非基础教育信息化最新进展	2008
8	南非教育千年发展目标：进展、举措与挑战	2010
9	南非公民受义务教育权的标准及其实现	2011
10	南非农村基础教育变革新动向探析	2011
11	提高质量、夯实基础：南非祖玛政府的基础教育战略	2013
12	民主南非基础教育课程改革研究	2013
13	南非国家高中数学课程与评价标准评介	2013
14	加强中南基础教育合作　增进中非友好交流——访南非基础教育部部长安吉·莫采卡	2014
15	南非小学英语课程标准浅析	2014
16	中国与南非小学科学课程标准比较研究	2014
17	南非学前教育管理体系研究	2014
18	南非高中数学素养课程与评价标准评介	2014

---

① 检索日期为 2022 年 1 月 28 日。

序号	题目	发表年份
19	南非基础教育质量提升的路径	2014
20	南非 9—12 年级 "技术女孩计划" 探析	2014
21	南非治理义务教育阶段择校问题的措施和启示——基于种族差异的思考	2014
22	非洲四国的阅读推广研究	2015
23	南非全纳教育的历史发展研究	2015
24	中国和南非小学数学课程标准比较研究	2015
25	南非现行小学英语课程标准及课程评价	2015
26	现行中南小学母语课程标准的比较研究	2015
27	南非义务教育《数学课程与评价标准》评介	2015
28	南非高中数学素养课程与数学课程的起源、发展及启示	2015
29	南非 "国家高中物理课程与评价标准" 的研究	2015
30	南非国家高中毕业证书化学考试述评	2015
31	新南非学前教育政策研究	2016
32	基础教育阶段数学课程设置的国际比较—— 以 "数与运算" 内容设置为例	2016
33	南非教育改革的探索与发展—— "2019 行动计划：面向 2030 学校教育" 解析	2017
34	南非基础教育课程改革中的教师参与：角色现状与超越	2017
35	南非中小学汉语作为第二辅助语言的教学现状分析以及发展建议	2017
36	"结果本位" 视域下南非高中历史教科书透析	2018
37	在撕裂中聚合：新南非国家认同教育研究	2018
38	南非生活技能教育研究	2019
39	南非重视中小学 STEM 教师培养	2019
40	后种族隔离时期南非教育现状、发展及挑战	2019
41	基于 TIMSS 2015 和 PIRLS 2016 的南非基础教育现状、困境及对策	2019
42	南非普通高中数学素养课程研究	2019
43	南非学校与我国农村义务教育学校经费对比研究	2019
44	南非中小学校园性暴力危机及其应对	2020
45	从隔离走向融合：新南非教育体系转型探考	2020
46	南非小学口语教育的特征与启示	2020
47	中南小学科学教科书 "水" 内容比较研究	2021
48	21 世纪以来南非中小学教师职称制度改革研究	2021

资料来源：根据中国知网检索结果整理。

　　根据本研究对关键词的定义并结合南非基础教育现实状况，学前教育相关研究纳入基础教育研究范畴，但未包括学后教育、终身学习、扫盲教育（属于成人教育）、远程教育、现代化教育等。此外，统计过程中剔除了新闻报道和会议综述，如《非洲及发展中国家基础教育论坛会议纪要》《南非基础教育部部长上海行》《南非分级分类开展数学教育》《未来 5 年南非 500 所中小学将开汉语课》《南非颁布国家〈课程与评价标准〉》等学术性不强或非学术性文章。一些论文虽没有在题目中提到"南非"，如《非洲四国的阅读推广研究》《基础教育阶段数学课程设置的国际比较》等，但其中以南非作为个案或比较对象，且属于基础教育阶段的项目，因而被统计在内。《光明日报》《中国教育报》等刊发的部分学术论文未能在知网或百度学术平台检索到，但其对南非基础教育发展状况进行了较为及时的追踪和分析，如《公私合作　强调公平：南非基础教育办学新探索》[1]《南非 2030 学校基础教育愿景透视》[2] 等论文，对南非基础教育办学改革动因、焦点、历程、趋势和发展愿景等进行透析，指出确保公平是动因、提升质量是重点、争议不断是历程、前景可期是趋势，勾画了南非基础教育"学生乐学、教师乐教、校长尽责、父母尽心、教材完备、设备完好"的美好未来。

　　从研究主题的词频统计分析来看，南非课程改革是国内学者较为关注的主题。将表 0.1 中的研究主题输入"语料库在线"，词频统计分析工具显示，频率在 1% 以上的词组由高到低分别是"南非""课程""标准""基础教育""数学""改革""高中""小学""发展""国家"等。可以发现，国内学者较多关注南非基础教育改革发展中的"课程"问题，毕竟课程既是教育的内容，又是教育目的的载体，回答"教什么"的问题。从学段来看，小学和高中更受关注，而初中教育研究相对较少。从课程类别来看，数学、历史、

① 刘秉栋. 公私合作　强调公平：南非基础教育办学新探索 [N]. 光明日报，2019-04-10（14）.
② 刘秉栋，楼世洲. 南非 2030 学校基础教育愿景透视 [N]. 中国教育报，2017-12-01（5）.

地理等均有涉及，但数学研究相对更多。从研究成果的发表时间来看，2014年和2015年发表的成果相对集中，约占近20年来南非基础教育研究成果的36.17%，主要原因可能是2015年既是全民教育运动收官之年又是教育可持续发展开局之年，联合国教科文组织等机构对全球教育全民化进程进行了及时总结并发布了相应报告，南非等非洲国家也发布了国家报告或区域报告，使得包括南非在内的全球基础教育发展问题受到了更多关注。

（二）国外研究现状

在"谷歌学术"网站中输入"South Africa basic education"进行搜索，显示有248万篇相关文献，在"百度学术"网站中则有52500篇相关主题的论文，其中SSCI期刊论文853篇，而中国知网仅有4篇相关论文，且全部是在探讨新冠肺炎疫情防控背景下南非基础教育如何应对。[①] 高瑞以SSCI期刊 *South African Journal of Education*（*SAJE*）2006—2017年所载文献为研究对象进行文献计量学和知识图谱可视化分析，发现南非研究热点主要聚焦于受教育者、教师教育、教育改革、教育公平等4个方面，研究前沿主要包括教育改革、教育质量、社会公正、宗教、校园安全、教学内容等方面，总体上呈现出研究主题多元化、研究方法综合化、研究视角多学科化、研究机制协同化等特征。[②] 该文虽然仅以一份期刊来观测南非教育研究热点和前沿问题，但能够相对客观地反映当前南非教育问题的研究特点和偏好，也基本呈现了南非基础教育研究的进展与特征。另有研究指出，转型后的南非基础教育重点是满足教育公平和教育质量的双重需求，尤其是解决在历史上被边缘化的黑人受教育问题，并从基本原理、基本假设以及对实践的影响等方面阐释了

---

① 检索日期为2022年2月7日。

② 高瑞. 南非教育研究的进展、热点与特征：基于《South African Journal of Education》的可视化分析 [J]. 高教探索，2019（3）：97-102.

新的评估政策的倾向。[①] 实际上，除了上述的教育公平和教育质量问题，南非基础教育改革、青少年的国家认同教育、基础教育评估等也是当前学者格外关注的焦点问题。

1. 南非基础教育质量问题

"谷歌学术"和"百度学术"共同首推的高被引论文《南非基础教育标准不合格》指出，许多迹象表明南非基础教育面临危机，虽然入学率年年攀升，然而 12 年级学生的成绩越来越差，鉴此，对基础教育质量问题应予以更多关注。该文作者从入学率、南非教育标准、识字和算数、家长、学校管理主体、政府、教师、学习者等多角度进行了分析，认为教育远非只是让孩子坐在教室里，而是需要多维联合互动进行系统化保障，并针对每一个参与者提出了相应的政策建议。[②] 该文被大量引用，一定程度上说明南非基础教育问题是许多学者共同关注的问题。

经济合作与发展组织（OECD）的研究报告《提高南非教育质量》指出，与其他新兴国家相比，南非在教育成就方面取得了显著进步，但大部分非洲黑人的基础教育质量仍然很低。这项研究指出了提升基础教育质量的几个障碍，如在贫困地区缺乏对学校基础设施和学习材料的投资，地方一级的行政能力不均衡，教师素质低，非洲黑人的英语教学环境较差。该研究最后建议，采取大胆的行动，为学校配备更称职的领导和负责任的教师队伍、提供更多的物质资源；通过教育改革信贷约束，进一步解决劳动力市场上的技能供需不匹配问题。[③]

斯坦林布什大学经济系的伯格（Servaas van der Berg）等学者向南非国

① Oyelana A A. Investigating the Rudiments of Access Must Rise and Fees Must Fall in the Tertiary Institutions of Learning in Selected African Countries[J]. Journal of Sociology and Social Anthropology，2013（4）：63-68.
② Modisaotsile B M. The Failing Standard of Basic Education in South Africa [J]. Policy Brief，2012（1）：1-6.
③ Murtin F. Improving Education Quality in South Africa[R]. Paris：OECD Economics Department Working Papers，No. 1056，2013.

家规划委员会联合提交的报告从加强师资力量以提高业务能力、加强学校管理以增进教学领导力、通过学校体系强化教育相关者的责任心和支持力、与家长和教育管理部门加强信息沟通以提高其责任意识、深化对语言问题的理解、改善早期儿童发展设施等 6 个方面提出改进基础教育质量的路径和策略。①

日内瓦大学高级研究员蒂波特（Lauwerier Thibaut）等学者从教师角度分析指出，教师是影响包括南非在内的非洲基础教育教学质量的关键因素。在《撒哈拉以南非洲教师与基础教育教学质量》一文中，他们比较了非洲地区与世界其他地区的师生比，发现非洲地区师生比远远低于其他地区，致使教学质量无法得到保障，并且非洲基础教育教学环境和条件相对艰苦，基础教育教师个人发展受限，这些都在一定程度上制约了基础教育教学质量的提高。② 此外，校长调任频繁等问题也对基础教育具有一定的影响。有研究发现，南非基础教育阶段的校长会频繁地从一所学校调往另一所学校，这容易造成校长和教职员工以及学校社区之间发生纠纷。卡西贝（Rachel G. Mkhasibe）等人研究了南非夸祖鲁 – 纳塔尔省两个地区（塞奇瓦约国王区和乌姆哈尼亚库德区）内调离的校长的生活经历。论者在案例研究方法中采用了定性方法，通过数据收集和半结构化的个人访谈，对 2 个区的 6 名调任校长进行了访谈。调查结果显示，政治腐败和领导层接班人之争是部分校长离职的主要原因，政治联盟的权力博弈同样会导致校长的频繁调任。③ 这些负面因素对南非基础教育质量造成了一定干扰。

① van der Berg S，Taylor S，Ustafsson M，et al. Improving Education Quality in South Africa[R]. Namibia：Report for the National Planning Commission，2011：1-21.

② Lauwerier T，Akkari A. Teachers and the Quality of Basic Education in Sub-Saharan Africa[J]. Education Research and Foresight：Working Papers Series，2015（11）：2-11.

③ Mkhasibe R G，Mbokazi M S，Buthelezi A B，et al. Multicultural Education Exploring the Perceptions of Displaced School Principals：A Case of Principals from King Cetshwayo and Umkhanyakude Districts[J]. Multicultural Education，2021（8）：208-219.

2. 南非基础教育公平问题

《南非小学教育质量背景资料》一文，仅从题目看是关注教育质量，实际上是在探讨南非小学的教育公平问题，论者对南非小学入学状况等进行了回顾和检视。[①] 可见教育质量和教育公平犹如一个硬币的两面，互为依存、不可或缺，无论是离开公平谈质量还是离开质量谈公平，都是无效或没有前景的。根据国际法，受教育权应该具有可获得性（available）、可触及性（accessible）、可接受性（acceptable）和可适应性（adaptable），即符合"4A"原则。南非宪法和许多教育政策同样体现了这项原则，即通过不断改革保障受教育者基础教育权的可获得性等。

玛丽莎（Nylon R. Marishane）等的研究认为，所有儿童均有接受基础教育的权利，这项基本人权已在全球达成共识。受教育权不仅必须得到保障，而且必须全面实现以满足所有儿童的教育需求。其中，准入、质量和安全条件得到同等重视时，换言之，当所有儿童都能在安全的学校环境中接受优质教育时，基础教育权就实现了。因此，国家有义务全面促进和保障这一权利。在南非，国家制定了一个立法和政策框架以履行其在这方面的义务。然而，尽管国家努力创造有利于儿童的学校条件，但学校中的儿童仍然面临着对教育权利产生负面影响的挑战。这些挑战包括辍学、留级、学业成绩差，而问题的根源在于受教育机会和学校安全之间的脱节以及优质教育匮乏。[②]

萨义德（Yusuf Sayed）考察了教育分权政策在多大程度上促进了教育公平，指出虽然后种族隔离时期的教育政策在消除教育种族歧视方面取得了重大进展，但社会和教育中根深蒂固的普遍不平等现象仍有待消除。南非的案例表明，权力下放不是增强参与、实现公平和提高质量的灵丹妙药，教育分

① Chisholm L. The Quality of Primary Education in South Africa：Background Paper Prepared for UNESCO Education for All Global Monitoring Report[R]. Paris：UNESCO，2004：1-23.

② Marishane R N，Studies P . The Right to Basic Education for All in South Africa：Implications for School Principals [J]. Koers-Bulletin for Christian Scholarship，2017（3）：1-8.

权政策难以影响或改善社会高度不平等问题。①

莫塔拉（Shireen Motala）研究发现，南非民主政府 1994 年成立后通过确保公平和普遍获得有意义的学习机会，力图兑现全民教育的承诺。后种族隔离时期的南非在实现公平、平等和就业方面取得了重大进展。但国家计划委员会指出，一个令人清醒的现实是，估计 48% 的人口靠不到 2 美元生活，且南非基尼系数为 0.67，是世界上最高的。2014 年，失业率高达 24.3% 或 34.6% 的岗位令"求职者"望而却步。在失业者中，长期失业率为 66%。15~25 岁的青年人群的失业率仍然高达 48.8%。② 这些数据都说明，南非基础教育公平问题还有待进一步解决，从而为更多青年发展赋能。

3. 南非基础教育中有关国家认同问题

基础教育是促进青少年国家认同的关键路径，二者关系错综复杂，学者从不同角度进行了探讨。国家认同促进路径广泛，基础教育是其中比较关键且效果恒久的路径之一。现有研究显示，南非许多学者进行了多维度分析和探讨，如：南非广播电视对后种族隔离国家认同建构的贡献③，电影与国家认同建构④，法律体系转型、文化多样性与国家认同⑤，乌班图思想、真相和解委员会（TRC）的角色对国家认同的影响⑥，国家象征与国家认同建构的关

① Sayed Y. Education Decentralization in South Africa: Equality and Participation in the Governance of Schools - Paper Commissioned for the EFA Global Monitoring Report 2009- Overcoming Inequality: Why Governance Matters[J]. Medicina Clínica, 2008（19）: 721-730.

② Motala S. Equity, Access and Quality in Basic Education: A Review[R]. Presidential Address Presented at the 2014 SAERA Conference, 2015: 159.

③ Masenyama K P. National Identity in Post-apartheid South Africa: SABC TV's Contribution[D]. Johannesburg: University of Johannesburg, 2005.

④ Kang X, Shen S, Gu J, et al. Projecting Nation? Cinema and the Creation of a National Identity in Post-apartheid South Africa[J]. Dissertations & Theses - Gradworks, 2011（4）: 1-5.

⑤ Himonga C N. A Legal System in Transition: Cultural Diversity and National Identity in Post Apartheid South Africa[J]. Journal of the African Law Association-Germany, 1998（1）: 1-23.

⑥ Stuit H. Ubuntu, the Truth and Reconciliation Commission, and South African National Identity [J]. Biotechnology Progress, 2010（2）: 332-337.

系以及南非各族群对国家象征的认同情况[1]，南非黑人女学生的国家认同建构[2]，南非的国家认同与移民政策[3]，等等。安纳格鲁斯（Arvid Anagrius）在《构建彩虹之国：南非后种族隔离时期的移民与国家认同》一文中指出，后种族隔离时代，南非出现了对移民的排斥情绪且日渐浓厚，并最终导致了几次致命的骚乱，这与争取独立的过程中孕育的平等及尊重多元性的承诺似乎渐行渐远。该文以内奥科斯莫斯（Micheal Neocosmos）的南非排外心理学理论为基础，探讨了民族主义话语如何创造和维持对移民的消极看法，并利用国家认同理论对南非议会进行批判性话语分析，阐明了市民社会和民主国家的意象如何使移民与南非公民之间产生二元对立。[4]

伊顿（Liberty Eaton）在《南非国家认同：一份社会心理学家研究方案》一文中指出，南非社会心理学很大程度上忽略了国家认同的主题，并总结了1990年以来的南非国家认同的相关主题和变量，其中包括：（1）南非国家认同的分类；（2）自我国家认同的重要性；（3）国家认同在其他社会认同中的地位；（4）族群或种族语言学社会分类与认同；（5）民族国家自豪感；（6）对彩虹之国理念的支持；（7）未来走向——乐观主义、希望、恐惧与期待的结果；（8）公民身份的情感关联；（9）不同经历与象征唤起自豪感与爱国主义的程度；（10）德克勒克版"新南非"认同的构建方式。研究发现，与国家认同相关的质性研究大都没有发表或者出版，出版的成果大都是基于问卷的研究，且问题都是"是"与"非"的回答，这暴露出对复杂社会认同问题

---

① Bornman E. National Symbols and Nation-building in the Post-apartheid South Africa[J]. International Journal of Intercultural Relations，2006（3）：383-399.

② Mophosho B O. Identity Constructions of Black South African Female Students [D]. Johannesburg：University of the Witwatersrand，2013：3-15.

③ Peberdy S. Selecting Immigrants：National Identity and South Africa's Immigration Policies，1910-2008[M]. Johannesburg：Wits University Press，2009：1-340.

④ Anagrius A. Constructing the Rainbow Nation：Migration and National Identity in Post-apartheid South Africa[D]. Uppsala：Uppsala University，2017：2-5.

只是进行了简单的缺乏理论支撑的研究。[①] 同时，上述研究的主题大都集中在 1995—1999 年，也就是说，南非的国家认同问题在国家转型初期受到了极大关注，进入 21 世纪以后逐步被遗忘和漠视。查卡（Mpho Chaka）认为，转型 20 多年来，南非人身份模糊且未能形成统一的民族国家认同，至少在部分人当中是继续沿用具有种族标签意味的称谓如"黑人""有色人""印度裔人"和"白人"，或是带有族群标签的叫法如"阿非利卡人""科萨人"和"祖鲁人"。对任何一个像南非这样文化多元的国家而言，众多的个人身份认同都会对社会凝聚力构成挑战。[②] 实际上，对于国家来说，理想状态是既能保持由多族群组成的国家共同体成员之间的平等关系和对普遍价值观的共享，同时又能保护不同族群在文化上的多样性，在多元一体的格局中促进少数族群对公民身份的认同。[③]

对于后种族隔离时期通过基础教育促进融合和国家认同的做法，有学者持不同意见。哈特（Mark Hunter）指出，从 20 世纪 80 年代开始，欧洲和北美的许多学校都在努力丰富学校的"家长选择"。相比之下，南非是在 90 年代初实施种族融合，成千上万的儿童涌入非本地学校。虽然"黑人"儿童将前往更好的学校——以前被禁止入读，"白人"儿童将分散到不同的公立学校，但教育的大规模扩张使入学资格贬值。在大众教育时代，南非恰逢去殖民化，新形式的分化正成为阶级形成的关键场域。[④] 对转型后的南非教育问题探讨最多的詹森（Jonathan D. Jansen），先后发表了 3 篇系列论文并出版了一部著作（合著），主题分别是：从政治象征主义政策文本解释南非种族

① Eaton L. South African National Identity: A Research Agenda for Social Psychologists [J]. South African Journal of Psychology, 2002 (1): 45-53.

② Chaka M. Public Relations (PR) in Nation-building: An Exploration of the South African Presidential Discourse[J]. Public Relations Review, 2014 (2): 351-362.

③ 滕星. 教育人类学通论 [M]. 北京：商务印书馆, 2017: 510-511.

④ Hunter M. Schooling Choice in South Africa: The Limits of Qualifications and the Politics of Race, Class and Symbolic Power[J]. International Journal of Educational Development, 2015 (43): 41-50.

隔离后教育问题①、以历史课程作为一种政治现象对南非黑人教育进行历史回顾②、对南非国家课程的价值观和思想问题进行批判性透析③、以南非经验为例对南非教育政策的实施情况进行研究④。詹森的研究是了解南非教育政策与课程改革的重要窗口，能够从政治角度多维透视南非教育改革的路线图和其背后的意图，较为清楚地勾勒出了南非教育政策改革图景，但政策分析更多地限于对政策和课程改革的梳理，未能将国家转型背景下建构新的国家认同意识的目标结合起来。每一项政策背后都是资本较量和利益角逐，南非实现和平民主转型并不意味着对抗的消解，恰好相反，新一轮资本较量与利益角逐才刚刚开始，黑人占有政治资本、白人占有经济资本，二者都试图实现已占有资本对教育文化资本的渗透和管控。

4. 南非基础教育改革问题

基础教育改革是南非基础教育研究的恒久话题，教育体系改革、课程改革、教材革新等问题一直备受关注。

有研究指出，改革是为了更好地适应新形势下的基础教育需求。新冠肺炎疫情防控背景下南非基础教育该如何持续发力，这受到了部分学者的关注。贝克曼（Johan Beckman）等从教育法的视角讨论了重度残疾学习者入学面临的挑战，指出教育是国家和当地政府最应发挥的职能。⑤ 曼斯布拉（Rifumuni N. Mathebula）等认为，尽管采取了严格的预防措施，冠状病毒大流行还是对全球产生了不利影响。这场大流行对全球教育产生了不可避免的

---

① Jansen J D. Political Symbolism as Policy Craft: Explaining Non-reform in South African Education after Apartheid [J]. Journal of Education Policy, 2002（2）: 199-215.

② Jansen J D. Curriculum as a Political Phenomenon: Historical Reflections on Black South African Education [J]. The Journal of Negro Education, 1990（2）: 195-206.

③ Jansen J D. The Politics of Salvation: Values, Ideology and the South African National Curriculum [J]. Verbum et Ecclesia, 2004（2）: 784-806.

④ Jansen J D, Sayed Y. Implementing Education Policies: The South African Experience [M]. Cape Town: University of Cape Town Press, 2001: 1.

⑤ Beckman J L, Reyneke M. COVID-19 Challenges to Access to Education for Learners Living with Severe Disabilities: An Education Law Perspective[J]. Perspectives in Education, 2021（1）: 122-137.

负面影响，南非教育部对严冬季节开放学校的行为提出批评。论者指出，这种情况下开放学校是不现实、不合理和矛盾的，因为严寒季节适合冠状病毒的生存，且学校的个人防护用品供应不足，学生免受伤害只是美好设想。①这些研究一定程度上显示，南非学者能够正视和直面现实问题并积极做出学术回应。

　　有学者对南非基础教育改革的必要性、改革进程及学校财务管理问题进行了探析。学术期刊《南非基础教育研究系统回顾》组织学者对南非基础教育改革进行了相对全面的回顾与分析。其中，有研究认为南非基础教育改革有助于提高基础教育质量且能够为相应的教育研究提供素材和平台，使新一代学者具备进行循证研究的能力，从而唤起决策者、规划者和实践者对基础教育改革予以更多关注。②《南非基础教育体系转型》一文以南非两个省的教育改革作为比较对象和个案进行分析，认为非国大领导的南非政府及其民间社会伙伴在20世纪90年代中期对南非教育体系所做的变革可以说是20世纪下半叶世界上影响最深远的变革之一。③霍普斯（Wim Hoppers）的报告意在识别南非不同社会经济背景下的非正规教育问题，以及基础教育整体格局的变化。其在审视当前做法后提出了一些相关问题，作为非正规教育和一般基础教育的政策参考。④南非政府在推进基础教育体系改革的同时，还在国家、省和地方政府领域开展了一项持续的公共财政管理改革方案。有研究评估了9个省级教育部门在执行1999年《公共财政管理法》方面的进展，并探

①　Mathebula R N，Runhare T. Saving the Curriculum or Saving Life? The Risk of Opening Schools in South Africa at the Peak of the Country's COVID-19 Pandemic[J]. Journal of Educational and Social Research，2021（3）：187-201.

②　Maringe F，Chiramba O. Imperatives for Educational Improvement in South Africa's Basic Education System[J]. Systematic Reviews of Research in Basic Education in South Africa，2021（4）：251-271.

③　Crouch L，Hoadley U. The Transformation of South Africa's System of Basic Education [M]//Levy B，Cameron R，Hoadley U，et al. The Politics and Governance of Basic Education：A Tale of Two South African Provinces. Oxford：Oxford University Press，2018：27.

④　Hoppers W. Non-formal Education and Basic Education Reform：A Conceptual Review[R]. Paris：International Institute for Educational Planning，2006：13-18.

讨了改革的促进和阻碍因素。①

（三）国内外研究比较分析

从比较视角来看，国内关于南非基础教育改革的发展研究注重宏观政策和课程，但国外研究更多地关注微观层面，尤其是基础教育教材推进国家认同及其文本对国家认同内容的呈现等是近年来国外研究的热点。雷德（William A. Reid）明确指出，课程是国家认同的表达。②教材是培养国家认同的重要载体，尤其是文科类教材如历史、语文、第二语言等，是贯彻国家意志、继承和发扬民族道德文化与优良传统的重要途径。麦凯克伦（Clair McEachern）等认为国家认同意识能够通过文本和文化实践得以促进。③教育是最重要的文化实践活动，教材则是最受阅读者重视的文本。哈钦斯（Richard D. Hutchins）提出，历史教科书是学校推行国家认同的准官方基地（quasi-official loci），教科书选择和描绘英雄有助于增进阅读者的民族自豪感。④李琳认为，历史教科书具有明确的国家意志与权威，强调找回被遗忘的历史英雄，肯定国家历史文化的辉煌成就，旨在重塑民众的国家记忆，实现国家认同与民族复兴。李海云等指出，语文教科书具有很强的思想性和多元教育功能，其不只传递事实和知识，也传递社会想要下一代所具有的国家认同。⑤

相较而言，国内学者对南非高等教育有比较丰富的研究成果，如：对南

---

① Ajam T，Fourie D J. Public Financial Management Reform in South African Provincial Basic Education Departments [J]. Public Administration and Development，2016（4）：263-282.

② Reid W A. Curriculum as an Expression of National Identity [J]. Journal of Curriculum & Supervision，2000（2）：113-122.

③ McEachern C. The Poetics of English Nationhood 1590-1612[M]. Cambridge：Cambridge University Press，1996：135. Richard H. Forms of Nationhood：The Elizabethan Writing of England[M]. Chicago：The University of Chicago Press，1992：81.

④ Hutchins R D. Heroes and the Renegotiation of National Identity in American History Textbooks：Representations of George Washington and Abraham Lincoln，1982-2003[J]. Nations and Nationalism，2011（3）：649-668.

⑤ 李海云，张莉. 小学语文教科书价值取向比较研究 [J]. 教育科学文摘，2012（6）：59-60.

非高等教育进行较为全面系统的介绍[①]，回顾南非高等教育发展的历史轨迹并以两所著名大学为例剖析南非高校的体制和特点[②]，分析南非高等教育公平性政策的发展历程[③]，等等。涉及南非基础教育的研究大都围绕"课程2005"（Curriculum 2005）展开，如探讨教育质量提升路径[④]，梳理成人基础教育的发展脉络[⑤]，回顾南非基础教育结构本位思想的发展渊源[⑥]，等等，鲜见南非基础教育改革发展的系统化研究。

　　整体而言，南非是我国学者比较关注的国家，几乎是非洲国家中被研究最多的一个国家，且教育问题也是最受关注的研究领域。《我国非洲教育研究的特点与路向——基于文献可视化的实证分析》一文系统回顾了近年来我国非洲教育研究状况，指出非洲研究领域依然局限在援助与合作、政策与计划、困境与挑战、结构与模式等宏观领域，缺少对国别区域内教育体系、教学模式、教育管理等微观层面的关注，并且，对于文化因素如何影响教育发展尤其缺乏考量。[⑦]结合基础教育改革发展问题并从国别视角来看，南非是金砖国家中被研究较少的国家。国内外对南非基础教育改革的研究大都聚焦政策、课程等宏观和中观层面而忽略了微观层面的教材分析。这就要求未来的研究能够关注宏观的政策改革、中观的课程改革、微观的教材内容分析或者将三者结合起来进行多层面、全方位的研究。因此，本研究基于南非基础教育改革发展历程，从历时角度探究南非基础教育改革的经验和特点，从教育政策文本和报告等析出数据审视基础教育发展现状，立足田野实践考察南非人对基础教育的态度和认知，并着重从微观视角透视基础教育教材文本，

① 顾建新，牛长松，王琳璞.南非高等教育研究[M].北京：中国社会科学出版社，2010：9-14.
② 王留栓.南非高等教育发展简况[J].西亚非洲，2001（3）：39-41.
③ 王琳璞，顾建新.南非高等教育变革中的公平与效率问题[J].教育发展研究，2008（Z1）：92-96.
④ 蔡连玉，苏鑫.南非基础教育质量提升的路径[J].比较教育研究，2014（12）：92-97.
⑤ 张秀娟.南非成人基本教育之发展脉络与省思[J].国际文化研究，2007（2）：57-79.
⑥ 刘剑虹，张军.南非以结果为本位的教育改革[J].比较教育研究，2008（6）：45-49.
⑦ 刘秉栋，张军广.我国非洲教育研究的特点与路向：基于文献可视化的实证分析[J].陇东学院学报（社会科学版），2021：110-114.

明确这些教材文本的聚焦点、观测点以发现课程意图的贯彻情况，均不失为一次较新的尝试。

第三节　理论基础和分析框架

一、场域理论概说

场域理论（field theory）起源于 19 世纪中叶的物理学概念，"场"的概念表达在电磁学、牛顿的万有引力定律和爱因斯坦的广义相对论中不尽相同。[①] 早期的场域理论认为，运动是由一系列力量构成的，这些力量的关系产生的效果不会降低到个体单位。[②] 也就是说，人的每一个行动均会受到场域的影响，它不仅包括物理环境，也包括他人的行为以及与此相连的许多因素。在社会科学领域，尽管场域的主要方向尚未得到整合，但仍然是一种较为系统且一致的方法，场域的本质是通过相对于他者的立场来解释个体行为的规律性。[③] 场域理论先后经过考夫卡（Kurt Koffka）、实验社会心理学之父勒温（Kurt Lewin）等人的智慧贡献和推动[④]，概念进一步明晰，内涵也逐渐丰富起来。法国社会学家布尔迪厄（Pierre Bourdieu）将场域定义为一个网络（network）或一个构形（configuration）[⑤]，其中有力量、生气及潜力的存在，而非单纯的领地或领域。德国著名哲学家卡西尔（Ernst Cassirer）在《人论》中指出，人不再生活在一个单纯的物理宇宙之中，而是生活在一个符号宇宙

---

① Hesse M B. Forces and Fields：The Concept of Action at a Distance in the History of Physics[M]. State of Delaware：Dover Publications Inc.，2005：73.

② Swartz D L. Bourdieu's Concept of Field[EB/OL].（2016-04-28）[2022-03-01]. http：//www. oxfordbibliographies. com/view/document/obo-9780199756384/obo-9780199756384-0164. xml.

③ Martin J L. What is Field Theory? [M]. New Jersey：Rutgers，2003：41.

④ Perlina A. Shaping the Field：Kurt Lewin and Experimental Psychology in the Interwar Period [D]. Berlin：Humboldt-Universität zu Berlin，2015：5.

⑤ [法] 皮埃尔·布尔迪厄，[美] 华康德. 实践与反思：反思社会学导引 [M]. 李猛，李康，译. 北京：中央编译出版社，1998：134.

之中。① 符号宇宙其实也是一种实践场域，在这里从符号形塑、传播与解码的过程及其重新出场与循环着手，对场域的"打开"方式和"反思"意识进行合理性透视。② 布尔迪厄的场域理论用关系的维度思考社会实践，打破了以往主客二元思维逻辑，为理解社会现实提供了新的分析工具。场域是围绕权力而形成的冲突和秩序，其中的位置关系与资本（capital）、惯习（habitus）、策略等相伴相生。可以说，场域是一种关系群，各种关系之间受到权力（包括政治权力和经济权力）和资本（社会资本、经济资本、文化资本和象征资本等）的制约。

教育是以育人为目的的文化活动，是生产、传播和传承文化资本的场所，教育的场域性既体现为一种文化资本作为场域资本的"通过"，也体现为与文化资本相对应的文化权力的运作。场域理论中，场域、资本和惯习是贯穿布尔迪厄整个社会学思想的核心。布尔迪厄认为，资本可进一步分为经济资本、社会资本和文化资本三种基本类型。其中，经济资本是根基，可转化为其他形式的资本；社会资本是实际的或虚拟的社会资源的总和，凭借个人或群体的持久网络产生认同和制度化关系③；文化资本是指借助不同的教育行动传递的文化物品④。惯习作为持久的性情倾向系统，从客观方面是被建构化的结构（structured structure），寄寓着个人接受教育的社会化过程。竞争是场域的本质特征，即行动者争夺有价值的支配性资源的空间场所。积累和扩张是资本的本质，决定了其再生产的功能。资本持有者通过再生产资本（reproduction of capital）稳定已经占有的资本，并力图扩张到新的资本领域。场域和资本是一对彼此依存、相互界定的范畴⑤，不同的资本类型决定场域的

① [德] 恩斯特·卡西尔. 人论 [M]. 甘阳，译. 北京：西苑出版社，2003：44.
② 孙琳. 场域：出场意义的形塑、传播与解码 [D]. 苏州：苏州大学，2012：69.
③ Pierre B，Loic J D. An Invitation to Reflexive Sociology [M]. Chicago：University of Chicago Press，1992：118-119.
④ 郭凯. 文化资本与教育场域：布尔迪厄教育思想述评 [J]. 当代教育科学，2005（16）：33-37.
⑤ 刘生全. 论教育场域 [J]. 北京大学教育评论，2006（1）：77-91.

特性，场域则决定资本的类型和效力。惯习和场域互相作用、互为条件，不存在无场域的惯习，也不存在无惯习的场域。正是惯习将场域建构成了一个具有感觉、价值和意义的社会世界。①

在南非，肤色依然是一种重要的符号和资本，黑色皮肤曾经被歧视，但起到团结黑人与白人进行抗争的作用，在当下则主要用以稳定现有资本并通过教育施加影响以不断再生产资本。正如布尔迪厄指出的那样，游戏者的形象就好像是面对一大堆不同颜色的符号标志，每一种颜色都对应一种游戏者所拥有的特定资本，与此相应的是游戏者在游戏中的相对力量；一种资本总是在既定的具体场域中灵验有效，既是斗争的武器，又是争夺的关键，使它的所有者能够在所考察的场域中对他人施加权力和运用影响，从而被视为实实在在的力量，而不是无足轻重的东西。②一定程度上，场域中的位置取决于资本的数量和结构，即符号标志的数量决定了场域位置。布尔迪厄后来在经济资本、社会资本和文化资本的基础上添加了符号资本，指出符号暴力（symbolic violence）是一种符号的霸权，可以对人们产生支配性的影响，构建着人们的结构与世界，它的实施过程不同于其他暴力，是由暴力对象以"他者"的自我异化方式即不自觉地与权力"合谋"的方式来进行的。在南非，场域是冲突和秩序相互交融的地方，政治场域和经济场域制约着资本并可与之相互"通约"，同样地，教育场域中知识资本的生产、传承、传播和消费也是资本转换的过程。默里（Helen Murray）指出，学生、教师和决策者往往不得不直面冲突的核心问题，历史、地理、宗教、语言、文学甚至音乐等学科都成为反映教室内外矛盾的"战场"。"我们教授谁的历史？用谁的语言？信仰谁的宗教？"③南非基础教育改革实际上一直在力图更好地回答和

① 吴翠萍 . 身份认同及其社会生成机制：基于皖籍新生代农民工的个案研究 [D]. 南京：南京大学，2013：102.
② [法] 皮埃尔·布尔迪厄，[美] 华康德 . 实践与反思：反思社会学导引 [M]. 李猛，李康，译 . 北京：中央编译出版社，1998：136.
③ Murray H. Curriculum Wars：National Identity in Education[J]. London Review of Education，2008（1）：39-45.

解决上述问题。

二、理论分析框架

布尔迪厄指出，要想构建场域，就必须辨别在场域中运作的各种特有的资本形式；而要构建特有资本的形式，就必须知晓场域的特定逻辑。[①] 场域内的小世界具有相对自主性且具有自身逻辑性。国家是一个政治组织，外部是独立的权力，内部是最高权力，并以人力、金钱的物质力量维持其独立的权威。[②] 可以说，国家是诸场域的聚合体或者说"元场域"，垄断着具有合法性的符号。[③] 教育被视为政治的"婢女"，执政者所掌握的政治、经济资本对教育文化资本有着极其深刻的影响。国家使用符号暴力将统治阶级的思想强加于行动者，即通过学校软性灌输与反复教育，向青少年学生灌输系统知识，并通过他们向全民散播，最终形成一种意识。这种意识被国家认定为真正的民族意识或国家意识，以此来构建和确认自身及全民的国家认同。当然，这并不意味着教育完全处于被动的从属地位，教育具有通过文化再生产实现社会的再生产的功能，其在基础教育国家认同建构中的推进或抑制作用也不容忽视。

为了较为科学地探讨南非基础教育改革发展问题，探究南非基础教育改革历程、分析南非基础教育改革发展现状、透视南非基础教育教材文本、展望南非基础教育改革发展路向，本研究基于场域理论并结合阿普尔（Michael W. Apple）课程意识形态论建立分析框架。研究遵循发现问题、分析问题的逻辑脉络，通过参与观察、深度访谈和分析南非财政部、南非基础教育部相

---

① [法]皮埃尔·布尔迪厄，[美]华康德.实践与反思：反思社会学导引[M].李猛，李康，译.北京：中央编译出版社，1998：147.
② [美]曼纽尔·卡斯特.认同的力量[M].夏铸九，黄丽玲，等译.北京：社会科学文献出版社，2003：47.
③ [法]皮埃尔·布尔迪厄，[美]华康德.实践与反思：反思社会学导引[M].李猛，李康，译.北京：中央编译出版社，1998：302.

关报告等，对南非基础教育改革发展状况进行系统梳理。在宏观维度，历时考察种族隔离时期、民主转型后、21 世纪以来这三个阶段南非基础教育改革的目标、特点和成效，随后从共时角度审视了南非基础教育的教学成绩、业绩特点、财政投入以及改革动因等。从微观教材视角来看，南非基础教育文科教材难免以执政党的意识形态的立场看待世界、看待事物，并通过显性方式或隐性的文本方式对学习者进行意识形态渗透，利用场域中的秩序和冲突"推—拉"青少年的情感倾向。因此，基于基础教育场域理论视角结合课程意识形态论对教材进行透视，能够对南非基础教育历时发展、当前状况和未来走向形成更为深刻的认识。

第四节　研究内容与方法

通过学校基础教育形塑青少年的国家归属感、自豪感及对国家的使命感，是转型后的南非实现可持续发展不可或缺的重要原动力。因此，本研究将聚焦"南非基础教育改革发展"，并从四个方面分别进行论证，以期形成较为完整的认识。

一、研究问题

其一，南非基础教育改革究竟走过了一条怎样的道路？有哪些基础教育改革的南非经验和教训？

其二，南非基础教育改革的发展动力是什么？成效如何？

其三，南非基础教育教材文本透射出什么样的教育意图？南非基础教育改革发展的未来路向是什么？

二、研究内容

根据以上研究的主要问题及相关次级问题，本研究着重关注南非政府制定了哪些相关政策和课程标准推动基础教育体系改革、促进青少年国家认同的形成，通过教材透视相关教育内容的呈现状况，并对政策和课程大纲目标落实情况予以分析。总之，从教育的"施—受"关系来看，本研究着重考察施动过程（见图 0.5）。

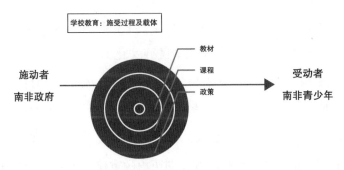

图 0.5 南非基础教育观察研究对象

南非实现民主转型后，自然希望培养具有南非国家意识的公民，这些都需要依靠教育特别是基础教育来推动，实施什么样的基础教育就意味着希望得到什么样的认同①，进而培养出什么样的未来公民。因此，研究的主要问题是南非如何推动基础教育改革发展从而更好地培养青少年的国家认同，研究将从四个主要方面展开，即南非基础教育改革发展历程、南非基础教育改革发展现状、南非基础教育教材透视、南非基础教育改革发展路向。通过基础教育改革发展推进国家认同建构是南非实现民主转型后面临的首要任务，从隔离教育到以公平、融合为目标的民主教育，南非实现了教育体系转型，为迈向公平而有质量的基础教育奠定了基础。对南非基础教育改革发展现状的研究基于笔者个人的实地观察和对南非青年的深度访谈，以感性素材切入，

① 韩震 . 教育与国家认同 [N]. 光明日报，2013-12-26（7）.

并结合非洲教育行动规划、南非财政部报告等量化分析和个案分析形成三角互证[①]，力求对南非基础教育现状形成客观真实和全面的认识，为下一步的研究打下背景知识基础。

转型以来，南非先后出台多项政策推进学校融合以达到去种族化的目的，并持续推进课程改革以提高教育质量。然而，南非基础教育由于直接套用西方的教育体系和模式而并未实现根本性的变革，很难培养出对国家有强烈责任感和使命感的公民。微观方面，南非的教材几乎都是英国引进版，定价高昂且传递着西方教育生活及价值理念。依赖和引进西方国家或前宗主国编写的教材，使学习者无法感受到本民族文化的博大精深，容易丧失文化自信。这样的教育难免会印证黑格尔的断言："非洲黑人没有历史、没有哲学、没有文明，只有黑暗和停滞。"刘鸿武等在《非洲实现复兴必须重建自己的历史》中阐释了奥戈特（Bethwell A. Ogot）的史学理念和思想，认为当代非洲文化复兴与国家建构都离不开非洲历史的重建，非洲需要致力于历史价值的再发现与"去殖民地化"。[②] 作为非洲的"领头羊"，南非发掘非洲历史及文化价值并通过学校教育传递给南非未来的公民是"去殖民地化"和清除种族隔离教育后遗症最为有效的途径。教材作为教学活动的基本素材，与特定的教育对象和教育目的紧密相关，对学生的成长成才乃至未来发展具有奠基作用。

三、研究的方法论

方法论是对应用到某一研究领域的方法的系统、理论的分析，其本身并不提供问题的解决之道，而是探寻最优的方法。确定选题研究的方法既要基

[①] [英] 马丁·登斯库姆. 怎样做好一项研究：小规模社会研究指南 [M]. 陶保平，等译. 上海：上海教育出版社，2016：100.

[②] 刘鸿武，王严. 非洲实现复兴必须重建自己的历史：论 B. A. 奥戈特的非洲史学研究与史学理念 [J]. 史学理论研究，2015（4）：77-86.

于研究者的研究素养和功底，更离不开所占有的研究资源，同时也受到研究环境的限制。鉴于在南非交流学习仅有半年，而调查活动的学术审批需要耗费 3 个月以上的时间且未必能获得准许，观察和开放式访谈便是获取资料最便捷和经济的途径。康德说："无感性的理性则空，无理性的感性则盲。"本研究中，观察访谈所收集的感性材料与搜集整理的数据、文献资料相结合，力图避免"空"和"盲"。本研究拟借用政治学、符号学、人类学、传播学等学科的方法，以实证研究为基础，采用混合研究方法，综合量化研究与质性研究。量化研究方面，从南非全民教育报告（EFA Report）、基础教育战略规划（DBE Strategic Plan）、基础教育年度报告（DBE Annual Report）、课程评估政策声明（CAPS）、南非统计（Statistics SA）、南非综合住户统计调查（GHS）等资料中整理和剥离出相关数据进行分析，考察和解析南非基础教育教学目标、基础教育投入、教育成效及评估等。质性研究方面，分析南非人的话语及其行为表现背后的逻辑与基础教育的关联，透视基础教材文本和插图的教育意图等。"在社会科学领域之中，质性研究是一种被广泛应用的研究方法，其价值与量化研究不分伯仲。"[1] 胡塞尔（Edmund G. A. Husserl）认为，生活世界是科学及其世界观的根基，换言之，科学是在生活世界的基础上产生出来的，那么生活世界就是科学的先决条件。[2] 对生活世界的观察强调研究人员要深入研究场域，通过亲身参与研究对象的生活，通过所观、所想、所感获得第一手资料。[3] 研究者记录的故事不仅是文化差异的汇聚，也不仅是另一种文化重生，而是如福克纳（William Faulkner）所言，这些故

① 杨俊生. 民族教育研究方法的点睛之作：评苏德教授的《民族教育质性研究方法：理论、策略与实例》[J]. 民族高等教育研究，2016（5）：90-92.
② [德] 埃德蒙德·胡塞尔. 欧洲科学危机和超验现象学 [M]. 张庆熊，译. 上海：上海译文出版社，1988：16-18.
③ 石玉昌，张诗亚. "学在野"之"化"：兼论民族教育田野调查法 [J]. 民族教育研究，2015（6）：17-23.

事还是一种支柱。①

知识建立在经验观察之上，对生活的观察及对生活对象的访谈，是获取一手资料的重要方式。赫拉利（Yuval N. Harari）在《未来简史》中提到，人类的体验是整个世界最有效的数据处理算法。② 作为一种人文实践活动，教育体现出人文世界的整体性、差异性和丰富性，因而教育研究存在着科学范式和人文学范式，质性研究其实就是教育学中的人文学范式。③ 陈向明指出："质的研究是以研究者本人作为研究工具，在自然情景下采用多种资料收集方法对社会现象进行整体性探究，使用归纳法分析资料和形成理论，通过与研究对象互动对其行为和意义建构获得解释性理解的一种活动。"④ 阿布代拉尔（Rawi Abdelal）等认为对访谈对象自我表达采用话语分析方法（discourse analysis），能够对行为体用以描述和理解社会现象的语言进行定性的、诠释性的意义恢复。⑤ 笔者以"参与型局外人"的身份，通过访谈、记录、观察、分析等途径力图深入生活的"原本"，挖掘观察对象的行为及其言语，并在"自然情景"（natural setting）中进行忠实的、不加修饰的记录。莫奈主张用自己的眼睛看，因为真理就是"显现"出来而被"看"到的东西。然而，法农（Frantz O. Fanon）在其《黑皮肤，白面具》中声明，"我的观察和结论只对安地列斯群岛有效"⑥，笔者的观察和访谈也难免有类似的局限。

四、具体研究方法

本研究以文本分析为主要研究方法（文本分析对象：南非基础教育政策、

① [美]诺曼·K. 邓津，伊冯娜·S. 林肯. 定性研究：经验资料收集与分析的方法 [M]. 风笑天，等译. 重庆：重庆大学出版社，2015：7.
② [以色列] 尤瓦尔·赫拉利. 未来简史 [M]. 林俊宏，译. 北京：中信出版社，2017：351.
③ 余东升. 质性研究：教育研究的人文学范式 [J]. 高等教育研究，2010（7）：63-70.
④ 陈向明. 质的研究方法与社会科学研究 [M]. 北京：教育科学出版社，2000：12.
⑤ Abdelal R，Herrera Y M，Iain J A（eds.）. Measuring Identity：A Guide for Social Scientists [M]. Cambridge：Cambridge University Press，2009：6.
⑥ [法] 弗朗茨·法农. 黑皮肤，白面具 [M]. 万冰，译. 南京：译林出版社，2005：7.

法律法规、教育行业白皮书、国家发展规划、南非全民教育发展报告、南非
2019 教育行动规划、相关会议资料、中小学文科教材，等等），综合运用文
献研究法、访谈法和参与观察法，在已有文献资料和研究成果基础上，结合
对教材的分析辨清本土知识与世界知识的关系，考察南非基础教育在全球化
和本土化互动过程中两种知识的冲突、融合、依存和补充关系及其对南非基
础教育改革发展的影响。

（一）文本分析法

本研究采用的文本分析法包括两个方面，一是政策文本分析，二是教材
文本分析。通过对转型后南非实施的五个政策文本和两个课程改革文本的分
析，厘清南非推动基础教育改革的动因、目标与挑战，从而形成对南非基础
教育改革发展背景的认识。在南非"学费必须下降"（Fees Must Fall）运动
结束后，购买到南非中小学英语教材（英语作为母语和英语作为附加语的教
材）、社会科（social science）教材和历史、地理、生活技能（life skill）、生
活导向（life orientation）等文科教材共计 45 本，借助一定的分析工具并在
掌握一定的理论基础后对这些教材的封面特点、文本内容进行分析。

（二）文献研究法

文献研究分两部分。一方面，了解并掌握前人对南非基础教育改革发展
等问题的研究状况，充分利用各种途径如浙江师范大学图书馆、纳尔逊·曼
德拉都市大学图书馆，搜集与南非基础教育相关的著作、报刊、区域组织
报告等，以及南非实现民主转型后出台的政策、法规和文件等相关文献，了
解南非国家概况、历史脉络、人文传统、语言政策、风土人情等，力求对南
非及其教育状况形成系统性认识，并基于研究成果的权威性、相关性等进行
较为深刻、全面的分析和研究，抽取与研究内容相关的事实和例证以增强研
究的说服力。另一方面，梳理前人有关南非基础教育教材的研究，获取非洲
研究者对南非基础英语教材、社会科教材的认识，了解教材编撰的价值取向

等，掌握已有研究的关注点与可供进一步研究的空白点。

（三）观察、访谈法

在近三年的读博生涯中，笔者与来自非洲的同学一起上课、上自习、讨论乃至争辩，在这个过程中观察他们的言行举止，询问他们接受基础教育的状况及基础教育对人生价值观的影响，不断地质疑和验证自己的假设、想法，为后续研究南非基础教育改革发展打下了一定的基础。通过在南非观察作为教育"产品"的青少年的言行举止，获取南非基础教育成效的感性材料。笔者和非洲朋友相处甚宜、关系较"铁"，还听到过许多不为人知的新鲜故事，得以更好地理解和认识南非基础教育发展状况。

在南非纳尔逊·曼德拉都市大学接受博士联合培养的半年中，笔者有机会和更多的非洲国际留学生近距离接触，和他们一起学习、吃饭、饭后茶余聊天、逛海滩等，结下了深厚的友谊，这为笔者置身"自然情景"中观察提供了方便与可能。通过观察这些非洲国际留学生的谈吐，倾听他们对他人、对自己的国家以及南非的评论，初步了解了南非的基础教育发展状况，进而在归纳、总结现象和分析个体行为表现的基础上探求背后隐藏的本质特征。此外，在南非学习多年的非洲其他国家的民众也或多或少受到南非教育的影响，捕捉他们的言谈举止也可以形成研究的感性材料。

访谈法是定性研究中较为常见的一种方法，近些年在社会学、人类学和教育学研究中有较为广泛的应用。研究人员通过面对面的交谈，获得事实和复杂细节信息。本研究中，检视教材中的国家符号如何主导个体的意象形成，离不开访谈，在深度访谈的基础上，笔者还开展了个案研究。本研究的访谈对象主要包括南非当地学生、来华的南非留学生。在南非的学习经历以及对南非本土学生的采访和笔谈，让笔者对南非的基础教育状况、效果及其影响因素形成了一定认识。

第一章

南非基础教育改革发展历程

种族隔离制度有一样好处，那就是将我们凝聚在了一起。我们有共同的敌人要与之战斗。然而当共同的敌人消失后，我们突然很孤独，现如今再也找不到这么强大的力量能使我们团结在一起。

——马摩洛迪（Mamelodi）某教师语

恩格斯指出，没有哪一次巨大的历史灾难，不是以历史的进步为补偿的。[①]南非基础教育改革发展与政治、经济和社会发展息息相关，每一次进步都离不开对上一次教育发展得失成败的反思和经验教训的总结。南非前总统姆贝基曾说教育是民族国家成功建构的"决定性驱动器"（decisive driver）[②]，基础教育则在教育中起到筑基培根、铸魂固本、启智润心的关键作用。鉴此，南非政府越来越重视通过基础教育培养并树立南非青少年的国家意识、公民意识和整体民族意识，从而促使各种肤色的未来国民达成团结，培植其对政府合法性和权威性的认同。奇泽姆（Linda Chisholm）指出，自1994年实现民主转型以来，南非进行了一系列课程改革，旨在以教育为工具纠正种族隔离政策造成的不平等和不公正。[③]联合国教科文组织国际教育未来委员会的报告指出，教育是抵抗不公的堡垒。[④]在一定程度上，南非基础教育改革发展既是一个守正创新的过程，也是一个矫枉纠偏、铸造公平、孕育和谐的过程。

① 马克思恩格斯文集（第10卷）[M]. 北京：人民出版社，2009：665.

② South Africa History Online. 1999 - President Mbeki - State of the Nation Address[EB/OL].（1999-07-25）[2022-03-01]. http：//www. sahistory. org. za/archive/1999-president-mbeki-state-nation-address-25-june-1999-after-national-elections.

③ Chisholm L. The Making of the South Africa's National Curriculum Statement[J]. Journal of Curriculum Studies，2005（2）：193-208.

④ International Commission on the Futures of Education. Education in a Post-COVID World：Nine ideas for Public Action[R]. Paris：UNESCO，2020：9.

第一节　种族隔离时期的基础教育（1948—1994）

教育体系反映一个国家的命运，承载民族文化的同时也在培育社会惯习。[①] 在完成对南非西部的殖民占领后，欧洲白裔人为了保持白人所谓的"种族纯洁性"和优越地位，推出了一整套种族主义的法律，并且极其严厉地推行所谓的"自我保护""多元民主""各自发展"等政策，这就是臭名昭著的种族隔离（Aparthied）政策。[②] 种族隔离时期，南非的教育体系按照种族被分割成 19 类。1953 年，时任南非本土事务部部长维沃尔德（Hendrik F. Verwoerd）在开普敦宣称"给当地人提供不当类型的教育，无助于改善种族关系"，得到了白人当局的认可。《班图教育法》（*Bantu Education Act*）由此拉开大幕，标志着种族隔离教育的开启——以牺牲大多数黑人受教育机会成就了 12% 的白人。[③] 国民党（National Party）统治南非近 46 年后，非国大通过第一次不分种族的全民大选实现了国家和平转型。非国大执政后指出，种族隔离教育摧毁了社群文化，并使学校教育近乎崩溃。[④]

种族隔离教育是种族隔离大背景下的必然趋势。"种族隔离"源于南非阿非利卡语，意为"分离、分别存在和发展"。据南非学者路易斯·洛（Louis Louw）考证，该词最早出现在 1943 年 3 月 26 日的《市民报》（国民党在开普敦主办）上，用以表述国民党的隔离政策。同年 9 月 9 日，《市民报》再次使用了该词，表示认可阿非利卡人的种族隔离观点。次年 1 月，国民党领导人马兰（Daniel F. Malan）在议会发表讲话时宣称，为确保白人种族安全

---

① Leonie A. The Development of Bantu Education in South Africa：1652 to 1954[D]. Montana：Montana State University，1965：1.

② [法] 凯瑟琳·科克里 - 维德罗维什 . 非洲简史：从人类起源到种族、宗教与革命 [M]. 金海波，译 . 北京：民主与建设出版社，2018：186-187.

③ Fiske E B, Ladd H F. Elusive Equity：Education Reform in Post-apartheid South Africa[M]. Washington D. C.：Brookings Institution Press，2004：1-2.

④ ANC. A Policy Framework for Education and Training [M]. Pretoria：African National Congress，1994：128.

和基督文明，必须真诚地维护种族隔离政策。[①]1948 年，白人政权以法律的形式将种族隔离政策推行开来，依照官方标准将民众分为白人、黑人、印度裔人和有色人四大种族，剥夺了非白人的投票权，甚至在学校、医院、海滩或公园等公共场所也进行了区分和隔离。联合国教科文组织报告显示，种族隔离从一开始就并存着两种观念：一种认为种族应该进一步按照部落划分为自治领地；另一种认为种族隔离并不完全意味着土地意义上的隔离，而是严格推行非白人在社会、经济和政治方面更为低下的政策。1948—1965 年，白人政府一直在两种观念并行的情况下推进种族隔离。[②]

一、种族隔离教育的演化

种族隔离基于种族歧视发展而来，根据种族不同划分人们的社会与法律地位，一定程度上是殖民主义的延续和变体，甚至是殖民主义的极端表现形式。阿契贝（Chinua Achebe）认为，在殖民话语的土壤中，没有什么比相互指责更容易滋生和繁荣了。[③]殖民时期，英布战争、黑人与白人之间的战争在南非不断上演，这一方面源于资源争夺，另一方面源于相互间的不认同。到了种族隔离时期，英布联手实施否定占人口绝大多数的黑人的价值和尊严的教育，为后种族隔离时期构建和谐融洽的民族国家埋下了隐患，其危害性并不亚于殖民主义。

为推动种族隔离实施、落地及应对国际社会不断高涨的批评，白人政府推行"黑人家园政策"（Black Homlands），又称"班图斯坦制度"（Bantustan），把占南非土地不到 13% 的原"土著人保留地"定为"黑人家园"，而其余 87% 的土地归白人所有。据《南非黑人家园手册》，南非黑人

---

① Brooker E H. Aparthied：A Documentary of Modern South Africa [M]. New York：Routledge & Keegan Paul，1968：1.

② UNESCO. Apartheid：Its Effects on Education，Science，Culture and Information[R]. Paris：Imprimeries Réunies de Chambery，1967：14.

③ [尼日利亚] 铁努阿·阿契贝. 非洲的污名 [M]. 张春美，译. 海口：南海出版公司，2014：8-28.

家园政策是白人和土著黑人长达 3 个多世纪的冲突的结果。从荷兰人在好望角遭遇桑人以来，黑人与白人之间的冲突似乎很少间断过。自 1894 年推行《格伦·格雷法令》（Glen Grey Act）间接将黑人驱离家园后，至 1982 年，南非白人政府先后颁布了 15 项法律法规加强对黑人的监管。[1] 英布战争前，英国人和布尔人各有两块殖民地和共和国，中间还夹杂着众多黑人部落，英布联手实施种族隔离制度后创设黑人家园。1976—1981 年，南非境内划分了 8 处黑人家园并逐步将数量增至 10 个。这 10 个黑人家园的面积及主要民族分布如表 1.1 所示。

表 1.1　种族隔离时期的黑人家园面积及主要民族

家园名称	面积（平方英里）	主要民族
特兰斯凯（Transkei）	14178	科萨人
西斯凯（Ciskei）	3547	科萨人
莱博瓦（Lbowa）	8549	贝迪人 / 北恩德贝勒人
文达（Venda）	2333	文达人
夸祖鲁（KwaZulu）	12141	祖鲁人
夸恩德贝勒（KwaNdebele）		南恩德贝勒人
加赞库卢（Gazankulu）	2576	聪加人 / 尚加人
加纳瓦尼（KaNgwane）		
夸夸（QwaQwa）	144	巴索托人
波普塔茨瓦纳（Bophuthatswana）	14494	茨瓦纳人

资料来源：Butler J，Rotberg R，Adams J. The Black Homelands of South Africa：The Political and Economic Development of Bophuthatswana and KwaZulu[M]. Berkley：University of California Press，1977：2.

由表 1.1 可见，黑人家园是人为设计的聚居区域，某种程度上忽略了原有的民族文化。例如，白人政府为科萨人设计了特兰斯凯和西斯凯两个黑人家园，而波普塔茨瓦纳则是为茨瓦纳人专门设立，夸祖鲁仅限祖鲁人居住，

[1] Directorate of Intelligence. South Africa's Black Homelands：A Handbook [EB/OL]. （2011-01-19）[2022-03-01]. https：//www. cia. gov/library/readingroom/docs/CIA-RDP84S00552R000100020002-6. pdf.

莱博瓦是为贝迪人和北恩德贝勒人设立，加赞库卢为聪加人和尚加人设立。20 世纪 70 年代，为了应对国际社会施压和进一步将黑人割裂出南非，南非政府先后宣布四个黑人家园独立。这四个黑人家园分别是特兰斯凯（1976年）、波普塔茨瓦纳（1977 年）、文达（1979 年）、西斯凯（1981 年），其余六个黑人家园虽有自治权但并未取得独立。这样的分类发展和割裂式规划乃至推动独立的做法进一步固化了黑人的族群意识，分解了黑人视本族群为一体的观念，也为民主转型后族群融合及国家认同意识构建埋下了隐患。

黑人家园政策为后来的种族隔离教育政策实施奠定了基础，开启了"种族模式"的教育。白人学校设置在白人聚居区域，印度裔人学校设置在印度裔人聚居区域，以此类推，种族聚居为按照种族创办学校教育提供了便利。如此一来，种族隔离学校名正言顺地按照种族差异隔离开来，确保南非人受到相应的教育。[①] 根据南非国民党政府 1953 年通过并推行的《班图教育法》，各省非洲人教育统归土著人事务部管辖，而实际上课程形成与发展受制于白人议院委员会，黑人教育经费开始被不断缩减，黑人在就业中的竞争力下降，少数白人的权益则得到保障。班图教育的设计者维沃尔德指出，非洲人"应该扎根于班图社会的精神和物质生活之中"。曼德拉评论班图教育说，其教育我们的儿童说非洲人比欧洲人劣等，其也意味着非洲人在"主子统治"的社会中永远地受奴役。[②]

班图教育是黑人教育的最后阶段。据詹森的研究，南非黑人教育可分为五个时期，分别是传统教育（traditional education）、奴役教育（slave education）、使命教育（missionary education）、土著教育（native education）和班图教育（Bantu education）。在 1652 年荷兰殖民者抵达南非前，南非的

---

① Anonymous. Education，Schooling and Apartheid Education[EB/OL]．（2017-02-26）[2022-03-01]. http：// wiredspace. wits. ac. za/bitstream/handle/10539/2032/CarrimN_Chapter%206. pdf?sequence=12.

② 秦晖．南非的启示：曼德拉传·从南非看中国·新南非 19 年 [M]. 南京：江苏文艺出版社，2013：90.

传统教育是由社群长者基于文化传承的使命以口授的方式进行的，这样的教育与社会经验紧密相关。第一批欧洲定居者基于基督教义引进了奴役教育，19 世纪早期，基督使者社团引入了欧洲的学校教育形式。20 世纪 20 年代，黑人学校迅速衰落并引入了政府委托的隔离课程。国民党政府认为使命学校的文科课程导向"不适宜"，从而提出种族隔离教育予以回应。实际上，班图教育尽管贴有不同标签，但与前四个阶段的黑人教育有着一定的共性。五个阶段相对应的课程分别是福音课程（the evangelical curriculum）、学术课程（the acdemic curriculum）、工业培训课程（the industrial training curriculum）、差异化课程（the differtiated curriculum）和种族隔离课程（the aparthied curriculum）。其中，种族隔离课程以颂扬族群自豪感和种族认同为基础，提倡"分离"思想并将黑人教育置于农村环境中。[1] 虽然人类群体天生具有寻求与自身价值观和审美理念相符的生活方式的能力和权利，但将白人文化奉为圭臬，对文化进行优劣之分，无疑是文化霸权的表现。[2]

班图教育政策实施期间，南非的大学入学考试通过率越来越低，许多年轻人受教育的机会限制在基础教育阶段，从而使其成为简单的劳动力，失去了就业竞争力。如表 1.2 所示，1953—1960 年大学入学考试通过率从 47.3% 降至 17.9%。有研究认为，班图教育将黑人限制在社会服务的最低一级，旨在使其只适于做下等工作。[3] 为反对《班图教育法》，推进人民教育（people's education），南非的三个民族解放运动组织——非洲人国民大会（ANC）、阿扎尼亚人民组织（AZAPO）和阿扎尼亚泛非大会（PAC）分别从文化、政治和社会的角度提出了自己的课程观点。

---

[1] Jansen J D. Curriculum as a Political Phenomenon: Historical Reflections on Black South African Education [J]. The Journal of Negro Education，1990（2）：195-206.
[2] 滕星 . 教育人类学通论 [M]. 北京：商务印书馆，2017：497.
[3] [尼日利亚] 卡鲁 · E. 乌穆 . 论南非种族隔离制的起源 [J]. 宁骚，译 . 世界民族，1984（4）：1-7.

表1.2 班图教育期间大学入学考试记录（1953—1960）

年份	考生数 / 人	通过数 / 人	通过比例 /%
1953	547	259	47.3
1954	523	234	44.7
1955	595	230	38.7
1956	768	354	46.1
1957	745	292	39.2
1958	660	248	37.6
1959	629	118	18.8
1960	716	128	17.9

资料来源：Rakometsi M S. The Transformation of Black School Education in South Africa，1950-1994：A Historical Perspective [D]. Bloemfontein：University of Free State，2008：448.

从表 1.3 可以看出，南非的三个民族解放运动组织虽然有着各自的主张和诉求，但均对"人民""融合""非洲"这三个关键词有不同程度的强调。略有区别的是，非国大提及人民时强调不分种族和全体民众，阿扎尼亚泛非大会所指的人民是所有人，而阿扎尼亚人民组织侧重强调被边缘化的人。融合思想强调政治与文化相融合、智力和体力训练并重以及基于社区的合作。非国大认为应该享有政治公正和社会公正，但未明确非洲文化在形成政治差异和社会差异方面的功能，相对而言，非洲视角及每个社群文化价值在阿扎尼亚人民组织和阿扎尼亚泛非大会的课程观点中得到了明确强调。上述民族解放运动组织的课程理念一定程度上反映了人民教育的理念，20 世纪 80 年代，南非学生、教师、家长和工会成员开展了人民教育运动，旨在创建新的教育体系并使人民认识到其受压迫的事实，以替换当时主导南非政治格局的种族隔离教育制度，得到了出版业、社区和许多其他行业的积极响应。[1]

---

[1] Muhammad R. The People's Education Movement in South Africa：A Historical Perspective [D]. Johannesburg：Rand Afrikaans University，1996：9-31.

表1.3   民族解放运动组织的课程观点

视角	非洲人国民大会	阿扎尼亚人民组织	阿扎尼亚泛非大会
文化	敦促构建人民的教育及民主教育结构；鼓励学生和老师参与以社区为基础的合作项目及批判性评价的方法论思想	课程应该反映每个社会群体的积极文化价值；强调有意义的自我意象，纠正历史错误，如黑人与白人之间的关系；课程的最终目标应该是将政治与文化视角融合到科学项目中	每个人都应拥有机会，掌握用非洲语言或英语进行说、读、写的能力；鼓励大多数人参与决策并推动文化改革
政治	教育应该符合人民的需要和愿望；强调以非种族主义的方法及新自由主义理念构建社会；课程的最终目标应该是将政治与文化视角融合到科学项目中；应该确保所有人享有政治公正和社会公正	鼓励学生和老师参与以社区为基础的合作项目及批判性评价的方法论思想；特别鼓励黑人教育家参与研究过程；"人民"是指在现实中被普遍边缘化的人，是把多数人从压制性的教育系统中解放出来的先驱者，他们能够创建新型的、没有种族隔离教育的社会	以非洲视角展望非洲生活；支持基督教义、道德训练及品格培养
社会	反对智力与体力训练相分离、文理分科；将教育体系与更广泛的民主社会目标相关联	转变理念，不能只强调智力劳动并视其为整个社会进步的关键；转变学习方法，为替换班图教育提供选择；教育应该旨在塑造富有知识底蕴的工作者，且不应有性别歧视	课程应融合脑力劳动和体力劳动两种形式；推动技术、学术及职业发展，形成全体公民平等享有免费培训的体系

资料来源：Thobejane T D. History of Apartheid Education and the Problems of Reconstruction in South Africa [J]. Sociology Study，2013（1）：1-12.

二、种族隔离教育的特点

其一，种族隔离教育的成绩与负面影响并存，后者更突出，但也不可忽视这一阶段的教育成绩与特点。从历时来看，种族隔离学校男女入学比例几乎均等且表现持续一致，女性入学比例在48%~53%。这在各种族有着较为类似的表现，也就是说，种族隔离时期，女性受教育的权利得到了较为有效的保障。当然这些成绩并不意味着种族隔离教育实现了教育性别平等：学校管理层依然为男性所把持，女学生可选科目少、中学阶段女生辍学比例渐增等问题比较突出①；且白人作为压迫者将其利益建立在众多黑人的痛苦之上，难免对民族国家认同带来负面影响。埃里克森（Erik H. Erikson）说，压迫者在被压迫者的消极同一性中有一种既得利益，因为那种消极同一性正是他自己不自觉的消极同一性的投射———一种使他感到优越但也脆弱地感到完整的投射。②

其二，种族隔离教育促使教育资源向白人倾斜。教育是"教育者按照一定的社会要求，向受教育者的身心施加有目的、有计划、有组织的影响，以使受教育者发生预期变化的活动"③。南非国民党政府实施种族隔离近半个世纪以来，将大量国家资源集中在白人儿童教育方面，以1990—1991年为例，黑人学生的生均投入为930兰特，而白人学生的生均投入为3561兰特。④且学校课程传输的是阿非利卡版本的国家历史，主要关注黑人与白人之间的冲突并充斥着黑人野蛮性的描述。⑤在注重白人儿童教育的同时，黑人儿童教育也引起了国民党政府的极大关注，当然，目标和理由是截然不同的。如有研究显示，在大量增加学校中黑人儿童人数的同时，教育内容仅限于临时工所需的技能——实际上是为满足白人的需要。政府授权的黑人学校课程强调了一系列的主张，如支持政府隔离发展政策，学会顺从，对社区忠诚，了解族群和民族的多样性，接受分配的社会角色，虔诚，以及认同农村文化，等等。⑥有研究认为，种族隔离学校的历史教材显示，"白人代表高贵、黑人代

---

① Chapter 6. Education，Schooling and Apartheid Education [EB/OL]. （2017-12-28）[2022-03-01]. http：// wiredspace. wits. ac. za/bitstream/ handle/ 10539/2032/CarrimN_Chapter%206. pdf?sequence=12.

② [美] 埃里克·H. 埃里克森 . 同一性：青少年与危机 [M]. 孙名之，译 . 杭州：浙江教育出版社，1998：293.

③ 南京师范大学教育系 . 教育学 [M]. 北京：人民教育出版社，1984：19.

④ Enslin P. Citizenship Education in Post-apartheid South Africa[J]. Cambridge Journal of Education，2010 （1）：73-83.

⑤ Finchelescu G，Dawes A. Catapulted into Democracy：South African Adolescents' Sociopolitical Orientations Following Rapid Social Change[J]. Journal of Social Issues，1998（54）：563-583.

⑥ Allais S M. Building and Sustaining Systems for Delivering Education: The Role of the State [C]//McLennan A，Munslow B. The Politics of Service Delivery. Johannesburg：Wits University Press，2009：258.

表低贱"提升了阿非利卡人的民族主义情结，同时难免消解了印度裔人、有色人、祖鲁人、茨瓦纳人、科萨人的象征和意象。[1] 随着隔离教育法案的实施，隔离范围不断扩大。1959 年大学开始隔离设置，1963 年为有色人设立了专门的教育体系。维沃尔德声称，从长远来看，只有坚定不移地推进种族隔离才能确保种族歧视的消除。1964 年亚裔人教育也被隔离开来，1967 年通过了专为白人考虑的教育法案。从比较视角来看，按照种族设置的四大教育体系在教师质量、师生比、生均投入、校园建设、教学设备、教材及教具等诸多方面都存在着极大的不公平。[2]

其三，种族隔离教育消解了黑人的自信。从黑人的角度来看，种族隔离时期，占人口绝大多数的黑人被置于边缘地位，种族隔离教育使得黑人整体民族意识被消解，使黑人内部的族群呈现高度异质性。白人政权的意图很明显，"分而治之"的措施旨在泯灭黑人团结一体抵抗压迫的可能与希望。因此，南非种族隔离教育分析大都集中在种族主义和受歧视、受压迫的体验方面，从学校种族隔离、明显的教育供给不公、禁止组织教育活动和信息流通、推行歧视性的实践活动到知识建构过程中的误读或不承认"黑人"观点与经验等诸多方面。种族隔离时期，多数有色人在认定种族时竭力证明自己的白人血统，其目的是获取肤色符号这一重要的博弈资本。从白人的角度来看，阿非利卡人也是有意构建而成的"想象的共同体"，尤其是在布尔战争之后，基于共享的语言、历史、文化实践，以及来自西欧、拥有白色的皮肤、信奉基督教和加尔文教等共性形成了一定的共感和民族意识。为了保持阿非利卡人的"隔离"与"独特"，与英国人及南非黑人不相沾染被视为一项

---

[1] Anonymous. Education，Schooling and Apartheid Education[EB/OL]．（2017-02-26）[2022-03-01]. http：// wiredspace. wits. ac. za/bitstream/handle/10539/2032/CarrimN_Chapter%206. pdf?sequence=12.

[2] New Learning. Aparthied Education[EB/OL].（2016-11-23）[2022-03-01]. http：//newlearningonline. com/ new-learning/hapte r-5/apartheid-education.

神圣的使命。^①这一认识逐渐演变为分别发展或隔离发展意识，并最终成为
种族隔离的雏形。可以说，种族隔离制度源于白人对黑人的鄙视、恐惧、仇
恨和视自己为优等种族，坚持肤色有别的观念来保障白人的特权。

其四，种族隔离教育致使族群间的隔膜不断扩大。米斯拉（Vuyisile
Msila）指出，教育总是关乎认同的形成，立法者或其他教育政策制定者在
制定教育目标的过程中不可避免地会受到政治、社会和文化的影响。从历史
上看，教育也并非一种中立的行为，它总是与政治有着千丝万缕的联系。种
族隔离时期，南非的教育是用来划分社会阶级的工具，在学习者之间建构某
种认同，即白人至上且拥有完全公民权利，亚裔人和有色人次之，仅拥有部
分公民权利，黑人则没有任何公民权利。这样的划分强化了分裂社会的不平
等，将一个种族凌驾于其他种族之上。^②斯巴克斯（Allister Sparks）认为，
白人的教育追求卓越，培养自豪感，而黑人的教育则是为了"浇灭进取心，
把他们培养成劳工阶级"^③。有学者认为，种族隔离制度的实质是白人打着维
护种族特征、保护各种族利益的幌子，保障白人在政治、经济等方面享有特
权。^④因此，南非劳动力市场的种族分层的形成不是市场经济运行的自然结
果，而是白人政府推行种族隔离教育制度的结果。^⑤可以说，种族隔离不仅
强化了各族群在地理上的隔离状态，也使得他们从心理上产生隔膜，为后种
族隔离时期培育民族整体认同意识埋下了隐患。

---

① Moodie T D. The Rise of Afrikanerdom：Power，Apartheid，and the Afrikaner Civil Religion[M]. Berkeley：
University of California Press，1975：2-15.

② Msila V. From Apartheid Education to the Revised National Curriculum Statement：Pedagogy for Identity
Formation and Nation Building in South Africa[J]. Nordic Journal of African Studies，2007（2）：146-160.

③ Sparks A. The Mind of South Africa[M]. London：Heinemann，1990：224.

④ 冯志伟. 南非种族隔离制度的历史渊源探析 [J]. 商丘师范学院学报，2014（2）：43-47.

⑤ 刘兰. 南非种族隔离时期的教育制度与种族分层劳动力市场的形成 [J]. 世界民族，2016（2）：102-110.

第二节　民主转型后的基础教育（1994—2000）

1994 年，南非实现和平民主转型，不分种族的教育体系要求所有的教育体系均融入整体国家课程。1994—2000 年是南非价值观教育革新（crusaiding）的第二阶段，为教育南非下一代，《价值观、教育和民主宣言》力图提炼以往好的做法并加以定义使其得以传承。[①] 教育部创建了价值观教育的专门平台，委托开普敦大学詹姆斯（Wilmot James）教授带领任务小组（由黑人和白人、穆斯林和基督教徒、学术研究者和实践者、教育工作者和政府官员等 "代表" 组成）确定民主教育的核心价值观。然而任务小组提出的核心价值观受到了严厉的批评，被指新的政治秩序意在用规范性道德调节和控制人们的行为，使人们盲目接受和遵从 "忠实"（faith）或 "忠诚"（loyalty）的信念。詹森指出，南非教育政策的制定旨在以特定方式实现广泛的政治象征主义，这将标志着从种族隔离到后种族隔离社会的转变。[②] 南非新政府在教育领域率先改革，促进隔离教育向融合教育转变。1996 年，获得通过的南非新宪法指出，要保障所有种族的人平等地接受基础教育的权利，基于矫正不公、贯彻民主、平等、效率、发展等基本理念，开始全面推动种族融合的民主教育，这与种族隔离时期的教育目标形成了明显对比。

南非基础教育部指出，转型后的教育目标是以民主、平等、补救、透明和参与为原则，改变分裂的和歧视颇深的教育体制。沃尔哈特（C. C. Wolhuter）说，鉴于种族隔离时期旧南非造就的分裂性认同，在新的国家建构过程中有必要创建能够被普遍接受的国家认同。[③] 阿迈德·卡特拉德基金会

---

① The Report of the Working Group. Manifesto on Values，Education and Democracy[R]. Pretoria：Department of Education，2001：1.

② Jansen J D. Political Symbolism as Policy Craft：Explaining Non-reform in South African Education after Apartheid [J]. Journal of Education Policy，2002（2）：199-215.

③ Wolhuter C C. South Africa in Focus：Economic，Politics and Social Issues [M]. New York：Nova Publishers，2013：8.

（Ahmed Kathrada Foundation）负责人鲍顿（Neeshan Balton）说，学校是推动国家建构的实验室而非旧式种族隔离思想的"飞地"。[1]教育是立国之本，后种族隔离时期，南非新政府将中小学教育改革置于优先发展的地位，努力通过教育特别是中小学教育促进种族融合、建构国家认同。

一、融合教育演化与指导思想

为了消除种族隔离时期教育不平等的影响，南非在实现民主转型前已经推动教育先行一步。学校等教育机构是社会的缩影，受民主主义政策的影响，为所有学习者提供发掘潜能的机会，使所有学习者拥有一个彼此尊重的发展氛围。1991年开学之际，南非33所前白人学校允许招收黑人学生，德兰士瓦省率先打破戒律。在数量有限的学校实施种族融合，昭示着时任总统德克勒克解除种族隔离的举动，政府议案允许白人家长投票决定其子女所在学校是否向其他种族开放，规定一个学校至少有80%的学生家长参与投票且72%的人应投赞成票，然而最终全国2000余所白人公办学校仅有10%的学生家长愿意废除种族隔离。[2]

自1994年种族隔离政策结束以后，南非便进入了实质性的改革阶段，其目标是建立民主、多元的社会。然而推进融合教育并非易事，并不是说简单地将不同种族的学生汇集到一个学校便是融合教育，因为这样很可能会导致种族间的暴力冲突。因此要在调适教育结构和教育过程的同时贯彻民主价值观，教会各种族学生彼此尊重以增进互信。[3]齐泽姆（Brock Chisholm）

---

[1] News 24. School Segregation Report "Shows Persistence of Racism" [EB/OL]. （2015-01-30）[2022-03-01]. https：//www. news24. com/SouthAfrica/News/ choolsgregation-report-shows-persistence-of-racism-20150130.

[2] Wren C S. South Africa Integrates Some Schools [EB/OL]. （1991-01-10）[2022-03-01]. http：//www. nytimes. com/1991/01/10/world/south-africa-integrates-some-schools. html.

[3] Desegregation H C. Racial Conflict and Education for Democracy in the New South Africa：A Case Study of Institutional Change [J]. International Review of Education，1998（5-6）：569-582.

认为，新的教育体制是基于公平、包容、社会公正和国家建构转型而来的。[①]
牛长松教授认为，《南非共和国宪法（1996年）》是南非各项教育改革和开展
道德教育的基本准绳。[②] 德雷克（Melanie L. Drake）在其博士学位论文中指出，
新南非宪法的基本价值包括民主、社会公平公正、种族平等、性别平等、乌
班图（人类尊严）、社会开放、责任、法律规则、尊重与和解，在所有南非
人头脑和学校教育过程中植入上述精神是建构民主、公平社会的基石。[③] 南
非转型之初，成立了真相与和解委员会，并基于政治妥协组成为期五年的国
家统一政府（或称联合政府，GNU）以推动种族和解与社会转型[④]，然而这
些做法只能满足临时之需，要切实推动融合教育仰赖国家认同教育的持续滋
养。第一届后种族隔离政府旨在扭转过去不公正的社会原则，把教育部门确
定为国家成功重组的关键领域。[⑤] 纳伽洽（Alexis Ngatcha）说，许多非洲
国家都曾遭受过殖民统治，长久的停滞与发展不足致使成功转型面临重大挑
战，其中一个不可忽略的事实是，过往和如今的学校教育没能提供关键能
力……后殖民时代终结，教学必须面向未来，使年轻人能够思考自己的角
色，积极发展和改造他们的生活环境。[⑥] 因此，对新南非而言，国家认同教
育不是某一学科的事，而是一个教育体系的内涵建设。

　　转型融合发展阶段推进认同，首先需要厘清"认同"的概念及其本

① Chisholm L. The Restructuring of South African Education and Training in Comparative Context in Kallaway[C]//Kallaway P，Kruss G，Donn G，et al. Education after Apartheid：South African Education in Transition. Cape Town：UCT Press，1997：170.

② 牛长松. 南非：促进多种族的融合 [J]. 中国德育，2012（10）：25-27.

③ Drake M L. How Do the Values in New South African Policy Manifest in a Disadvantaged School Setting?[D]. Auckland：The University of Auckland，2012：13.

④ News 24. To Understand SA's History Curriculum Change in Democracy，Let's First Look at This Change During Tra [EB/OL].（2015-01-14）[2022-03-01]. https：//www. news24. com/MyNews24/To-understand-SAs-History-Curriculum-change-in-emocracy -lets-first-look-at-this-change-during-Tra-20150114.

⑤ Eckert G. Institute for International Textbook Research. Curriculum of Reconciliation? New History for South African Schools[EB/OL].（2017-06-27）[2022-03-01]. http：//www. gei. de/en/projects/completed-projects/curriculum-of-reconciliation-new-history-for-south-african-schools. html.

⑥ Anttalainen K. Deconlonizing the Mind? National Identity and Historical Consciousness in Cameroon History Textbooks[D]. Oulu：University of Oulu，2013：1.

质。认同研究的必要性在于，所有人都需要一个统一的、自我的中心理论来认识自我，从而可以向外界或他人宣称"这就是我"。"认同"对应的英语是 identity，与"身份"共享同一个英语表达，有时可用其动名词形式 identification。据考，idnetity 与拉丁文 idem（相当于 the same）同源，意即相同或同一。古拉尔尼克（David B. Guralnik）认为，identity 源自拉丁语 identitas 和古法语 identitité，并受到了晚期拉丁语 essentitas（相当于 essence）的影响。[①] 由此，认同关涉的是身份的解析、本质的探寻、同一性的追问。卡斯特（Manuel Castells）指出，认同是人们获取意义与经验的来源，只有在社会行动者将之内化，且将它们的意义环绕着内化过程建构时，才会形成认同。他还将认同的形式与起源区分成三种，即合法性的认同（legitimizing identity）、拒斥性的认同（resistance identity）和计划性的认同（project identity）。其中，合法性的认同产生市民社会；拒斥性的认同促成了公社或社区的形成，是被排除者对于排除他的人们所进行的排除；计划性的认同产生于主体，以压迫者的认同为基础，再由这个认同的计划延伸向社会的转化，建立一个新的认同以重新界定他们的社会位置，并借此寻求社会结构的全面改造。[②] 国家认同问题，最终要体现在个体的体验层面，故而国家认同教育要和个人的实际利益及内心体验结合起来，培养归属感乃至热爱感。因此，认同是指个人对群体和国家的心理归属感并由此而生发的强烈的主体意识、责任意识。

"认同"一词由哲学概念发展而来，包括个体认同（individual identity）、集体或群体认同（collective group identity），既指客观存在的相似性与相同性，又指心理感受上的相似性与相同性。[③] 在政治哲学层面，"认同"具有"归属

---

① Guralnik D B，ed. Webster's New World Dictionary of the American Language[M]. New and Cleveland：The World Publishing Company，1972：696.

② [美] 曼纽尔·卡斯特. 认同的力量 [M]. 夏铸九，黄丽玲，等译. 北京：社会科学文献出版社，2003：2-3.

③ 詹小美，王仕民. 文化认同视域下的政治认同 [J]. 中国社会科学，2013（9）：27-39.

感"或"身份感"的含义，是人们在交往活动中彼此从自我出发而寻求共同性的过程和结果。帕克森（Jean Parkinson）等指出，认同是一种社会构建，关乎"做"而非"是"，在话语中体现为"有意识或无意识的思想和情绪"①。赵静蓉在《文化记忆与身份认同》中指出，身份认同指与"我"相关的各种因素所构成的"我"的内心与"我"对自身的界定是相符的，或者说在社会生活中成为"我"的过程与"我"对理想的期待是正相关的。②亨廷顿认为，认同是一个人或一个群体对其特性的自我认识，它是自我意识的产物：我（我们）不同于他者的特别的素质。对个体或群体而言，如果有同一感、温暖感、融入感和归属感，就会产生认同感；反之，如果感受到的是排斥、冷漠甚至歧视，就很难形成认同感。也就是说，认同不仅与客观事实有关，更是一种个人的心理感受，这种归属感受文化传承和教育经历的影响。总之，认同是个体对团体的心理归属感，包括政治认同、文化认同、族群认同、宗教认同、民族认同等。认同研究的核心争议在于其是否应被视为稳定的关键因素。现代主义者认为，无论环境如何变化，"我们"的本质总是保持一致的。后现代主义者认为，认同是变化的和流动的。认同概念起初是现代主义的范式，始于埃里克森心理社会发展理论，并先后受到了符号互动理论（symbolicidentity）、社会认同理论（social identiy theory）、对话认同（dialogical identiy）、叙事认同（narrative identity）和交际理论等的影响。按照后现代主义的观点，认同是可建构的，并且受到政治意识形态的影响。

　　萨莫夫（Joel Samoff）在一份提交给联合国教科文组织的报告中指出，南非取得多数人统治之前，许多外部机构已经开始对南非教育进行研究并提供咨询意见。这些组织整理了许多关于南非教育的报告和研究，几乎所

---

① Parkinson J, Crouch A. Education, Language, and Identity Amongst Students at a South African University[J]. Journal of Language Identity & Education, 2011（2）：83-98.
② 赵静蓉. 文化记忆与身份认同 [M]. 北京：生活·读书·新知三联书店，2015：212.

有文件的目的、篇幅、范围和方法都不尽相同，但都为南非后种族隔离时期教育政策的出台做出了一定贡献。① 南非人权委员会认为，自 1994 年以来，南非的教育体系发生了深远的变化，除了为符合南非宪法而发起的结构性变革之外，还努力引进一个与过去完全不同的价值体系，即肯定了国际公认的标准。这种价值观系统的核心是"人的尊严、实现平等、促进人权和自由"。南非教育部将上述思想转化为政策融入国家行动规划以保障人权。② 教育是文化资本的体现，不能简单地视为工作技能以及技术技巧的获取途径，它还牵涉语言、文学以及对受教育者身份和价值观的培育。南非教育部发布的报告《价值观、教育与民主》强调，南非中小学价值观教育应融入公平（equity）、宽容（tolerance）、多语主义（multiligualism）、开放（openness）、责任（accountability）和社会荣誉（social honor）等宪法精神。③ 可以说，南非的基础教育积极倡导开放包容的精神品格，教育青少年认真履行自己的责任和理解他人的痛苦。有研究者认为，这种相互理解是一切真正的教育变革的先决条件。④

二、转型融合教育的政策方案

转型融合时期，南非先后出台教育政策、革新课程方案和贯彻价值观教育，力求以"三位一体"的综合推进方式保障融合教育的落实。由非国大领导的联合政府上台后制定了大量的政策，这些政策的出台经过多方论证、协调与调查，参与的机构有国家教育协调委员会（EPC）、教育政策单位（EPU）

---

① Samoff J. After Apartheid, What? A Review of Externally Initiated, Commissioned, and Supported Studies of Education in South Africa[R]. Inventory and Analytic Overview of South Africa Education Sector Studies, 1994: 2.

② Vally S, Dalamba Y . Racism, "Racial Integration" and Desegregation in South Africa Public Secondary Schools [R]. Cape Town: South African Human Rights Commission, 1999: 7.

③ Department of Education. Saamtrek: Values, Education and Democracy in the 21st Century[R]. Pretoria: Department of Education, 2001: 52.

④ Waghid Y. Compassion, Citizenship and Education in South Africa: An Opportunity for Transformation?[J]. International Review of Education, 2004（6）: 525-542.

以及非国大教育办公室指导下的教育政策发展中心（CEPD）等，涉及的会议和项目有全国教育大会、非国大"准备治理"政策会议以及南非工会代表大会领导的国家培训政策项目等。[①]协商一直以来都是南非的特点，其通过协商实现了国家和平转型，教育政策方案的制定也建立在多方参与的基础上，这样有助于充分考虑各利益攸关方的意见和建议，更好地贯彻多元包容思想，避免激化融合进程中的矛盾。

转型发展以来，新南非中小学教育的诸多举措都指向促进多元社会融合，如"同化法"（assimilation）、"色盲法"（color blind）。[②]为指导全国融合教育落地，新南非出台了相应的教育政策及课程改革方案（见表1.4）。

表1.4　转型融合时期南非教育政策及课程改革方案一览

年份	出台的政策或指导文件	备注
1995	《南非教育与培训发展白皮书》	推进新体系建设的第一步
1996	《国家教育政策》（1996年27号法令）	开启教育改革
1996	《南非学校法案》（SASA）	
1997	《R-12年级国家课程》	首次出台课程方案
1998	《国家准则及学校资助标准法案》	

资料来源：Mubanga D. Educational Policies in Post-apartheid South Africa：the National Curriculum and the Social Stratification of Working Class Families [D]. Johannesburg：University of the Witwatersrand，2012：8.

1994年实现民主转型后，南非取消了种族隔离政策，联合政府教育部于1995年发布《南非教育与培训发展白皮书》[③]，这是一份教育政策基本框

---

① Bengu S M E. Developments in Education since the 1994 Elections：Our Current Challenges and Plans for the Future[R]. Johannesburg：Report on the National Policy Review Conference on Education and Training，1999：29-38.

② Meier C，Hartell C. Handling cultural diversity in education in South Africa[J]. SA-eDUC Journal, 2009（2）：180-192.

③ The Department of Basic Education（DBE）. South Africa Yearbook 2015/16[Z]. Pretoria：Government Communications（GCIS），2016：134.

架，阐释了教育政策的目标及范围，将教育置于国家重建与发展项目之中，勾画了教育培训体系的新政策、价值观与原则，讨论了新宪法对教育权的规定，分析了教育作为人力资本发展的优先事项。[①]1996 年，南非政府制定并发布《国家教育政策》（1996 年第 27 号法令），包括语言教育政策和南非学校法案，迈出了南非教育改革的第一步。《国家教育政策》首先从目标、指导原则、教育监督与评价、国家教育政策咨询与出版、教育部部长委员会等方面进行了阐释，随后主要从普通公办学校准入政策、家庭教育注册政策、学校科目指导、教育者职业规范、教育从业质量认证、校历设计及教育机构毒品滥用监管等方面作出规定，其中，指导原则强调公平、自由和无歧视，体现了南非宪法规定的相关精神。[②]同年，《南非教育法案》获得通过，该法案基于"多样化是南非的自然特性，需要协同努力来推动社会正义和平等目标的实现"这一认知，提出通过教育促进社会包容、构建国家意识、培养强烈的归属感。[③]语言学家瑞兹（Richard Ruizi）认为语言规划存在三种取向，分别是语言作为问题（language-as-problem）、语言作为权利（language-as-right）和语言作为资源（language-as-resource）。[④]关于南非教育中的语言政策，内维尔（Alexander Neville）指出，新南非的语言政策显然与和解目标及国家建设战略相适应，这是曼德拉政府最为明显的特征。国家宪法和教育语言政策均规定 11 种官方语言具有完全平等的地位且以"平等尊重"（parity of esteem）为出发点，如此一来，所有语言均被视为"资产"（asset）

---

① Department of Education（DoE）. White Paper on Education and Training Notice 196 of 1995[Z]. Cape Town：Ministry of Education Parliament of the Republic of South Africa，1995：1-95.

② Department of Education. National Education Policy Act，1996（Act No. 27 of 1996）[EB/OL].（1996-04-24）[2022-03-01]. https：//www. elrc. org. za/sites/default/files/documents/NEPA. pdf.

③ Lesufi P. Schools Bill：We Can't Be Held to Ransom by Transformation-haters [EB/OL].（2017-10-20）[2022-03-01]. http：//www. politicsweb. co. za/opinion/schools-bill-we-cant-be-held-to-ransom-by-transformation-haters.

④ Ruiz R. Orientations in Language Planning [J]. NABE Journal，1984（2）：15-34.

而非"问题"①。也就是说，南非教育中的语言规划采取的是语言作为资源的取向。1996 年发布的第 84 号法令《南非学校法案》（*South Africa School Act, SASA*）分七章，包括：法案的定义与实施，学习者入学要求，公办学校的标准与规范、资金投入，私立学校的设立、注册和退出机制，暂行条文（涉及公办学校、私立学校、民办公助学校、部分不动产学校以及教会组织创办的私立学校），总则（公办学校资产让渡、国家补偿等）。此后，该法案根据教育法修正案进行了 8 次修正。

1997 年制定的《R–12 年级国家课程》引发了各方强烈不满，政府成立部级审查委员会（Ministerial Review Commission）对该课程方案不合规之处进行了审查和处理，并于 2002 年出台了《R–12 年级国家课程修订方案》（RNCS）。（鉴于课程改革后面还有论述，这里不再赘述）总之，南非新政府制定各种教育政策及推动课程改革无不旨在落实单轨制（unitary school system）教育体系，改变种族隔离时期遗留的不平衡教育状态，推进教育体系中的民主管理以提升入学率和教育质量，使隔离或分离发展转为融合统一发展。这些教育政策的落实与课程改革的推进，一定程度上有助于实现南非新政府的教育主张——使全体公民平等地享有接受教育和培训的权利和义务，建立起没有种族歧视和性别歧视的教育体制，保护语言、文化和宗教的多样性，在尊重差异的基础上贯彻多元一体的理念，从而最终构建起南非人的共感或我们感。共感或我们感是滋养认同感的基本元素，只有在视彼此为"自己人"而非他者时才能生发真正意义上的认同感。

三、转型融合教育的特点

其一，注重通过基础教育建构多元一体的民族心理。民族国家的建构过

---

① Alexander N. Language Education Policy, National and Sub-national Identities in South Africa[Z]. Strasbourg: Council of Europe, 2003: 15-16.

程，包括政治经济的一体化以及民族文化的一体化、国民性格的培养、国民心理的孕育等方面，其中民族文化的一体化、国民性格的培养和国民心理的孕育都离不开教育的滋养。喀麦隆前总统阿希乔（Haji A. Ahidjo）说，民族统一意味着没有埃旺多人和杜阿拉人的区别，没有巴米累克人和布卢人的区别，没有福尔贝人和巴萨人的区别。我们是完整单一的喀麦隆人。对南非而言，在致力于建设一个统一的现代化民族国家的同时，不能忽视国家内存在多个民族和不同文化的事实。南非采取的是多元文化政策，力图通过培育尊重差异、包容多样的文化意识，构建多元一体的民族文化共同体。克劳斯（Michael Cross）等研究发现，新的政治体制建立以来，南非政府重视引进相关政策和机制以纠正种族隔离时期的功能失调和解决不平等的教育制度遗留的相关问题。南非创设了新的管理制度，鼓励地方和社区参与学校管理；成立了新的学校领导机构（SGBs），由教师、学习者、家长及其他利益攸关方组成；为学校经费筹措和教育工作者的职业发展编制了新的准则和规范；出台了国家层面的资格认证制度，支持学习者在整个教育系统中的纵向和横向流动。在学校教育体系的诸多变革中，最重要的是通过结果本位的课程改革彻底告别种族隔离教育，即被称为"课程2005"的结果本位教育（outcome-based-education，OBE）改革①。

其二，注重通过结果本位教育弥合撕裂现状。结果本位教育实际上并非南非独创，而是借鉴了外来的教育思想，且其动机主要是满足政治需要而并未考虑教育的适切性。1994年，美国学者斯巴迪（William Spady）提出结果本位教育思想，主张关注学习者在知识、技能以及情感、态度和价值观方面取得的成就。1997年，南非结果本位教育改革正式开始。1998年，新

---

① Cross M，Mungadi R，Rouhani S. From Policy to Practice：Curriculum Reform in South African Education [J]. Comparative Education，2002（2）：171-187.

的课程框架开始在一年级实施；之后，逐年在各个年级推广开来。① 纳克尔（Sigamoney M. Naicker）认为，结果本位教育是后种族隔离时期开展的一次最有意义的教育改革，实际上是一种新的课程方法，实施意图更多的是一种政治决策，旨在弥合种族隔离教育带来的割裂与破解相关困境。② 康叶钦的研究结论与其相似，从动因来看，新南非为应对在全球经济中被边缘化的危机，选择主动顺应并融入全球政治与经济圈，将受西方推崇的结果本位教育视为新的政治经济中成功的教育模式而加以引介推广。从决策分类来看，在南非实施结果本位教育是国际援助机构推动以及南非出于政治需求的选择和决策，属于政治意义大于实质意义的"速决型"（quick fix）决策。③ 可以说，教育是"任由政治打扮的小姑娘"，教育的政治贡献在于促进价值观和行为与政治文化相符，从而助力维持民主政治体系。④ 阿斯曼（Jan Assmann）教授阐释了推行价值观教育的意义——找寻更强大的力量来凝心聚力，这不仅有助于重建已经消亡的共同体意识，而且有助于将小共同体融入整个南非这个更大的共同体。这份黏合着"水泥"或者"胶水"的基座不是为了反抗共同的敌人而是为共同的命运而努力。⑤

其三，注重通过基础教育传递南非价值观。国家制度化的教育可以通过价值观的传递为国民树立共同的道德理想和奋斗目标。⑥ 价值观认同是国家认同的核心，就价值观教育而言，詹森认为，新南非经历了三个时期，但公

---

① Education Encyclopedia. South Africa - Educational System：Overview[EB/OL].（2017-05-07）[2022-03-01]. http://education. stateuniversity. com/pages/1389/South-Africa-EDUCATIONAL-SYSTEM-OVERVIEW. html.

② Naicker S M. From Apartheid Education to Inclusive Education：The Challenges of Transformation[EB/OL].（2000-06-26）[2022-03-01]. http://www. wholeschooling. net/WS/WSPress/From%20Aparthied%20to%20Incl% 20Educ. pdf.

③ 康叶钦. 教育政策借鉴的四步模型研究：以南非"结果本位"教育改革为例[J]. 外国教育研究，2013（1）：26-27.

④ Majhanovich S，Geo-JaJa M A（eds.）. Economics，Aid and Education：Implications for Development [M]. Boston：Sense Publishers，2013：199.

⑤ Department of Education. Saamtrek：Values，Education and Democracy in the 21st Century[R]. Pretoria：Department of Education，2001-02-22/24.

⑥ 韩震. 教育如何促进国家认同？[J]. 人民教育，2015（20）：12-15.

众围绕新课程的性质和内容争议最激烈、广泛的是最后一个时期。他指出，在南非这样一个分裂的社会中，课程依然是价值观论争的"避雷针"，推进课程改革需要强势群体与弱势群体达成共识。1990—1994 年是南非课程改革的第一阶段，这一阶段的主要特点是课程的"价值失明"（value-blind）。早在 20 世纪 90 年代初，广泛开展的民主运动就提出不分种族与性别以及民主、公平和革新（redress）的理念，然而直到 1994 年，这一价值观才在后殖民时期的课程体系（实际上是整个教育系统）中逐步体现。90 年代早期，国家教育协调委员会（NECC）推动政策选择，只是释放出了联合政府"彩虹课程"（rainbow curriculum）转变价值观的信号，却未能使宏观政策尽快地落实到课程设计及日常的学校教学内容中。总之，南非融合教育本着开放包容、多元共存的理念，根据课程发展需要，借鉴国际教育最新成果和发展思想，在价值观教育方面坚持共享和平等的宪法精神。

其四，注重通过基础教育贯彻包容共享新理念。南非废除种族隔离政策后，推进种族融合并出台了平权行动（affirmative action）及黑人经济振兴计划（BEE）等一系列有利于黑人发展的政策，白人则产生了相对剥夺感。白人群体尤其是阿非利卡人，面临政治权利丧失和身份认同错位的双重困境：坚持阿非利卡人的身份则被视为种族主义的表现；新环境下无法延续过去体验的状况又造成了自我同一性的迷乱。于是，大部分阿非利卡人在新的国家建构进程中踟蹰前行，一小部分阿非利卡人选择逃离南非[1]，还有极小的一部分人选择坚守少数民族文化，如建立奥瑞尼亚（Orania）白人城镇[2]。国家转型 20 余年后，阿非利卡人整合自我，统合过去、现在和未来，是实现自我同一性的关键。有研究显示，大多数年轻的阿非利卡人不想背负种族隔离的

---

[1] 后种族隔离时期，大批阿非利卡人选择移民，去往澳大利亚、新西兰、英国和加拿大等国。

[2] 奥瑞尼亚是一个理想社群，仅限阿非利卡人申请入住，位于南非北开普省的偏远小镇。详见官方网站：http://orania.vhx.tv/。BBC 新闻报道认为其是种族隔离的延续，详见 BBC 2014 年 10 月的报道：http://www.bbc.com/news/world-africa-29475977.

罪责，或是担负起纠正过去错误的责任。年轻一代的阿非利卡人想为自己是谁、从哪里来以及所操持的语言而自豪。他们不想再说抱歉，而是想在民主南非继续前进。[①] 对有色人而言，他们觉得自己因肤色不够深黑而遭受到了一定的歧视和排斥。巴特斯比（Jane Battersby）对西开普省有色社群的 4 所高中的学生进行调研后发现，许多有色人感觉到民主转型后他们的生活并未见多大改善，依然陷入与种族隔离时期类似的困境——经济权益和社会权益的边缘化。[②]

不可否认，南非新政府促进种族融合、推进民主教育的举措取得了一定成效，尤其是终结了对黑人施加不平等待遇的体制，将包容和共享理念贯彻到新的教育体系中。然而，南非的教育体系某种程度上犹如巴班格利（Marzio Barbagli）的著名论断那样，是"为失业而教育的体系"[③]，加剧了青年对于政府的不信任。尽管新政府做出了很多努力，然而，南非所承受的"双重殖民"统治以及种族隔离教育的影响难以在短期内清除，"彩虹之国"很大程度上依然是一种理想而非现实。融合教育使不同肤色的青少年聚集在一起，看似享受到了平等的教育机会，但是否能够令平等理念入脑入心从而在青少年心里种下共感的种子，仍然有待考证。

---

① Davies R. Afrikaners in the New South Africa：Identity Politics in a Globalized Economy [M]. London：Tauris Academic Studies，2009：119.

② Battersby J. A Question of Marginalization：Coloured Identities and Education in the Western Cape，South Africa[D]. Cape Town：University of Cape Town，2002：74-77.

③ Barbagli M. Educating for Unemployment：Politics，Labor Markets，and the School System—Italy，1859-1973[M]. New York：Columbia University Press，1982：414. 需要说明的是，南非青年 2017 年第三季度失业率有所下降，但仍高达 52.2%，详见 https：//tradingeconomics. com/south-africa/youth-unemployment-rate。

第三节　21世纪以来的基础教育

进入21世纪，南非基础教育改革发展也进入了新纪元。21世纪的南非基础教育改革发展开始与全球教育行动理念同向同行，受其导引和助推。"全民教育行动"（Education for All，简称EFA）是联合国倡导的全球性的发展愿景，也是千年发展计划的一项重要内容，旨在为世界各国的民众提供优质的基础教育。2000年，联合国教科文组织在达喀尔召开了由164个国家参加，旨在促进非洲地区基础教育发展的世界教育论坛。根据联合国的千年发展计划，大会制定了撒哈拉以南非洲国家2000—2015年的6项发展目标。全民教育千年发展计划实施以来，包括南非在内的非洲地区的全民教育尽管仍旧面临多重困境，但取得的成效有目共睹[①]，更加明确了基础教育改革发展的方向、目标和举措。

一、21世纪基础教育改革发展的目标

在努力提高基础教育入学率、扩大受教育机会的同时，南非持续推进基础教育中的国家认同意识建构。罗毅在《南非教育的改革与发展》一文中指出，南非新政府把提高全民教育水平作为基本政策，力图建立统一、公平、高质量的国家教育体制，使所有南非国民能够平等地接受教育。[②]基于南非多元化的现实，新政府提出"多元团结"（unite in diversity）的发展理念，并在基础教育中推行和贯彻。有研究者指出，南非处在转型进程中，与其紧密相关的是寻求新的国家认同并获得各族群认可的新身份。[③]认同并非一成不

---

① 刘秉栋，楼世洲. 非洲全民教育千年发展计划艰难前行 [N]. 光明日报，2017-01-18（13）.
② 罗毅. 南非教育的改革与发展 [J]. 西亚非洲，2007（9）：17-22.
③ Curri W, Makeovitz M. The People Shall Broadcast：The Struggle for a Post-Apartheid National Television Culture in South Africa [M]//Dowmunt T（ed.）. Channels of Resistance：Global Television and Local Empowerment. London：BFI Publishing，1993：90-105.

变，而是在不断地被"创造"和"操纵"①，新的民族国家建构需要培育新的认同，特别是通过基础教育培养未来的接班人对国家的认同。以非国大为主体的南非新政权吸取其他非洲国家的经验和教训，高举民族团结和民族和解的旗帜，反复重申建立统一民族国家和确立"新爱国主义"思想。②为此，南非实施了一系列推进国家认同的措施，其中将"我们"想象成"一体"是民族建构过程中不可或缺的一环。为了建构南非人的共感，实现民主转型后，新南非着力通过文化多样性推动民众形成民族团结意识。怀着在混乱的现实境况中创造乌托邦式民族国家的良好意愿，南非广播公司（SABC）的三个频道最先采用祖鲁语"我们是一家"（Simunye）的口号，随后逐渐演变为"求真"（for real）和"真正的南非人"（Mzansi Fo Sho）。③电视、广播等媒介传播能够很快取得预期效果，但从长远来看，唯有基础教育阶段的培养能让青少年形成更加深刻、持久的国家认同意识。

南非基础教育场域体现了社会场域的再生产逻辑，即通过教育活动引导学生深化对自我和对国家的认知。教育活动与符号息息相关，作为国家政治符号之一的国旗是教育活动中构建共感的重要载体。亨廷顿指出，国旗从一个方面体现了爱国激情，悬挂国旗意味着国家特性或国民身份在民众的心目中超过了别的特性和身份。④然而，美国学者朴尹正的研究发现，南非政府计划在所有中小学和高等院校设置国旗时，引来各大阵营的批评。⑤中小学升国旗是增进青少年国家认同的一项重要的仪式教育，在南非却难以得到落

---

① 许志娴，陈忠暖. 中学地理教育与构建国家认同的探讨：基于高中地理教材关键词词频的分析 [J]. 地理教育，2013（1）：12-14.

② 贺文萍. 非洲国家民主化进程研究 [M]. 北京：时事出版社，2005：214.

③ Croucher S L. Globalization and Belonging: The Politics of Identity in a Changing World [M]. Maryland: Rowman & Littlefield Publishers, Inc., 2004: 109.

④ [美] 塞缪尔·亨廷顿. 我们是谁？——美国国家特性面临的挑战 [M]. 程克雄，译. 北京：新华出版社，2005：3-4.

⑤ [美] 朴尹正. 荣誉至上：南非华人身份认同研究 [M]. 吕云芳，译. 广东：广东人民出版社，2014：133-135.

实。因此，南非青少年国家认同的形成很大程度上有赖于学校教育的浸润。艾斯纳（Elliot W. Eisner）指出，学校教育占据了青少年阶段的大量时间，截至中学毕业，每个学生在学校的时间大约 480 周（即 1.2 万小时左右），其生活方式、生活态度和价值观极大地受到了学校文化的影响。[①] 富里（Andrea Furey）等人认为，当社会由冲突转向和平时，教育必然要发挥重要的作用，教育体系有可能代表社会变革的最有效的媒介，在受冲突影响的国家弥合种族分裂。[②] 穆班加（Dorothy Mubanga）的研究指出，后种族隔离时期，南非政府颁布了一系列政策，按照新的民主制度改革了各个经济部门，其中教育系统的转型要比政治、经济等其他领域更为彻底，因为学校系统处于种族隔离统治的核心位置，并直接采用教育手段按照种族、阶层和族群特征对社会进行区分。[③]21 世纪以来，南非政府将国家建构与社会和谐视为当下发展的优先事项，并将青少年的认同教育作为首要议题，以期弥补种族嫌隙、凝聚国民共识、提升民族文化自信。

二、21 世纪基础教育改革发展的成绩和特点

21 世纪以来，南非基础教育取得了较为明显的成效，尤其是小学入学率和完成率大幅提升，国家转型初期制定的"使所有南非人公平地享有发展机会特别是享有公平受教育机会"的目标得到落实。特别值得一提的是，南非中小学教育覆盖面较广，全民教育扩大入学数量目标取得了较为理想的成绩。南非中小学教育是政府提供财政支持的九年制义务教育，其中小学教育阶段入学年龄为 6—12 岁（招录的许多学生其实超过了规定年龄），初中

---

① Eisner E W. The Educational Imagination: On the Design and Evaluation of School Programs(Third Edition)[M]. Upper Saddle River: Merrill Prentice Hall, 1994: 87.

② Furey A, Donnelly C, Hughes J, et al. Interpretations of National Identity in Post-conflict Northern Ireland: A Comparison of Different School Settings[J]. Research Papers in Education, 2017（2）: 1-14.

③ Mubanga D. Educational Policies in Post-apartheid South Africa: the National Curriculum and the Social Stratification of Working Class Families [D]. Johannesburg: University of the Witwatersrand, 2012: 6.

阶段为 12—15 岁。在种族隔离结束后，南非的教育体系经过了多次大调整，旨在为南非全体人民提供均等的受教育机会。

2000 年，南非 29386 所中小学招录了约 520 万名学生，其中女生比例为 50.5%[1]，"无种族歧视、无性别歧视"的目标初步达成。随着全民教育目标不断落实，小学教育完成率逐步上升，以 2002—2013 年的小学教育完成率为例，2002 年不足 90%，2013 年超出 96%；从性别来看，女生的完成率比男生更高，已接近 98%（见图 1.1）。总之，南非中小学扩大教育规模取得了有目共睹的成绩。联合国教科文组织引领并推动全民教育行动，旨在让每一个孩子都能够享受到公平的、优质的教育。在南非，虽然这一行动引起了足够重视并得到了积极响应，但在一定程度上"变味"成了"全民入学"运动，教育质量仍有很大的提升空间。可以说，南非全民教育千年发展计划落实过程中，教育质量一直是软肋，许多儿童上学后并没有掌握多少知识和技能。这导致的一个结果是，白人认为黑人融入学校拉低了整体教育质量，黑人则因在学校教育中未能取得预期目标而自信心受挫。南非教育数量扩张引起的教育质量下降，很可能是由于国家资源有限而无法满足爆炸式增长的受教育需求，故而在教育质量与教育公平中出现质量让步现象。教育质量关乎文化自信，文化自信关乎国家认同。南非政府扩大教育覆盖面促进共感的效果逐渐式微，亟须通过教育质量提升来延续国家认同教育所取得的初步成效。2015 年，南非政府对全民教育进行了监测，发现教育质量是基础教育进一步发展的主要掣肘，这是南非政府将教育质量提升作为重点工作的前情之一。

---

[1] State University. South Africa-Educational System：Overview [EB/OL].（2016-11-05）[2022-03-01]. http：// education. stateuniversity. com/pages/1389/South-Africa-educational-system-overview. html#ixzz4xwWjG8MC.

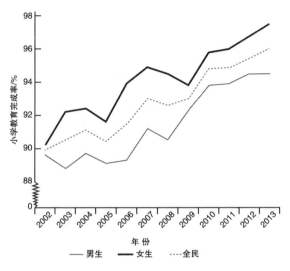

图 1.1　2002—2013 年南非的小学教育完成率

数据来源: Stats SA. South Africa and the Millennium Development Goals（MDGs）[EB/OL].（2016-11-13）[2022-03-01]. http://www. statssa. gov. za/?page_id=739&id=4.

　　全民教育是 21 世纪以来南非基础教育大力推行和贯彻的教育理念与行动,分析南非全民教育面临的困境可以发现,除经济基础相对薄弱这一客观因素外,还需归因于国家教育治理观念的差异和全民教育目标设计的局限性。从采取的措施来看,一是对全民教育目标作出了简化理解甚至避重就轻,对易于操作且利于评估的目标给予了充分关注,一定程度上使得全民教育"变味"成了"全民入学"运动。二是教育结构布局不够科学合理,对技术与职业教育重视程度不够导致小学后教育接纳能力有限,且基础教育阶段学生毕业后难以获得相应的生活技能,从而对教育失去信心。三是国际发展援助没有很好地履行承诺,所给予的人道主义援助对教育重视不够。《达喀尔行动框架》强调撒哈拉以南的非洲需要将更大的份额分配给基础教育,然而捐赠者并没有兑现诺言。过去 10 余年,国际社会对该地区基础教育的援助总额大幅下降,最需要援助的国家没有得到应有的支持且人道主义援助对基础教育投资近乎无视。四是"数量扩张的步伐太快，教育的灵魂跟不上了"，师资紧缺、教材覆盖率有限等问题不断凸显。从全民教育目标的设计初衷来看，其在南非的落实过程暴露出了"水土不服"。尽管如此，南非全民教育行动的努力还是推进了基础教育改革，取得了一定成绩。

如果说 21 世纪以来的前 15 年，南非基础教育的着力点主要是扩大教育机会，那么 2015 年之后的重点则在努力提升教育质量。龚德威（Joel R. Gondwe）在其博士学位论文中指出，人们的注意力逐渐从单纯的旨在扩大教育机会的政策转移到兼顾公平与质量的政策，联合国可持续发展目标（SDG）清楚地反映了对获得高质量教育的重视。然而，并非所有国家都能做到如此，特别是在撒哈拉以南非洲地区，由于学位紧张、资源限制等，学校教育规模的快速扩张似乎冲击了学校质量。①2015 年，南非教育部对全民教育行动的成效进行了总结，特别是对基础教育阶段注重数量扩张、忽视教育质量的现象进行了反思，对未来的教育改革与发展方向进行了评估和分析。2015 年 9 月，联合国正式通过《改变我们的世界：2030 年可持续发展议程》（*Transforming Our World：2030 Agenda for Sustainable Development*），呼吁各国为今后 15 年实现 17 项可持续发展目标而努力。其中，"目标 4"和"目标 8"分别为"确保包容和公平的优质教育""让全民终身享有学习机会"。南非政府和联合国发布的两个重要文件的主旨交汇，为南非基础教育改革发展作出战略性调整指明了方向：由数量扩张转向可持续、高质量。

三、21 世纪基础教育改革发展的举措

2000 年以来，南非多次修订教育政策和课程方案，使基础教育符合新时期的经济社会发展需要。然而，第三阶段的课程改革遭到质疑，公众评价

---

① Gondwe J R. Manifestations of Inequality in Three Developing Countries：An Investigation of Differential Education and Labour Market Outcomes [D]. Stellenbosch：Stellenbosch University，2021：15.

其"源自地狱"。在南非政府 2001 年发布的国家课程中，价值观教育从强调多元化转向贯彻某一偏好的政治主张，引发了民众的强烈不满，甚至有研究者将其与班图教育相提并论。① 事实上，注重和解的政治精神或多或少影响了课程的核心主题，为"课程 2005"的中性（neutral）特点做了铺垫。鉴于《R-12 年级国家课程》负面影响广泛，2002 年，南非政府在调查研究的基础上出台了《R-12 年级国家课程修订方案》，2012 年又发布了《课程和评估政策声明》，结束了课程频改局面与争议。2011 年，根据基础教育法修正案，《南非教育法案》进行了第九次修正。② 需要指出的是，2005 年的修正案宣布贫困地区实施免费（no-fees）教育。《南非学校法案》规定，实施民主学校管理，即全国范围内的公办学校均通过学校领导机构（SGBs）进行管理，旨在确保所有的学习者都有机会享受优质教育并免受歧视；同时规定，7—15 岁少年儿童必须接受义务教育。基于上述法案，南非国家教育部进行课程纲要修订和课程科目合理化改革，主要目的是使南非中小学课程走向规范化，这标志着民主政府与过去决裂。③

1999 年，时任南非教育部部长阿斯马尔（Kader Asmal）呼吁采取行动强化公共服务责任，并亲自确定了 9 个优先事项。2000 年启动实施了 2000—2004 年"蒂里萨诺实施计划"（Implementation Plan for Tirisano），蒂里萨诺（Tirisano）原本是个索托语词，意为"携手合作"，这反映出 21 世纪的教育需要动员全社会包括家长、教育者、受教育者、非政府组织、私营部门等共同参与推动。④ 该计划中的 9 个优先事项被归入 5 个核心方案领域，

① Jansen J D. The Politics of Salvation：Values，Ideology and the South African National Curriculum [J]. Verbum et Ecclesia，2004（2）：784-806.

② Department of Basic Education. South African Schools Act No. 84 of 1996 [EB/OL]. （2017-11-22）[2022-03-01]. https://www. education. gov. za/LinkClick. aspx?fileticket=aIolZ6UsZ5U%3D&tabid=185&portalid=0&mid=1828.

③ 方展画，吴岩. 南非国家课程的实施、调整及启示：评南非"2005 课程改革"[J]. 课程·教材·教法，2004（10）：91-96.

④ Asma K. Education in South Africa：Achievements since 1994[R]. Pretoria：Department of Education，2001：11.

其中包括学校效能、教育工作者的专业化发展等，与提高质量有关的优先事项则侧重于提升教师队伍的专业素质，以及通过基于结果本位的教育促进主动学习。2000—2001 年实施的即时方案（immediate programme）关注教学状况和质量以及学习者的成就，旨在提高教学质量、完善教育体系。该计划的战略目标、活动内容、成效及期限如表 1.5 所示。

表 1.5　南非基础教育质量提升计划

项目	战略目标	活动内容	成效	期限
教学现状与质量	制定教育工作者发展框架，促进和提高所有教育工作者的能力和专业技能	为教育工作者发展开发政策框架	制定教育工作者发展规范和标准	2000 年 2 月
		为教育工作者发展制定方案	教育工作者发展白皮书	2000 年 4 月
	确保南非教育工作者协会（SACE）发展成为教育工作者的专业机构	制定南非教育工作者协会框架，发挥教育工作者主体作用	提升不合格和欠合格教育者的素质	持续进行，2000 年 3 月启动
			培训教育工作者落实"课程 2005"	持续进行
	与南非教育工作者协会一道实施、指导实践标准和教育工作者的道德行为准则	实施教育工作者评价制度	制定南非教育工作者角色政策，进行适当的立法修订	2000 年 2 月
			持续推进教育工作者提升计划	2000 年 3 月
			实施教育工作者评价制度	2000 年 10 月
学习者的成效	确保提升学习者学业成绩和造诣	开发支持体系并确保常规化班级测试得以实施	对学习者表现进行定期评价	持续进行，2000 年 4 月启动
			对 3 年级、6 年级和 9 年级学生表现进行报告	2000 年 10 月
		开发全国性测评工具，用于测量完成 3 年级、6 年级和 9 年级学业的学生水平	对"课程 2005"及结果本位教育执行情况进行报告	2000 年 2 月
		反思"课程 2005"及结果本位教育	基于"课程 2005"及结果本位教育报告的建议推行计划	2000 年 5 月

续表

项目	战略目标	活动内容	成效	期限
重构继续教育培训及高等教育体系	为继续教育培训和高等教育体系布局重组提供框架并使其合理化	实施将教育学院纳入高等教育体系的框架		
教学质量提升	为高级证书考试建立高效的管理体系		考试执行报告	每年一次
			较理想的毕业成绩	每年一次
	为继续教育培训（即10—12年级）制定课程框架和评估机制		全国毕业考试可行性报告	2000年6月
			实施"课程2005"教育工作者开发项目	持续进行，2000年1月启动

资料来源: Chisholm L. The Quality of Primary Education in South Africa：Background Paper Prepared for UNESCO Education for All Global Monitoring Report[EB/OL]. [2022-03-01]. http：// unesdoc. unesco. org/images/0014/001466/146636e. pdf.

由表 1.5 可见，21 世纪初，南非基础教育质量提升计划是在弄清当时基础教育现状的基础上制定相应的战略目标，具有一定的可行性。据后来的研究，该计划到 2004 年基本实现了上述所有目标，甚至在某些情况下还超过了预期，例如 10—12 年级的课程开发。可以说，该计划为大幅度提高南非基础教育质量创造了条件，2003 年的 12 年级毕业考试结果证实基础教育取得了实实在在的进步。

第四节 结 语

不可否认，南非在推进教育体系改革方面取得了值得肯定的成绩，在一定范围内结束了学校以肤色招录学生的不人道做法。然而，世纪之交的有关研究显示，在执政党非国大的集体意识中，民主制度几乎没有使普通百姓的生活发生实质性的变化。这一简单事实的最直接反映莫过于教育，例如，高考通过率下降、教育机构牟取暴利、重新部署计划失败导致教师的教育理想近乎破灭、公立学校基础设施不断恶化，等等。南非教育部部长认为，这种困境绝非因为缺乏足够的政策。实际上，南非的教育政策令人印象深刻，甚至在全世界受到赞誉。讨论文件、绿皮书、白皮书和教育法规及时地完全取代了"过渡立法"，然而后殖民教育政策（官方意向声明）与实践（教育机构中的教师和学习者的经验）之间存在相当大的距离，致使政策"落地"后并未发生多少变化。① 这些问题时至今日已部分解决，但并未得到完全有效的清除。

有研究指出，从全球范围来看，在掌握数据的国家中，南非和苏联一样，更高层次的教育没能转化为更高水平的政治宽容②，致使南非成为非洲大陆唯一未能增加公众民主要求的国家③。南非需要直面国家认同危机的现实，通过分析问题的症结推动认同教育产生实效。德国著名教育哲学家博尔诺夫（Otto F. Bollnow）指出，人们常常把危机看作破坏性的并千方百计加以避免，这种看法是相当片面的。他认为危机对于人生具有积极意义，如若经过努力加以制止甚至战胜危机，便是生活的重新开始，因而危机往往与人生起点紧密联系在一起。人可以通过危机的克服塑造真正的自我，树立稳定的、不怕任何外来影响的以及对自己负责的态度，从而可以使自己成熟和坚定起来。④ 社会转型之际，教育体系为适应国家和社会发展需要也随之转型。新南非国家建构进程中，国家课程的首要目标是通过灌输自由民主价值观培养完全脱离种族主义观念的国民，从而达到去种族化和民主过渡的目的。⑤ 从宏观政策的实施来看，南非实现转型后大力推动学校融合、师资融合以保障

---

① Jansen J D, Sayed Y. Implementing Education Policies: The South African Experience[M]. Cape Town: University of Cape Town Press, 2001: 1.

② 转引自 Mattes R. Learning Democracy? Civic Education in South Africa's First Post-apartheid Generation[C]. Bordeaux: 7th General Conference of the European Consortium for Political Research, 2012: 2.

③ Michael B, Mattes R, et al. Public Opinion, Democracy, and Market Reform in Africa[M]. Cambridge: Cambridge University Press, 2004: 38.

④ [英]O. F. 博尔诺夫. 教育人类学 [M]. 李其龙，等译. 上海：华东师范大学出版社，2001：8-9.

⑤ Ndlovu M. History Curriculum, Nation-building and the Promotion of Common Values in Africa: A Comparative Analysis of Zimbabwe and South Africa [J]. Yesterday&Today, 2009（4）: 67-76.

全民享受平等的受教育权，其初衷和愿望毫无疑问是良好的，然而"冰冻三尺非一日之寒"，长期的种族隔离给黑人和白人都留下了一定的阴影，白人对新政府的恐惧和黑人对当下政府的不满及对过往历史的痛恨都需要时间去修补和弥合。通过基础教育政策改革强行推进融合取得了一定的成绩，某种程度上促进了教育公平和资源配置均衡，为国民生发自豪感和归属感奠定了一定基础，但离预期目标实现还有一段距离。

在南非基础教育改革发展进程中，改革是手段，发展是目标，意在通过教育改革使受教育机会增多、受教育者数量增加、教育结构更优，真正实现教育的提质增效。然而发展不仅是物质的现实，更是一种精神的状态，是在不断更迭变化中向更积极的方向运动。南非基础教育历经三个时期的改革发展，逐步由保障受教育机会转向提供优质教育，一定程度上说明南非基础教育发展不是一个持续地追求变大、变多、变高的无休止的上升运动，发展到一定程度，它会变成一个追求适合、融洽的动态平衡运动。本章纵向地历时梳理南非基础教育改革历程，着重呈现的是理念变迁、政策改革，下一章将从横断面观测南非基础教育改革现状以认清南非基础教育当前所处的位置，进而明确今后的发展趋势。

CHAPTER 2

南非基础教育改革发展现状

　　我们不能只忙于救出落水之人，还需适时停手并逆流而上，弄清这些人落水的原因。

——图图大主教

　　南非基础教育部部长莫彩卡（Angie Motshekga）在《2021年度全国高级证书考试学校业绩报告》中指出，12年级学生面对新冠肺炎疫情冲击仍能取得优异成绩，特别是第二届参加全国高级证书考试的学生取得了显著进步。她还引用去世不久的图图大主教的话"我们不能只忙于救出落水之人，还需适时停手并逆流而上，弄清这些人落水的原因"来反思基础教育质量问题。[1]南非宪法提出南非基础教育目标在于提高所有公民生活质量并释放其发展潜能[2]，这一切美好愿景的实现均要建立在优质的、公平的基础教育之上。南非基础教育历经多次改革，旨在调适教育教学体系、理顺教育管理体制、扩大基础教育规模、优化教育结构，力图使优质、公平的基础教育落到实处，从而更好地惠及南非青少年和全体公民。那么这些目标得到了多大程度的实现？勾画和厘清南非基础教育改革发展现状，能够较好地回答上述问题。

　　罗斯（Ken R. Ross）研究发现，许多发展中国家的教育规划者指出基础教育不可避免地触及教育质量与教育公平的矛盾。在资源稀缺的情况下，是通过将这些资源集中在有限的一部分学生身上来更大程度地提高学生的学业表现，还是将这些资源分散到整个学生群体中？这个问题表明，在教育系统中，学生学业水平与教育资源的公平分配之间可能存在一种内在的权衡情

---

[1] Department of Basic Education Republic of South Africa. National Senior Certificate（NSC）School Performance Report 2021[R]. Pretoria：Department of Basic Education，2021：2-3.

[2] Serfontein E M. The Nexus Between the Rights to Llife and to a Basic Education in South Africa[J]. Potchefstroom Electronic Law Journal，2016（6）：2264-2298.

况。也就是说，一个国家的基础教育可以是高质量的，也可以是公平的——但不能两者兼顾。[1] 对南非而言，这似乎也是一个绕不开的悖论与困局。一方面，南非基础教育取得了显著的成绩，学生学业表现有所提高，民族国家认同不断加强；另一方面，在国际组织的评测如教学评估中学生的表现却总是不尽如人意。

第一节　南非基础教育改革发展成效

明晰南非基础教育现状是厘清南非基础教育改革发展成效的前提和基础，通过梳理和明晰南非基础教育发展基座，聚焦近年来南非高级证书考试成绩表现和横向比较其与非洲其他国家的基础教育成绩，可以明确南非基础教育改革发展成效。

一、南非基础教育现状概述

南非政府官网显示，南非基础教育部负责统筹南非基础教育相关事宜并监测各地的教育供给、实施和绩效标准评估。[2] 南非《2021 年学校现状报告》指出，南非现有 24894 所普通中小学（包括公立学校和私立学校），这些学校为全国 1300 万余名中小学生及学前教育学生提供基础教育。[3] 南非全国学校数量、教师数量和学生数量等具体情况见表 2.1。

---

① Ross K R. Quality and Equity in Basic Education：Can We Have Both?[N]. IIEP Newsletter，July-September，2007-07-09（9）.

② South African Government. Basic Education [EB/OL]. （2021-12-03）[2022-03-01]. https：//www. gov. za/about-sa/education.

③ Basic Education Department Republic of South Africa. Realities of 2021[EB/OL]. （2021-12-08）[2022-03-01]. https：//www. education. gov. za/ Portals/0/Documents/ Reports/School%20Realities%202021. pdf.

表2.1 2021年南非各省普通学校数量、教师数量和学生数量

省份	公立学校			私立学校		
	学生/人	教师/人	学校/所	学生/人	教师/人	学校/所
东开普省	1772877	58824	5109	75176	3874	232
奥兰治自由邦	706269	22686	990	20444	1181	81
豪登省	2227733	72162	2067	337079	19796	874
夸祖鲁—纳塔尔省	2831417	92232	5801	62541	4427	221
林波波省	1723583	50021	3675	75547	3561	180
马普兰省	1101224	34837	1654	33665	2126	131
北开普省	298253	9984	545	6313	502	40
西北省	848086	26796	1450	24515	1452	89
西开普省	1196715	37508	1449	67812	5154	306
合计	12706157	405050	22740	703092	42073	2454

资料来源：Basic Education Department Republic of South Africa. Realities of 2021 [EB/OL]. （2021-12-08）[2022-03-01]. https：//www. education. gov. za/ Portals/0/Documents/ Reports/School%20 Realities%202021. pdf.

下面将按照"教哪些年级""教什么""教多长时间"这样的逻辑主线来呈现南非基础教育的现状。绪论中提到，南非《课程评估政策声明》（CAPS）显示，南非基础教育是指R-12年级的教育，分为高、中、低三个阶段，外加继续教育培训。南非基础教育阶段的构成如表2.2所示。

表2.2 南非基础教育阶段

阶段	年级	证书
基础（初级）	R-3	
中级	4—6	普通教育和培训证书
高级	7—9	
继续教育和培训	10—12	高中毕业证书/继续教育与培训证书

资料来源：顾建新，牛长松，王琳璞. 南非高等教育研究 [M]. 北京：中国社会科学出版社，2010：14.

结合当前南非基础教育现实背景来看，南非基础教育阶段开设的主要课程有母语、第一附加语、数学、自然科学与技术、社会科、生活导向、体育

等，甚至还有学校开设第二附加语供学生选择。虽然没有开设专门的思想品德教育和政治课程，但通过语言教材、社会科教材、生活技能教材、生活导向教材、历史教材和地理教材等载体形式，帮助学生对国家地理、民族历史与文化、政府、政党及政治、经济制度等形成认识，从而使学生具有政治参与意识、民主法治意识、公平正义意识，培植学生的国家认同感和民族自豪感。南非基础教育目标、课程教材、素养之间的关系如表 2.3 所示。

表 2.3　南非基础教育目标、课程教材、素养之间的关系

目标	课程教材	素养
认识我的国家和民族（地理、历史和文化）	历史	知识：了解国家象征物、疆域，国家的政治制度、经济制度、政府运作方式
	地理	
	生活技能	
熟悉政府、政党、政治制度、经济制度和社会管理制度	社会科	意识：具有政治参与意识、民主法治意识、公平正义意识，具有国家认同感和民族自豪感
	语言	
	生活导向	
了解民族精神、传统文化、民主转型奋斗历程、国家发展目标	语言	道德：热爱祖国，具有民族自尊心和文化认同感
	历史	
	社会科	
参与国家政治生活和经济生活	社会科	能力与行为：政治参与能力、民主选举能力、论辩协商能力、批判监督能力、遵纪守法、在政治上与国家保持一致、维护国家的统一
	生活导向	

资料来源：根据教材内容整理。

南非来华留学生努姆（Numu）的观点进一步验证了笔者的推论，他说青少年在基础教育阶段了解南非政府、政党及民主法治等知识主要依靠社会科教材。[①] 国家意识与情感培育离不开向学生传授公民知识以培养知情的公民，其主要内容可包括国家的政治、经济、法律、历史、道德、文化以及公共生活等方面的知识，这些方面的知识大都蕴藏在表 2.3 所示的教材中。社

① 2017 年 12 月 23 日下午的访谈。

会科教材向学生传播和形塑一个国家的形象，通过对社会科教材的分析可以了解乃至预测新一代公民对自己的国家会形成怎样的认知和态度。[①] 此外，历史、地理和人文等知识也是促进国家认同不可或缺的，这些知识大都分散在语言、历史、地理教材以及生活技能、生活导向教材中。

弄清学段和教材后，有必要进一步了解南非基础教育各学段的教学时数安排。如南非前总统祖马（Jacob Zuma）所言，教学时数是推进教学体系提升的关键因素之一。南非基础教育各阶段每周教学时数为 22~27 小时，每节课时长 30 分钟，具体如表 2.4 所示。

表 2.4　南非基础教育阶段各年级每周教学时间安排

阶段	年级	每周教学时间	每节课时长
基础	学前班—2 年级	22 小时	30 分钟
	3 年级	25 小时	30 分钟
中级	4—6 年级	26 小时	30 分钟
高级	7 年级	26 小时	30 分钟
	8—9 年级	27 小时	30 分钟

资料来源：龙秀 . 民主南非基础教育课程改革研究 [D]. 金华：浙江师范大学，2013：31.

南非青少年接受教育时数会随着年级提高而小幅度调整和延长，其中基础阶段为 22~25 小时，中级以及高年级初级阶段的 7 年级为 26 小时，8、9 年级为 27 小时，但每节课的时长总是保持在 30 分钟。

分课程来看，南非基础教育课程教学时数如表 2.5 所示。

文科占据了基础教育课程较多的时数，其中语言课程如母语和第一附加语一共占 11 小时，也就是 22 小节课，而社会科学和社会技能总共为 7 学时。南非第一附加语类似于中国的外语教学但又不同于外语，实际上，南非学生已经开始学习第二附加语。伊丽莎白港萨姆斯特兰德镇的标准银行服务

① [韩] 权五较，沈晓敏 . 韩国社会科教科书中的国家形象透析 [J]. 全球教育展望，2010（11）：85-90.

中心主任说，她们那个年龄的人大都掌握 2 门左右的语言，如今像她自己的孩子至少掌握 3 门语言。[①] 转型之初，本着"理解与欣赏不同的语言与文化"的目标[②]，南非倡导并实施多语政策，教育部规定的 11 种官方语言以母语、第一附加语、第二附加语的形式开设且没有先后和主次之分，这就意味着学生需要掌握 2 门以上的语言。南非学校提供多种语言教材，而各省之间、学校之间的语言教材也大不相同，给青少年顺畅地接受基础教育带来诸多不便。总的来说，"多元"有余而"统一"不足加重了学习者的负担，未能取得应有的效果，前殖民语言一定程度上仍旧在南非占据主导地位。

表 2.5 南非基础教育课程教学时数（概念性时间）

科目	每周课时 / 小时
母语	6
第一附加语	5
数学	6
自然科学与技术	3.5
社会科学	3
社会技能 ※ 创造力 ※ 体育 ※ 个人与社会福利	4 （1.5） （1） （1.5）
总计	27.5

资料来源：Cator G，Crane S，Krone B，et al. English Home Language：Teacher's Book Grade 6[M]. Cape Town：Maskew Miller Lonman，2016：8.

二、南非基础教育教学成绩

什么样的成绩算合格？不同的国家有不同的标准。许多国家设定 60 分作为及格线，而在南非，各类证书考试成绩达到 50 分就算合格。南非高中

---

① 2017 年 3 月 21 日上午的访谈。

② The Department of Education in South Africa. Revised National Curriculum Statements Grades R9（Schools）[M]. Pretoria：Sol Plaafje House，2001：57.

毕业证书单科成绩分级要求如表 2.6 所示。

表 2.6　南非高中毕业证书单科成绩分级

级别	评价	成绩
7	优秀（outstanding achievement）	80~100 分
6	良好（meritorious achievement）	70~79 分
5	合格且掌握（substantial achievement）	60~69 分
4	合格（adequate achievement）	50~59 分
3	基本合格（moderate achievement）	40~49 分
2	勉强合格（elementary achievement）	30~39 分
1	不合格（not achieved）	0~29 分

资料来源：Effic E. South African Education System Described and Compared with the Dutch[EB/OL].（2017-04-18）[2022-03-01]. https：//www. nuffic. nl/en/publications/find-a-publication/education-system-south-africa. pdf.

有研究发现，即便如此，学生考试通过率仍然较低，许多 12 年级学生没能完成学业或取得应有文凭。[1] 这些研究成果的结论距今已有 5~10 年，是否还符合当前南非基础教育的情况，需要进一步论证。下面聚焦南非 2021 年全国高级证书考试表现并结合 2016—2021 年的成绩讨论南非基础教育发展情况。

（一）南非近年来基础教育业绩表现稳中有升

南非全国高级证书考试类似于中国的高考，备受全社会关注。分析对比 2019—2021 年南非全国高级证书考试学校表现报告发现，2021 年，南非全国高级证书考试平均过关率为 76.6%，比 2019 年低 4.8 个百分点，但比 2020 年高出 1.2 个百分点，说明大部分高中毕业生有望取得高级证书。[2] 这

---

[1] Kelleman S. The Legacy of South Africa' Educational System [EB/OL].（2014-09-23）[2022-03-01]. http：//www. dreamstoreality. co. za/the-legacy-of-south-africas-educational-system/.

[2] Department of Basic Education Republic of South Africa. National Senior Certificate（NSC）School Performance Report 2020[R]. Pretoria：Department of Basic Education，2020：10. Department of Basic Education Republic of South Africa. National Senior Certificate（NSC）School Performance Report 2021[R]. Pretoria：Department of Basic Education，2021：10.

与多年前学者的研究结论有所不同，表明南非基础教育整体水平近年来一定程度上取得了进步。南非基础教育部部长莫彩卡（Angie Motshekga）在2019—2021年的学校业绩报告中对基础教育表现持肯定态度，特别是在2019年的学校业绩报告中欣喜地指出，南非考试体系的标准和质量逐年稳步提升。[①]2021年南非各省全国高级证书（NSC）过关率见图2.1。

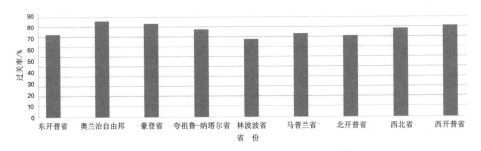

图2.1　2021年南非各省全国高级证书过关率

数据来源：据南非2021年学校业绩报告中的相关数据绘制。

　　分省份来看，由图2.1可知，奥兰治自由邦、豪登省和西开普省等3个省2021年度全国高级证书平均过关率超过80%，虽然西北省、夸祖鲁－纳塔尔省、马普兰省、东开普省和北开普省等5个省的平均过关率都达到了70%以上，但其中的后3个省没有达到全国平均水平，此外，还有林波波省的过关率为66.7%，远低于全国平均水平。当然，仅据一年数据进行判断并得出结论（林波波省基础教育水平最弱），难免有失公允。

　　从2017—2021年的情况来看，全国有91所学校的学生在12年级参加全国高级证书考试过关率达到了100%，其具体分布情况见表2.7。

表 2.7　2017—2021 年 NSC 达到 100% 过关率的学校分布情况

单位：所

省份	东开普省	奥兰治自由邦	豪登省	夸祖鲁—纳塔尔省	马普兰省	西北省	北开普省	西开普省
数量	2	14	25	22	1	4	1	22

资料来源：Department of Basic Education Republic of South Africa. National Senior Certificate（NSC）School Performance Report 2021[R]. Pretoria：Department of Basic Education，2021：10.

从表 2.7 来看，南非有 8 个省的学校在 2017—2021 年实现了学生 100% 通过全国高级证书考试，仅有林波波省没有相应记录，其中豪登省、夸祖鲁-纳塔尔省和西开普省均有 20 多所学校，而马普兰省和北开普省仅有 1 所学校。由此可见，各省的基础教育质量差异比较明显，特别是林波波省的基础教育水平一直处于低位。而 2016—2021 年均低于 40% 的学校有 2 所，分别位于奥兰治自由邦和夸祖鲁—纳塔尔省，说明教育强省各地区的基础教育水平也存在较大差异。

2021 年是南非遵照《课程评估政策声明》推行全国高级证书考试的第 8 年，意味着历时分析和评估学校课程业绩具有可比性，从而有助于各校明确其实施课程评价政策的成效。[①] 对照全国各省高级证书获得 100% 过关率的学校及低于 40% 的学校，发现林波波省 2016 年曾有 2 所学校达到了 100% 的过关率，而 2016 年低于 40% 的 3 所学校均位于夸祖鲁—纳塔尔省，且该省 2020 年的学校业绩报告中 100% 过关的学校数量为 14 所，低于 2021 年。[②] 这一定程度上反映出，近年来林波波省的基础教育有所下滑，夸祖鲁—纳塔尔省的基础教育质量有所提升。各省的教育现状与其教育历史乃至经济社会发展历史背景是紧密相关的。《教育系列 I：聚焦林波波省学校教育》报

① Department of Basic Education Republic of South Africa. National Senior Certificate（NSC）School Performance Report 2021[R]. Pretoria：Department of Basic Education，2021：4.

② Department of Basic Education Republic of South Africa. National Senior Certificate（NSC）School Performance Report 2020[R]. Pretoria：Department of Basic Education，2020：9-10.

告显示，林波波省的教育历史可能是南非最复杂的，因为它代表了三个前"家园"（homeland）的教育部门的合并，即勒博瓦、加桑库卢、文达被称为特兰斯瓦尔省的北部地区。从当前的年度国家评估（ANA）和全国高级证书所衡量的学习资源和学业成绩的分布情况来看，这些旧制度的负面影响仍然显著。[①] 比照 2019 年的学校业绩，全国平均成绩有所下降。据南非基础教育部 2021 年度绩效规划，这与新冠肺炎疫情不无关系，同时也缘于经济增长放缓、教育预算削减等因素。[②] 在此背景下，南非基础教育能够持续取得令全社会相对满意的业绩实属不易。

（二）受教育者的民族国家意识得到强化

学校业绩表现、学生成绩表现、各门课程表现仅是教育教学业绩的外在显性且可测量的指标之一，但绝非最终目标。通过基础教育阶段不断加强种族融合才是南非基础教育根本性的战略目标，相关数据显示，如今南非中小学生的族群意识已不再那么强烈和明显。如本研究在绪论中的观察所述，肤色迥异的孩子能够和谐相处。南非总统办公室的报告用清晰和不带偏见的方式阐述了南非的现实：国家民族意识正在提高，53% 的受调查者认为自己是南非人，18% 的人认为自己是非洲人，14% 的人按照母语来定义自己的身份，只有 4% 的人按种族来定义身份，57% 的南非人相信种族关系已经改善。[③]从报告中可以看出，仅有 18% 的人认为自己是非洲人，本土黑人不愿意承认自己的非洲身份，与南非教材中将非洲其他地方描述为落后、贫穷、灾难重重的地区不无关系，而这也是全球其他国家对非洲的过往认知。虽然南非人的国家意识不是很强，仅有超过半数的人认为自己是南非人，但对照 4%的人按照种族身份定义已经是较高的比例了，说明种族意识在国家意识增强

① Lehohla P. Education Series I Focus on Schooling in Limpopo[R]. Pretoria：Statistics South Africa，2013：5.

② Department of Basic Education South Africa. Annual Performance Plan[R]. Pretoria：Department of Basic Education，2021：44.

③ 李安山 . 新南非与津巴布韦的民族问题及民族政策的比较 [J]. 西亚非洲，2011（7）：15-32.

的同时已经式微乃至有逐步消解的趋势。

对于子女上学时到底该看重教师的种族还是教师的水平，大部分南非家长表现出了相对理性的一面。教育促进包容和理解，为了接受优质、公平的教育，南非人也展现出包容和理解的一面。南非各种族的家长普遍表现出愿意将教育置于首要地位的态度，基本能够做到搁置种族差异或偏见。具体如表 2.8 所示。

表 2.8　家长对老师种族的期望

单位：%

选项	总计	黑人	有色人	亚裔族群	白人
希望老师和自己是同一种族	9.2	9.1	9.4	0.9	19.1
老师的种族无所谓，只要教得好	90.8	90.9	90.6	99.1	80.9

资料来源：Cronjé F. Race：What South Africans Really Think [EB/OL]. (2016-02-29) [2022-03-01]. http：//www. politicsweb. co. za /news-and-alysis/race-what-south-africans-really-think.

由表 2.8 可见，90% 以上的人只关注教师的教学能力和教育质量，而仅有 9% 左右的人期望跟自己是同一种族。其中亚裔族群几乎完全不在意种族问题，而是以教师是否教得好为判断标准。黑人家长和有色人家长对老师的种族期望基本一致，白人则有 19.1% 的家长期望教师与自己是同一种族。如前所述，许多白人将转型后教育质量滑坡归结为黑人融入白人学校拉低了教学质量，故此，有些白人家长依旧期望教师能够与自己为同一种族，有可能也是出于对教学质量的考量。但也不排除部分白人依然持有种族偏见，某种程度上宁愿以牺牲教学质量为代价。

总之，一小部分白人存有"高人一等"的感觉，不利于基础教育种族融合教育的开展和国家认同之共感的建构。但整体而言，南非人对教育特别是基础教育的重视已战胜了固有观念。随着基础教育教学质量的提升，应该会有越来越多的学生家长尤其是白人家长对种族融合教育持信任态度。未来公民的民族国家意识一定程度上得到了加强，包容性同样有所提高，这不失为南非基础教育发展取得的另一显性成绩。

三、南非基础教育特点分析

南非基础教育发展不均衡是其最为显著的特点，主要表现在投入不均衡、产出不均衡、各省发展不均衡，甚至省内基础教育不均衡现象也较为突出。黑人与白人之间基础教育发展差异犹存，也是其基础教育发展不均衡的表现。

（一）南非基础教育投入产出比较低

其一，南非基础教育高投入低产出现象突出。有研究发现，就连基础教育部也承认"有足够证据表明，南非的基础教育质量产出与其投入相比较，水平之低令人担忧"[①]。近年来，南非基础教育在入学率和完成率指标上均取得了较为显著的成绩，但仍然面临着一些挑战和问题。南非基础教育部《2014 行动规划：面向 2025 学校教育》（以下简称《2014 行动规划》）显示，义务教育完成率由 1994 年的 80% 跃升至 2010 年的 99%。原来的白人学校里如今黑人占 56%，非洲人占 40%；原来的印度人学校情况更佳。政府拨款由原来的白人学校是非洲人学校的 5 倍变为如今的基本持平。然而，正如前文所述，国际测试表明南非的教育质量远远落后于更贫穷的国家。这一点也得到了斯坦林布什大学伯格教授的研究的验证，历史上黑人学校的教育质量——占入学人数的 80%——自政治过渡以来一直没有改善，尽管国家向此类学校投入了大量资源。[②]

其二，南非基础教育成绩与其他非洲国家相比仍有很大提升空间。据南

---

① Chisholm L. The Quality of Primary Education in South Africa：Background Paper Prepared for UNESCO Education for All Global Monitoring Report[R]. Paris：UNESCO，2014：1-17.

② Berg S. How Effective Are Poor Schools? Poverty and Educational Outcomes in South Africa[J]. Studies in Educational Evaluations，2008（3）：145-154.

部和东部非洲教育质量检测联盟（SACMEQ）的数据，南非基础教育阶段学生的阅读成绩和数学成绩比许多非洲国家（如博茨瓦纳、肯尼亚、塞舌尔等）低且增长率均不足 10%。[①] 在所有低收入国家中，南非的平均分在参与国际评估的国家中最低；在撒哈拉以南非洲，南非的表现比肯尼亚、斯威士兰和坦桑尼亚等许多其他相当贫穷的国家还差。[②] 南非与其他非洲国家成绩对比见表 2.9。

从表 2.9 来看，南非学生的阅读成绩和数学成绩提升率不仅低于部分非洲国家如其邻国斯威士兰和莱索托，而且低于联盟均值。斯威士兰是位于非洲南部的内陆国家，北、西、南三面为南非所环抱，教育投入来源有二：一是私人资源，如学生家长缴纳的学费、捐赠等；二是政府拨款，主要用于教师工资发放、学校基础设施建设等。[③] 另有研究发现，斯威士兰高等教育中政府投入高达 83%，基础教育更多地依赖学生家庭的投入和支持，这表明斯威士兰高等教育受到政府大量补贴是以牺牲或损害基础教育为代价的。[④] 即便如此，斯威士兰学生的阅读成绩和数学成绩均实现了 10% 以上的增长率。实际上，斯威士兰和莱索托与南非的经济社会发展水平实难相提并论，其基础教育投入相应地也没有多少可比性，但取得了较为理想的成绩。在 2021 年刊发的论文《揭开南非基础教育现状的面纱》中，玛曼（Rouaan Maarman）教授指出，对比南非与其他非洲国家 4 年级、6 年级和 9 年级学生的考试通过率以及考试成绩，可以发现南非基础教育的成绩并不理想。过度拥挤的小学教室、4 年级将英语作为教学语言的突然转变、教育教学设施陈旧等问题，

① Letseka M. The Illusion of Education in South Africa [J]. Procedia-Social and Behavioral Sciences，2014（116）：4864-4869.

② Hungi N，Makuwa D，Ross K，et al. SACMEQ III Project Results：Pupil Achievement Levels in Reading and Mathematics[R]. Paris：Southern and Eastern Africa Consortium for Monitoring Educational Quality，2010：1-10.

③ Shabalala J. The SACMEQ II Project in Swaziland：A Study of the Conditions of Schooling and the Quality of Education [M]. Harare：SACMEQ，2005：6-7.

④ Akinkugbe O. Higher Education Financing and Equality of Educational Opportunities in Swaziland [J]. International Journal of Social Economics，2000（11）：1074-1097.

一定程度上成为教育教学质量提升的绊脚石。[①] 当然，南非基础教育发展受到多种因素影响，有些地方拥有更好的经济条件，改革力度大，教育资源相对优质，有些地方经济状况较差，则教育教学改革进度缓慢，部分课程领域改革力度大，部分课程领域则仍在起步阶段，致使基础教育发展不均衡不充分的现象较为突出。

表 2.9　南部和东部非洲教育质量监测联盟国家学生成绩水平与趋势

国家	学生阅读成绩			学生数学成绩		
	2000 年	2007 年	趋势	2000 年	2007 年	趋势
博茨瓦纳	521.1	524.6	⬆	512.9	520.5	▲
肯尼亚	546.5	543.1	▲	563.3	557.0	▲
莱索托	451.2	467.9	⬆	447.2	476.9	⬆
马拉维	428.9	433.5	▲	432.9	447.0	⬆
毛里求斯	536.4	573.5	⬆	584.6	623.3	⬆
莫桑比克	516.7	476.0	⬇	530.0	483.8	⬇
纳米比亚	448.8	496.9	⬆	430.9	471.0	⬆
塞舌尔	582.0	575.1	▲	554.3	550.7	▲
南非	492.3	494.9	▲	486.1	494.8	▲
斯威士兰	529.6	549.4	⬆	516.5	540.8	⬆
坦桑尼亚	545.9	577.8	⬆	522.4	552.7	⬆
乌干达	482.4	478.7	▲	506.3	481.9	⬇
赞比亚	440.1	434.4	▲	435.2	435.2	▲
桑格巴尔	478.2	533.9	⬆	478.1	486.2	▲
津巴布韦	504.7	507.7	▲	××	519.8	××
联盟均值	500.00	511.8	⬆	500.00	509.5	▲

注：⬆表示增长了 10% 或以上；▲表示微弱变化，不足 10%；⬇表示降低了 10% 或以上。津巴布韦没有参加南部和东部非洲教育质量监测联盟 2000 年的项目 Ⅱ，这里的数值源自 1995 年的项目 Ⅰ。

资料来源：Letseka M. The Illusion of Education in South Africa [J]. Procedia-Social and Behavioral Sciences，2014（116）：4864-4869.

[①] Maarman R. Unmasking the State of Basic Education in South Africa [J]. Research Articles，2021（2）：22.

（二）南非基础教育"黑白"差异犹存

南非人比喻南非社会犹如一杯层次分明的卡布奇诺，底下是咖啡（黑人大众），上面是牛奶（白人中产），最上面是奶泡（白人富豪），最后在顶部撒点可可粉（黑人精英）作为点缀。这样的情形同样适用于如今的基础教育。如果说文盲比例是种族隔离教育影响的直接结果，阶层调整带来的部分青少年学业困难是种族隔离教育影响的间接结果，那么教育教学基础设施差异尚未得以弥补算是一种过程性的影响，这一差异将持续地影响学生未来技能发展与思想认识和眼界。南非尚有许多学校仍旧资源匮乏，教育教学设备供应不足，课堂内学生拥挤不堪。[①] 南非科学与工业研究委员会成员吉伯德（Jeremy Gibberd）指出，种族隔离教育政策的"遗产"还体现在基础设施方面，前黑人学校基础设施破败落后，相较而言，前白人学校设施豪华且实验设备齐全。[②] 白人学校和黑人学校的信息与通信技术融合及利用指数存在着较大差异，具体如表 2.10 所示。

由表 2.10 可见，学校信息与通信技术融合情况根据肤色分层非常明显，在白人学校尤其是私立白人学校，不足 5 个学生便可拥有一台电脑，通信技术得以广泛运用，互动教学模式得以较好地实施，教学效果自然能够得到较好的保障。而在 BB 亚塔扎这样的黑人学校，全校只有一台电脑，让教育实施者利用信息与通信技术组织教学无疑是天方夜谭。信息与通信技术从广泛运用到很少使用，再到从不使用，频率大幅缩减。一定程度上，学校分层状况受到了种族隔离教育的影响，教育教学设备差异未能得到及时消除，让所有种族的人获得公平公正的教育停留在了口头上，而未能在教育教学设备更新上得到落实。

---

① Isaacs S. Survey of ICT and Education in Africa: South Africa Country Report[R]. Washington: infoDev, 2007: 5.

② Gibberd J. South Africa's School Infrastructure Performance Indicator System[R]. PFB Exchange, 2007: 1.

表2.10 南非学校信息与通信技术融合及利用指数

学校名称	学校前身	生机比 /%	电脑辅助教学的影响
森特·约翰·普利普 （ST John's Prep）	白人学校 （私立）	4.49	教室里广泛利用信息与通信技术，教学策略中开始采用白板互动教学模式
维茨教育学校 （Whits School of ED）	白人学校	8.29	基础讲授过程中，所有教师全面使用信息与通信技术，强力推进信息与通信技术和课程融合
格林赛义德 （Greenside）	白人学校	12.41	一定程度上，信息与通信技术融入所有课程教学，有些活动中，学生使用电子邮件，小组教学时，教师使用信息与通信技术发出指令
兰德帕克（Randpark）	白人学校	22.02	许多教师尝试在课堂内使用信息与通信技术，但使用该技术不够专业
姆维尔德赞第沃 （Mveledzandivho）	黑人学校	34.00	教师主要通过电脑实验室向学习者展示视频
伊斯库布祖 （Isikhumbuzo）	黑人学校 （私立）	36.00	校内唯一使用信息与通信技术进行教学的教师便是教计算机科学和通信技术的教师
玛格利索伯格州 （Magaliesburg State）	黑人学校	39.08	学校课程教学过程中很少使用信息与通信技术
帕克（Park）	印度裔人学校	39.25	时间原因，信息与通信技术教学在课堂上使用极少
艾德克莱斯特 （Eldocrest）	有色人学校	44.54	信息与通信技术对课堂教学的影响很小，其影响力不如其他方式（例如使用工作表）
BB 亚塔扎 （BB Myataza）	黑人学校	2398.00	直接教学活动中，教育实施者从不使用信息与通信技术

资料来源：根据南非基础教育部官方网站相关资料整理。

　　教学设施差异不可避免地造成学生学业成绩差异。例如，南非教育部门试图通过学校融合政策推进学生生发共感，然而时至今日，南非基础教育阶段学生成绩表现差距仍然较大，主要受到了以前学校类型的影响。除一小部分学校外，大多数公立学校的教育质量依旧较低，黑人学生的学业成绩表现与其他族群存在较大差异，具体如表2.11所示。

表 2.11　2004 年南非高中数学高级证书考试表现占比

单位：%

表现情况	黑人学生	其他族群
最差	88	49
中等	12	21
最佳	1	31

资料来源：据南非基础教育部相关数据计算。

　　表 2.11 显示，在这些公立学校中，黑人学生"最佳表现"占比仅有 1%，而"最差表现"占比高达 88%，相较而言，其他族群的"最佳表现"占比达31%，"最差表现"占比为 49%，黑人学生与其他族群学生的学业表现依然存在着很大的差距。

　　除基础设施与学生表现差距，白人的"规范"被视为典范而加以模仿，并在市场意识的助推下偏离了 21 世纪以来南非基础教育发展的最初意图。虽然新南非历来重视基础教育，将教育视为国家重建、发展及促进民族国家认同的主要途径和方式，然而，社会环境的市场资本主义效果不断增加，教育质量的概念也随之发生了变化，被视为与"标准""成功的测试、表现、效率、选择和完美"相关，而与公平、价值和社会公正渐行渐远。教育的目的是追求高层次知识，而高层次知识之所以重要，是因为其往往被视为"积极公民""就业"与"社会和谐"的象征。[1]出自白人和中产阶级的"规范"在学校里得到大肆宣扬且被视为主流文化。多语主义或"附加多语主义"（additive bilingualism）只是一个深刻的政策概念，在白人学校具有很小的现实性，儿童学习仍然以英语或阿非利卡语为主。[2]有研究认为，如若认识、理解并瓦解白人特权制度基座，种族主义就不复存在了。推动变化的关键步

① Majhanovich S，Geo-JaJa M A（eds.）. Economics，Aid and Education：Implications for Development [M].Boston：Sense Publishers，2013：62-63.

② Jansen J D. The Politics of Salvation：Values，Ideology and the South African National Curriculum[J]. Verbum Et Ecclesia Jrg，2004（2）：784-806.

骤是理解白人特权强化的方式——将优质教育的定义与白人规范关联起来。在学校中进行种族分类、重视政治运作一定程度上肯定了种族隔离所造成的分化。基础教育部对前白人学校融合的重视似乎造成了"只有前白人学校才提供优质教育"观念的产生与强化，因此，每一个黑人家长都期望能将自己的孩子送到前白人学校就读。然而，前白人学校在为黑人提供平等教育机会方面的作为非常有限。[①]

（三）公立学校和私立学校教学质量有差异

南非基础阶段的学校分为公立学校和私立学校两类，公私学校的教育教学业绩存在较为明显的差异，这在南非基础教育现状概述中已经述及。支持私立学校的观点认为，南非基础教育私立学校教育较好地满足了多样化需求，为学生和家长提供了更多的选择机会。但对于私立教育如期待的那样成为公立教育的有效补充，民众仍存有一定质疑。[②] 私人资本介入教育，这在提供多样化选择的同时也带来了经费投入的不平衡。通常情况下，生均财政经费投入越多的学校，办学条件越好，越能吸引高水平师资，高水平师资促进学生的学业成绩提升。私人部门在盈利动机和市场竞争的驱使下，资本和劳动投入的效率普遍较高，教育质量也相应较高。一方面，南非各省的基础教育差距有其历史原因，即原来的白人学校或白人聚居区教育质量较高；另一方面，其在某种程度上是资本投入差异造成的。

表 2.12 呈现了 2021 年南非各省的学校、教师和学生数量及占比情况，这些学校包括公立学校和私立学校。选取基础教育教学成绩排名靠前的豪登省和排名靠后的林波波省计算师生比，发现豪登省的师生比为 1∶27.89，而林波波省的师生比为 1∶33.57。广义的师生比一般指学校的教师总数与学校

---

① Joubert R. Race Classification and Equal Educational Opportunities in South African Schools [J]. IJELP，2014（1）：41-53.

② Ahmed R，Sayed Y. Promoting Access and Enhancing Education Opportunities? The Case of No-fees Schools in South Africa[J]. Compare，2009（2）：203-218.

的学生总数的比值，而狭义的师生比指一名教师平均所负责的课内学生总数。当师生比较大时，总会有相当一部分同学处于等待教师辅导和解决问题的状态。如果这一状态长时间存在，则会极大降低教学效率，削弱学生学习的积极性。因此，师生比已经成为衡量教育发展水平的一项重要指标。南非基础教育教学质量与其师生比同样有着较为密切的关系，教育发达省份的师生比更低，较好地保障了教育教学质量。

表2.12　南非各省公立学校和私立学校学生、教师和学校在全国的占比

省份	学生		教师		学校	
	数量/人	占比/%	数量/人	占比/%	数量/所	占比/%
东开普省	1848503	13.8	62698	14.0	5341	21.5
奥兰治自由邦	726713	5.4	23867	5.3	1071	4.3
豪登省	2564812	19.1	91958	20.6	2941	11.8
夸祖鲁—纳塔尔省	2893958	21.6	96659	21.6	6022	24.2
林波波省	1799130	13.4	53582	12.0	3855	15.5
马普兰省	1134889	8.5	36963	8.3	1785	7.2
北开普省	304566	2.3	10486	2.3	585	2.3
西北省	872601	6.5	28248	6.3	1539	6.2
西开普省	1264527	9.4	42662	9.5	1755	7.0
总　计	13409249	100.0	447123	100.0	24894	100.0

资料来源：Basic Education Department Republic of South Africa. Realities of 2021 [EB/OL].（2021-12-08）[2022-03-01]. https：//www. education. gov. za/ Portals/0/Documents/ Reports/School%20Realities%202021. pdf.

菲斯克（Edward B. Fiske）等人指出，南非教育政策制定者面临的一个主要问题是如何在依赖公共资金和依赖私人资金之间取得适当平衡。尽管国际社会对发展中国家施加了越来越大的压力，要求它们提供免费基础教育，南非仍然选择鼓励中小学管理机构用学费或其他来源的收入补充公共资金。南非政府无法完全动用公共资金提供免费基础教育，固然是考虑到公共资金不足的现实，但这只是考虑因素之一。其他原因如地方政府控制教育，就此

而言，混合的资金安排实际上是一种政治妥协的体现。[①] 教育质量排名靠前的豪登省（下辖约翰内斯堡和比勒陀利亚）、西开普省（下辖开普敦）等是南非大多数决策机构所在地，其接受私营企业主的投资更多，私立学校特别是高质量私立学校数量较多，与师生比较低的效应叠加，进一步保障了这些地区的教育教学质量。总之，私立学校的学费可能会直接影响学校的质量，因为学校有实力获取更好的资源，例如聘请高质量教师以提高学生的学业成绩，这也在一定程度上拉大了私立学校和公立学校的教学质量差距。

第二节　南非基础教育财政投入分析

经济发展是教育发展的物质基础，为基础教育的发展提供必要的经费。相应地，教育也是经济增长的内在动力，不仅形成教育部门的经济产出，而且可以提高人的素质和技能，进而提高劳动生产率。舒尔茨（Thodore Schultz）的人力资本理论认为，通过教育投资形成的人力资本与物质资本一样，都会对经济增长起到促进作用。[②] 乔琳利用菲德尔模型就金砖五国教育投资对经济增长的贡献和外溢效应进行比较研究，发现南非教育投资对经济增长同其他金砖国家一样具有正向的促进效应，但正向促进作用不显著。[③] 这种计算可能没有考虑到基础教育与高等教育的差异性，南非的基础教育与高等教育的社会收益肯定不同于其他国家。南非政府更多地将财政资金用于发展基础教育，以 2015 年为例，南非基础教育拟议拨款达到 6500 亿南非兰特，并继续以年均 6.3% 的速度增长。南非教育支出从 1998 年占国内生产总值（GDP）6.8% 的高点开始，2015 年占国内生产总值的 5.3%，占政府综合

① Fiske E B, Ladd H F. Balancing Public and Private Resources for Basic Education: School Fees in Post-apartheid South Africa[R]. Durham: Working Papers Series, 2003: 3.

② Schultz T. Capital Formation by Education[J]. Journal of Political Economy, 1961（69）: 571-583.

③ 乔琳. 金砖五国教育投资对经济增长的外溢效应：基于菲德尔模型的实证研究 [J]. 中央财经大学学报，2013（4）: 63-68.

支出的 17% 左右，使教育成为政府支出的最大类别。南非的教育支出占比尽管低于联合国教科文组织倡导的 6% 的基准，但比其他发展中国家要高。[1]

一、南非基础教育投入现状

基础教育投入是南非政府财政支出的重要组成部分。据南非财政部官网资料，2022—2033 年政府拟向基础教育投入 2828 亿兰特。[2] 南非基础教育在依靠中央政府财政支持的同时，更多地仰赖地方政府财政投入。南非统计局数据显示，2017—2018 年省级政府收入基金和捐赠基金交易的非财务性固定资产（功能分类）和经营活动的总支出现金流中，最大支出项为教育领域，详见图 2.2。[3]

从图 2.2 可见，2017—2018 年，南非教育支出为 2300 亿兰特，占总份额的 41%。其中学前教育和小学教育支出约 1010 亿兰特，占教育领域总支出的 44%，其次为中等教育，支出为 780 亿兰特，约占 34%，可见基础教育支出占南非教育支出的最大份额。而被列入"其他"项的高等教育，支出（200 亿兰特）仅占省级财政支出的 4%。这与国际组织及其研究的理念导向不无关系。一直以来，国际社会总是在鼓励非洲国家多投入基础教育，因为处于初级阶段的社会，其基础教育的收益率远高于高等教育，高效的教育经费投入才能更有效地助力经济社会高质量发展。笔者通过文献梳理发现，南非基础教育投入的费用主要用于教师工资支付、设施维护修缮和教材保障。

① Motala S. Equity，Access and Quality in Basic Education：A Review[C]. Presidential Address Presented at the 2014 SAERA Conference，2015：163.

② Department of National Treasure South Africa. Budget 2022 Highlight [EB/OL]. （2022-01-13）[2022-03-01]. http：//www. treasury. gov. za/documents/national%20budget/2022/sars/Budget%202022%20Highlights. pdf.

③ Department of Statistics South Africa. Financial Statistics of Provincial Government[EB/OL]（2019-09-30）[2022-03-01]. http：//www. statssa. gov. za/wp-content/uploads/2019/09/prov1. jpg.

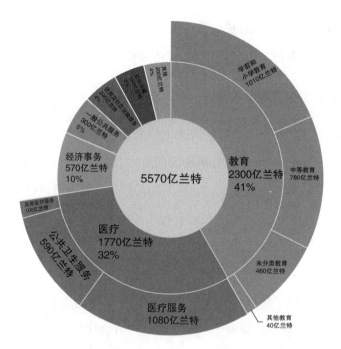

图 2.2 南非 2017—2018 年省级支出各领域份额情况

图片来源：South Africa Statistics. Government Spendings[EB/OL].（2022-01-13）[2022-03-01]. http：//www. statssa. gov. za/wp-content/uploads/2019/09/prov1. jpg.

其一，通过教育投入提高教师岗位吸引力，助力提升教育教学质量。乔治（Gavin George）等运用购买力平价理论分析了教师工资差异，发现赚取更高的工资是南非教师流动的主要驱动因素，这对教育质量造成了一定影响。① 泰勒（Nick Taylor）在《南非数学教育的西西弗斯之梦》一文中指出，南非学校教育陷入了一种恶性循环，其特点是基础教育教师薄弱，学生学业表现低于平均水平，又反过来导致教师地位低下。② 因此，南非政府十分重视通过增加教师岗位吸引力助推教育质量提升。有研究发现，南非基础教育

① George G，Rhodes B. Teacher Salary Differentials Using Purchasing Power Parity（PPP）：A South African Perspective as Both a "Source" and "Destination" Country [J]. Journal of Education，2015（63）：111-136.
② Taylor N . The Dream of Sisyphus：Mathematics Education in South Africa[J]. South African Journal of Childhood Education，2021（1）：1-12.

投入中，教育工作者的工资占比较大，而其他投入的支出低于国际标准。以2015 年为例，教育工作者工资占总支出的 17%。这与南非向来重视教师职业发展和待遇的认知与做法一致。教育质量取决于教师质量，而教师质量取决于教师职业的吸引力及其岗位提供的工资待遇。[①] 随着南非的基础教育入学率提高，教师缺口较大，为了应对教育需求将未经培训的教师安排上岗，一定程度上也影响了基础教育教学质量。鉴于此，南非政府重视通过增加教育投入吸引高层次、高水平人才从事基础教育教学工作。

其二，通过教育投入保证基本硬件设施运转，保障基础教育正常开展和实施。一方面，重视对薄弱学校的扶持，改善教学环境。学校基础设施备用基金主要投向基本服务匮乏的学校，如供水、卫生和电力等都面临问题的学校。此外，这些备用金还用于替换用不适宜材料如泥土、木材和锡等建造的学校。[②] 另一方面，近乎严苛的管理限制了设施维护，未能很好地服务基础教育教学发展。大量研究显示，大多数学校管理功能受限于《南非学校法案》，致使学校设施维护近乎落空，学校治理面临巨大挑战。实际上，如果维护和管理得当，学校设施能够转化为学校高质量发展的积极因素。除了教育投入，学校设施维护还有赖于组织、检测和规划。然而，现实中许多学校面临维修基金短缺的困难。虽然教育部有相应拨款，但远远不够且在分配给学校的总体财政拨款中仅有 12% 能用于学校设施维护。这种"围栏"（ring-fenced）[③] 做法使得许多学校有钱不能花或需要自筹超过 12% 限制的维护费用。[④]

其三，通过基础教育投入确保教材落实到位。南非基础教育部指出，南

① Armstrong P. Teacher Pay in South Africa：How Attractive is the Teaching Profession?[R]. Stellenbosch：Department of Economics University of Stellenbosch ，2009：1-32.

② South African Government. Basic Education[EB/OL]. （2021-12-17）[2022-03-01]. https：//www. gov. za/about-sa/education.

③ ring-fenced 原指英国实施的"围栏"改革。在全球金融危机中遭受重创后，英国政府为维护金融稳定、重塑稳健安全的银行体系，对银行业实施了一系列改革，其中最重要、争议最大的就是所谓的"围栏"改革。研究者在文中使用该词，说明受访者对南非教育部出台的 12% 的设施维护费用限制规定颇有质疑。

④ Xaba M I. A Qualitative Analysis of Facilities Maintenance：A School Governance Function in South Africa[J]. South African Journal of Education，2012（2）：215-226.

非基础教育阶段的学习支持材料（LSMs）包括挂图、练习册、教科书、电子书、阅读器、文具、科学工具包、字典、百科全书等，这些是教师教学和学生学习的基础。在知识论视野中，教材是知识生产、学科建构、文化再生产的联结与纽带，防止知识"健忘"，促进知识积累与传播。① 哈奇森（Tom Hutchison）等认为，教材几乎是教学的基础要素，每年印发数量达百万余套，且许多国家设立大量的援助工程，似乎没有对应的教材，便没有完整的教学环境。② 米克尼（Carolyn Mckinney）认为，教材或学习支持材料对种族隔离时期及后种族隔离时期的课程教学均有强大的影响力。③ 卢克（Allan Luke）在《文学、教材与思想意识》一书中指出，教材经国家正式认可和采纳，决定着共同文化的形态，是连接文化知识与学习者的重要媒介，也是塑造青少年文化价值观的一种专用载体。④ 可以说，教材信息指引着青少年的心灵走向，对一个民族国家而言，知识误导的严重性远不及价值观上对新生代的误导。⑤ 因此，无论教育系统内面临怎样的财务压力，都应解决教材问题以保障学习效果，这是南非教育界的共识，由此也导致基础教育教材支出不断增加。

为了缓解压力和节省教材方面的开支，有人提出使用开放教育资源（OER），并指出该工程从长远来看有助于降低教育资源获取的成本，从而更好地满足日益增长的教育需求，且还有可能提升教育成效。开放教育资源近几年在西方国家迅猛发展，它与学术出版领域的开放获取（OA）、网络大规模开放课程（MOOC）、开源软件等共同构建了一套旨在对旧的知识传播体系进行颠覆性重构的开放系统，对凭借垄断知识资源牟利的教育出版商形成了

---

① 折延东，周超，黄灿灿. 论教材的本质及其重建 [J]. 课程·教材·教法，2016（6）：42-47.
② Hutchison T，Torres E. The Textbook as Agent of Change [J]. ELT Journal，1994（4）：315-328.
③ Mckinney C. Textbooks for Diverse Learners：A Critical Analysis of Learning Materials Used in South African Schools [M]. Cape Town：HSRC Press，2005：6.
④ Luke A. Literacy，Textbooks and Ideology：Postwar Literacy Instruction and the Mythology of Dick and Jane [M]. London：The Falmer Press，1988：64.
⑤ 折延东，周超，黄灿灿. 论教材的本质及其重建 [J]. 课程·教材·教法，2016（6）：42-47.

直接而强烈的冲击。从南非基础教育的现实来看，开放教育资源工程有助于实现教育行动规划目标之"确保学习者能获取最低数量的教科书和练习册"。

二、南非基础教育财政投入模式

基础教育财政投入和预算是南非政府和教育管理相关部门最重要的任务之一，没有足够的资金，即使是最好的政策和计划也难以成功实施。[①] 实际上，南非教育支出几十年来一直在增长，从 1995 年的 311 亿兰特增加到 2002 年的 596 亿兰特，再到 2007 年的 1055 亿兰特。如何最大限度地利用有限的资源，是南非学界和教育相关部门十分关注的问题。[②] 南非基础教育投入一方面确保公平，另一方面确保效率，其投入模式如图 2.3 所示。

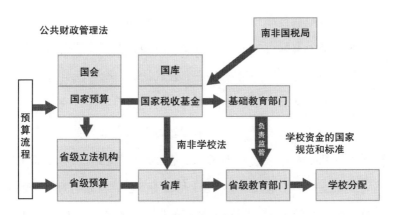

图 2.3　南非基础教育投入模式

图片来源：Sarah G. Tracking the Money for Open Educational Resources in South African Basic Education：What We Don't Know [J]. International Review of Research in Open and Distributed Learning，2017（4）：16-34.

南非基础教育投入有规范的流程，努力确保教育支出公平高效。正如艾

---

① Veriava F，Thom A，Hodgson T F. Basic Education Rights Handbook：Education Rights in South Africa [M]. Johannesburg：Section 27，2017：41.

② Sarah G. Tracking the Money for Open Educational Resources in South African Basic Education：What We Don't Know [J]. International Review of Research in Open and Distributed Learning，2017（4）：16-34.

德思（Lorette Arendse）所言，南非政府有义务从公共收入中为公立学校提供资金，以纠正教育系统中的不平等现象。学校资金的规范和标准阐明了确保《南非学校法案》所设想的补救措施的程序。[①] 南非基础教育阶段的公立学校由国家和省级财政共同负担，国会批准国家预算，省级立法机构批准省级预算。国家教育政策制定方面，议会是国家的最高权力机构，享有并承担教育立法权。内阁作为国家最高行政机构，在国家教育政策的制定上拥有发起、组织、督促、协调等权利及义务。[②] 国家财政部负责管理国家的预算编制过程及其执行，各省财政部门负责编制和执行每个省的预算。政府收到的所有资金，例如南非税务局征收的税款，都存入国家税收基金。议会和省级立法机构每个项目投入的资金分别满足国家和各省年度财政要求。国家预算拨款的资金用于基础教育部和高等教育部等政府部门，省级拨款的资金用于省级基础教育。每个省都有一个公平的预算份额，即南非议会为提供省级服务而确定的总金额。这一公平份额有一个公式计算，会考虑到省内人口等多种因素。分配给各省级部门（如教育部门）的比例由省级政府或立法机构决定。2009 年，南非国家教育部拆解为基础教育部和高等教育与培训部，其中基础教育部负责基础教育。通常情况下，基础教育依靠国家财政部和各省地方政府共同拨款支持。南非 1999 年第 1 号法令《公共财政管理法》规定了国家和省级政府的财政管理，并明确了各自的职责。拨款到学校后，由学校进行具体的分配，当然，各类支出都有着严格的政策管理。

南非实现和平转型后，民主政府实施了一系列法律与政策，确保公共资金只投入于弥合种族隔离造成的发展差距。公立学校的资金投入在很大程度上依赖于学费，而学费的确切数额由学校的家长群体决定，因此人们越来越

---

① Arendse L. The School Funding System and Its Discriminatory Impact on Marginalized Learners[J]. Law, Democracy & Development，2011（1）：339-360.

② 康建朝，尤丽雅 . 新南非国家教育政策制定机制探微 [J]. 比较教育研究，2013（3）：70-74.

担心公共资金体系正在加剧前黑人学校和前白人学校之间现存的不平等。这一论点是基于这样的事实：富裕的学校可以通过收取高昂学费来维持自身的特权地位，其预算远超贫困学校的预算，由此，学校间因财力支持程度不同而导致教育质量有所不同。许多学者对南非《全国学校资助规范与标准》（NNSSF）持质疑态度。[①]南非国家资金分为三类。第一类是教师工资支出，约占90%，具体数额与教师的资格和经验有关。由于资质最好的合格教师都在历史条件优越的学校，国家预算的很大一部分被分配给了这些学校。第二类是学校基础设施建设支出。由于大多数以前处境不利的学校的硬件条件都很糟糕，政府几乎只向贫困学校拨款用于基础设施建设。第三类是非人事、非资本支出，通常被称为"学校拨款"。这笔支出用于购买学校教学和评估所需的基本设备和消耗品，包括水电、文具、家具、计算机、复印机、教具等。

从微观的学校操作层面来看，在提供教育方面寻求公共资源和私人资源之间的适当平衡，是国际政策上的重要议题，南非政府和学界为此也在不断探索。南非基础教育阶段的学校分为收取学费的学校和免收学费的学校，其教育拨款亦有较大差异。南非的公立中小学根据需要支持的程度或富裕程度分为五级（quintiles），一级学校最困难，而五级学校最富裕。有学者推算了南非一级学校和五级学校的预算情况，详见表2.13。

由表2.13可见，单从学校拨款来看，一级学校每名学生的预算额度为905兰特，而五级学校每名学生的预算额度为156兰特。虽然从学校教育拨款来看，免收学费的贫困学校似乎获得了更多的资源支持：一级贫困学校的拨款是五级富裕学校的5.8倍。然而，加上学费收入后，一级贫困学校的预

① Mestry R. A Critical Analysis of the National Norms and Standards for School Funding Policy: Implications for Social Justice and Equity in South Africa [J]. Educational Management Administration & Leadership, 2014（6）: 851-867.

算总计则不及五级富裕学校的一半。为了在财政资源有限的情况下公平分配资源，一方面，南非政府要求每个省级教育部门将其 60% 的非人事的和非资本的经常性支出用于本省最贫困的 40% 学校（即一级学校和二级学校）。另一方面，20% 的处境相对有利的学校（即四级学校和五级学校）只应获得5% 的拨款。南非政府确定的全国教育拨款准则具有充分性，被视为"实现学习者基础教育权利的最低充分程度"。2011 年的拨款准则为生均 678 兰特，等同于三级学校收到的学校分配资助。达到或高于该资助额度的学校被确定为免收费学校。换言之，一级到三级学校都是免收费学校。然而，现实中这些免收费学校获得的支持可能不足以支撑学校花费所需，因此也时常发生违规收费的情况。即便收费，其收取的费用也远远低于收费学校的标准。

表 2.13　南非富裕学校和贫困学校预算

单位：兰特

资金来源	贫困学校（一级学校）	富裕学校（五级学校）
学校拨款	905000	156000
学校学费	50000	20000000
预算合计	955000	20156000

注：假设两所学校都有 1000 名学生，贫穷的学校每年向每位学生收取 50 兰特的学费，尽管它是"免费"的，而富裕的学校每年向每位学生收取 20000 兰特的学费。

资料来源：Arendse L. The School Funding System and Its Discriminatory Impact on Marginalized Learners [J]. Law，Democracy & Development，2011（1）：339-360.

《南非基础教育权利手册》对南非的基础教育拨款流程进行了总结，该研究与本研究述及的流程类似，即南非国会、部长预算委员会、国家财政部、基础教育部、省财政厅、中期开支委员会（MTEC）、财政（财务）委员会、规划监测和评价委员会等教育相关者共同为基础教育发展保驾护航。此外，鉴于南非的基础教育需要基础教育部与省教育厅协同推进，国家财政部负责召集并成立了"10＋10"基础教育工作组[①]，成员包括基础教育部部

---

① "10+10"，第一个"10"指基础教育部和九省教育厅，第二个"10"指财政部和九省财政厅。

长、九省教育厅厅长、国家财政部和九省财政厅代表，这不仅确保了统一的规划和预算流程，也为基础教育管理和供应的职能并行搭建了平台。[1]

麦思奇（Raj Mestry）等人指出，南非公立中小学分级制的实质是一种扶贫机制，贯彻的是平等化、均等化理念。[2]教育机会均等被视为教育公平的重要体现和基本条件，其内涵在于社会各成员在自然、社会或文化的不利条件下，均可在教育中得到补偿。实现民主转型之初，南非教育部便颁布了《全国学校资助规范与标准》，规定了学校资助的最低标准[3]，随后又于2004年针对该标准提出了修订意见[4]。南非政府2003年报告指出，非贫困学校由于收费节约了大概3亿兰特公共支出以支持更为贫困的学校。贫困学生免费或申请减免等政策，较好地保障了其基础教育入学机会。2012年8月，南非基础教育部发布政府报告，宣布执行修订版资助规范与标准。[5]南非基础教育资金投入过程中按照学校所拥有的教育教学资源、师资队伍状况等进行分级投入，无不是在努力寻求新思路、新方法，进一步实现教育机会均等。

第三节　南非基础教育改革动因分析

南非教育研究领域对基础教育改革目标、动因及课程改革等问题进行了大量探讨，认为这些改革旨在改变教育体系、课堂及教学过程。[6]其中，基础教育课程改革是南非人对特定社会政治经济发展需要所做出的主观反应。

---

[1] Veriava F, Thom A, Hodgson T F. Basic Education Rights Handbook: Education Rights in South Africa [M]. Johannesburg: Section 27, 2017: 42-43.

[2] Mestry R, Ndhlovu R. The Implications of the National Norms and Standards for School Funding Policy on Equity in South African Public Schools[J]. South African Journal of Education, 2014（3）: 1-11.

[3] Department of Education. National Norms and Standards for School Funding [Z]. Pretoria: Department of Education, 1998: 2-3.

[4] Department of Education. National Norms and Standards for School Funding（Proposals for Amendments）[Z]. Pretoria: Department of Education, 2004: 12.

[5] Department of Basic Education. Government Notice [Z]. Pretoria: Department of Basic Education, 2012: 3-5.

[6] Bantwini B D. How Teachers Perceive the New Curriculum Reform: Lessons from a School District in the Eastern Cape Province, South Africa [J]. International Journal of Educational Development, 2010（1）: 83-90.

从更宏阔的视野来看，南非基础教育不断推进改革发展是一种积极应对教育全球化冲击的姿态，也是为了进一步清除乃至根除种族隔离教育带来的负面影响，从而更好地实现全民享有公平优质的基础教育的目标。

一、积极应对教育全球化的冲击

全球化席卷世界各地，南非基础教育不可避免地受到冲击和挑战。20 世纪 90 年代中期，当南非新政府以保留全球主义的白人经济权利作为和平的代价，换取所有南非人的政治权利时，经济全球化进入了加速的新阶段。[1] 就本体而言，全球化只是人类社会发展的现象过程，不该被贴上对错的标签。然而，全球化杂糅着西方文化和价值观的一元化，是需要警惕的。有研究发现，全球化背景下，青年的文化认同存在着些许偏差，在价值取向上出现了迷失和错位。[2] 经济全球化和民族国家的相生相克关系，给青少年国家认同感的形成和培育带来了消极影响。[3] 在全球化浪潮席卷世界的今天，不同的地区和领域遭到了不同程度的销蚀与同化，南非更是因其特殊的"双重殖民"历史而深受其害，经受着超国家认同（如对世界共同体的认同）与亚国家认同（尤其是族群认同）的双重挤压。例如，在南非出现了近乎被遗忘的桑给巴尔流散社群（Zanzibari diaspora），其居民在重建与发源岛屿之间的联系，南非白人离开南非去帮助莫桑比克发展农业。[4] 对南非这样的发展中国家而言，全球化在某种程度上已从崛起的千载良机转变为"美丽的谎言"。

此外，随着当今世界社群多样性的弱化，全球化对教育产生了巨大影响，剥夺了增强人类能力的机会并导致人类发展面临重重挑战。全球化的市场逻辑——新自由资本主义在继续贬低或降解本土知识的方方面面，

① [美] 道格拉斯·福斯特. 曼德拉的遗产 [N]. 蒲实，徐睿晗，编译. 三联生活周刊，2013-12-13.

② 黄肖静. 全球化背景下我国青年的文化认同研究 [D]. 北京：中国青年政治学院，2008：3.

③ 郑富兴，高潇怡. 经济全球化与国家认同感的培养 [J]. 教育研究与实验，2005（3）：31-36.

④ [美] 凯尔文·C. 邓恩，[加] 蒂莫西·M. 肖. 国际关系理论：来自非洲的挑战 [M]. 李开盛，译. 北京：民主与建设出版社，2015：211.

限制了本土知识生产作为发展过程的必要部分。① 泰列伯兰奇（Soloman Terreblanche）认为，南非的后种族隔离时代的政治经济体制是美国领导下的新自由主义全球帝国的一个新殖民主义卫星国，这一体制将人口中的最穷群体系统性地排除在全球经济的参与者之外。② 塞缪尔森（Robert J. Samuelson）认为，"全球化是一把双刃剑，在加快经济增长速度、传播新技术的同时，也在侵蚀当地文化和传统"③。无论是在政治方面还是在经济方面，全球化对非洲的冲击都远甚于世界其他地区。④

南非遭受过荷兰和英国不同程度的殖民统治，为全球化侵袭提供了土壤，多元的本土文化在西方文化的侵蚀下不断褪色，使得南非自我特性不断模糊化。历史上，全球化带给南非的是价值观及教育文化等方面不断被同化，给本土文化套上了落后的枷锁，使得许多极具价值的本土元素被丢弃。19 世纪中叶至 20 世纪中期，全球化裹挟着欧洲的政治、经济、教育及文化入侵意图在非洲肆虐，非洲文化、认识论、世界观以及本土学习系统遭遇摧毁或被贬为缺乏实用性而加以边缘化。从长远影响来看，殖民及后殖民"社会发展"形式从根本上剥夺了非洲的文化，造成了非洲发展受限与制度上的弱点。⑤ 20 世纪中叶以后，取得独立的许多非洲国家与前宗主国的经济联系从依附关系转为依赖关系，全球化则为西方国家乘机进行跨国贸易扩张提供了便利和机会。政治上，许多非洲国家模仿西方国家民主政治，但正如福山（Francis Fukuyama）所言，许多西方式民主国家的政治正在走向衰败。⑥ 南

① Majhanovich S，Geo-JaJa M A（eds.）. Economics，Aid and Education：Implications for Development[M]. Boston：Sense Publishers，2013：159.
② [南非] S. 泰列伯兰奇. 迷失在转型中：1986 年以来南非的求索之路 [M]. 董志雄，译. 北京：民主与建设出版社，2015：3.
③ [美] 罗伯特·塞缪尔森. 全球化使美国经济依然保持活力 [J]. 冯顺，译. 经济导报，2007（45）：13.
④ 姜恒昆. 非洲：全球化还是西方化 [J]. 西亚非洲，2003（3）：61-65.
⑤ Abdi A A. Globalization，Culture and Development：Perspectives on Africa [J]. Journal of Alternative Perspectives in the Social Sciences，2010（S1）：1-26.
⑥ Fukuyama F. Why is Democracy Performing So Poorly?[J]. Journal of Democracy，2015（1）：11-20.

非作为非洲国家之一，与其他国家有着相似的境遇。泰列伯兰奇指出，南非的民主转型是由能源矿产复合体（MEC）导演的大戏。[①] 与此同时，国家认同关乎"自我归类"（self-categorization），南非为应对全球化冲击而多方模仿，不可避免地走向与其他西方国家的同质化，使得国家认同教育难以通过"他者"的想象和描述来构建"我们"的意象，进而无法使国民进行自我归类、形成共感。

人们对全球化的情感是积极还是消极，取决于看待视角，例如商业群体赞成全球化，是希望借以开发世界市场，扩展商业机遇，而持反对意见者认为其进一步拉大了国家之间的贫富差距。非洲联盟委员会主席让·平（Jean Ping）认为，全球化起初给人们带来巨大希望，甚至出现了一段振奋人心的时期；然而非洲人很快就失望了，幻象破灭了，他们认识到一个明白无误的现实：市场力量控制世界的结果是"非胜即败"，要么治人，要么治于人。事实并非像人们之前所盛赞的那样，全球化是体现人类团结的新秩序。对非洲来说，全球化是幻象破灭后的噩梦。[②]

阿耶提（George B. N. Ayittey）指出，非洲殖民地时期之后的发展可能是一个巨大错误的开始——通过模仿来发展，非洲领导人带着些许期望，采取错误的政治体制、错误的经济系统，走上了错误的道路，"同样严重的大概是领导缺乏能力……领导缺少对发展过程的基本理解，过多地专注于'证明某事'，并且盲目地模仿"，实际上，"发展不代表着对现代属性和特征的盲目模仿，也不代表着对非洲文化和传统体制的完全否决"。[③] 受全球化影响，南非新政府为了确保所有人享有基础教育，为所有学习者提供平等机会，这

---

① [南非]S. 泰列伯兰奇. 迷失在转型中：1986年以来南非的求索之路 [M]. 董志雄，译. 北京：民主与建设出版社，2015：3.

② [加蓬]让·平.非洲之光 [M]. 侯贵信，朱克玮，等译. 北京：世界知识出版社，2010：8-9.

③ [加纳]乔治·B. N. 阿耶提.解放后的非洲：非洲未来发展蓝图 [M]. 周蕾蕾，译. 北京：民主与建设出版社，2015：135-136.

种方法被称为"一刀切"模式。受教育者、学校的地理位置以及社会、经济、政治环境不同，很难用一种模式让所有人受益。[1] 有研究认为，南非教育的整合可以说是一种适应过程，在这一适应过程中，往往以牺牲次级群体的生存方式为代价渗透了霸权主义的社会制度、文化制度和经济制度，从而进一步阻碍了次级群体的生存、交流及日常生活。[2]

二、持续清除种族隔离教育的遗毒

种族隔离时期的南非，可以用一句话来贴切描述：一个国家，两个世界。转型发展 20 余年，这个描述仍然贴合南非现实。对南非而言，种族隔离教育的负面影响要想彻底清除，绝非一朝一夕之功。斯坦林布什大学的伯格指出，鉴于南非以往的种族隔离教育之影响，提升教育成效以扭转劳动力市场的不平等是当务之急。从历史上看，白人学校和印度裔人学校的学生在考试中的表现仍优于黑人学校和有色人种学校。[3] 时至今日，南非文盲比例尽管有所降低，但仍维持在较高水平，且新的公民意识尚未觉醒。种族隔离教育剥夺了一部分人的受教育机会，致使文盲比例尤其是黑人文盲比例较高。尽管南非政府以巨资促进教育公平和推动教育均衡（据推测，2015—2016 年度基础教育投入达 2034.68 亿兰特），然而 40 多年的种族隔离教育所产生的遗毒很难在短期内完全清除。[4] 从政策理念层面来看，南非教育政策发展中心主任普鲁（Martin Prew）说，教育是国家重建和推动社会发展不可或缺的重要方面，20 世纪 80 年代，津巴布韦利用约 10 年时间逐渐引进新课

---

① Joubert R. Race Classification and Equal Educational Opportunities in South African Schools [J]. IJELP, 2014（1）：41-53.

② Soudien C. "Constituting the Class"：An Analysis of the Process of "Integration" in South African Schools[J]. Acta Paediatrica，2004（1）：75-79.

③ Berg S . How Effective are Poor Schools? Poverty and Educational Outcomes in South Africa[J]. Studies in Educational Evaluations，2008（3）：203-218.

④ Brand South Africa. Education in South Africa[EB/OL]. （2022-03-01）[2021-07-15]. https：//www. brandsouthafrica. com/governance/ education/education-in-south-africa-2.

程，保证了教育教学的连续性和稳定性，而南非在课程设置和课程大纲上似乎还有所混淆，即大多数不是在谈论改进各种教学大纲，而是一直在谈论改变课程，结果使整个系统过早地被颠倒过来。在这个过程中，南非失去了旧系统中许多有效的东西。[1] 换言之，在南非基础教育改革过程中，不该丢掉的被抛弃，而应该消除的问题尚未解决。

清华大学蒋晖教授认为，非国大在 1994 年从革命党转变为执政党之后，在教育系统积极推行"人民教育"理念（包括实行免费教育），但由于整个社会的阶级结构和经济关系没有发生实质性的改变，新南非的教育体系也没有根本性的变革。南非教育旨在培养高质量的劳动者，而不是在思想、意识、语言和心理上都从殖民主义文化中解放出来的新的公民。[2] 教育中的种族主义不可单纯地认为是文化无知和误解造成的，更是如赫胥黎（Thomas H. Huxley）所言，它犹如一件用来遮丑的斗篷，使其唯利是图的行为不被暴露无遗。种族隔离时期，白人企图通过教育塑造阶层，保住白人的经济地位，后种族隔离时期的教育则难免留下历史的痕迹，因而是当代政治经济及社会发展不公的产物。[3] 也就是说，后种族隔离时期的教育沿袭了种族隔离时期的某些东西并仍在持续地影响着国家认同教育的效果。

新的国家必然诞生新的阶层，借由种族隔离教育炮制的学校分层在后种族隔离时期发挥着持续的影响力。种族隔离教育力图通过隔离和分别发展维持白人统治阶层地位，致使贫富分化严重。后种族隔离时期，阶层重新划分，造就了新的富裕阶层和贫困阶层。富裕后的黑人精英企图模仿白人生活，滋生了新的社会问题。部分被边缘化的白人陷入了贫困，被限制了求学

---

[1] Prew M. Challenges Facing Education in South Africa [J]. Interview November，2016（9）：73.

[2] 蒋晖. 南非"学费必须下降"运动和"人民教育"道路的失败 [M]// 汪晖，王中忱. 区域（2016 年第 2 辑）. 北京：社会科学文献出版社，2016：261-309.

[3] Vally S，Dalamba Y. Racism，"Racial Integration" and Desegregation in South Africa Public Secondary Schools [R]. Cape Town：South African Human Rights Commission，1999：4.

机会，致使阶层调整影响到了青少年学业发展。关于阶层分析，学术界存在两种对立的思路，即"冲突论"的阶层分析与"功能论"的阶层分析。冲突论强调利益冲突，功能论强调利益协调和社会整合，也就是说，阶层既存在相互利益的矛盾性，也存在相互利益的可协调性。[①] 因此，打破和重构南非阶层不仅需要经济和政治上的整合，更需要从教育入手培育具有国家认同意识的新公民。

国家转型必然促进利益调整，国民的收入和生活水平难免有升有降。在此过程中，南非资源分配不均，致使许多儿童无法完成学业。例如，有些儿童需要步行几小时才能到达学校，而有些学生到了高中阶段便不得不辍学养家。[②] 同样的问题也摆在了一些初入大学的青年面前，包括一些家庭贫困的白人学生。伊丽莎白港有一个名叫木布娜（Mbguna）的白人女孩，高中毕业后，仅上了一学期大学课程便因交不起学费而辍学回家。但她对当时正处于高潮的抗议学费运动持否定态度，"面包涨价大家仍旧照买不误，可学费一涨便持续地抗议"。她通过在网上给中国台湾儿童讲授英语养家，对生活依然持乐观态度，打算攒够钱后继续完成学业。[③] 在南非，像这样的青年绝非个例。可以说，后种族隔离时期，代表符号资本的肤色没能像过去那样发挥根本性作用，但经济资本的功效在持续地起作用，使得资本互通互换不断循环往复。

三、确保全民享有公平优质的基础教育

南非国家发展规划（NDP）有关基础教育的表述显示，南非人应该能够

---

① 陆学艺. 当代中国社会阶层研究报告 [M]. 北京：社会科学文献出版社，2002：6.

② Kelleman S. The Legacy of South Africa' Educational System [EB/OL]. （2014-09-23）[2022-03-01]. http：//www.dreamstoreality.co.za/the-legacy-of-south-africas-educational-system/.

③ 2017 年 2 月 19 日的访谈。

获得最高质量的教育和培训，从而大大提高学习成绩。[1] 这既是南非基础教育改革发展的目标，也是动因。如前文所述，从民主转型之初，南非便不遗余力地推进基础教育改革以期为全民提供良好的基础教育。1994 年 5 月，首任黑人总统曼德拉在比勒陀利亚的就职演说中描绘了新南非的图景，宣布新的国度要巩固人类对正义的信念，增强人类对心灵深处高尚品德的信心，让所有人保持对美好生活的期望。[2] 然而，有研究发现，完成 6 年级学业的学生不会简单造句或是不会做最基础的数学题，且几乎每个年级的学生都存在同样的问题，着实令人无法接受。虽然并非所有学校都面临同样问题，但存在问题的学校数量确实太过庞大，特别是边远地区教育质量堪忧。鉴于此，通过保障全民享有基础教育权，使民众对未来持美好的向往，是南非新政府孜孜追求的目标。为了推动优质公平的基础教育落地见效，许多研究和教育部门的规划从教学内容以及基础教育相关者如教师、家长的角度进行了多维探讨和研究。

其一，基础教育相关者多方协同助推教育质量提升。有研究从家长参与的角度提出改善南非学生物理学习效果的路径。在南非，学生的物理学科学习表现不佳是一个令人担忧的问题，而家长参与政策只有在确保家长有效参与的情况下才有可能取得成功，这些活动包括帮助学生完成家庭作业、与教师讨论学生的行为、鼓励学生展开交流和参与科学活动。[3] 此外，有研究发现，任何提高教育质量的政策，要取得最佳效果，关键在于背景因素，如教师工会在国家政治经济中的作用、社会凝聚力的总体水平，以及教育系统中的分权程度等。

---

① South African Government. Basic Education[EB/OL]. （2021-12-17）[2022-03-01]. https：//www. gov. za/about-sa/education.

② BET. Text as Delivered by Nelson Mandela in Pretoria，South Africa on May 10，1994[EB/OL]. （2013-12-05）[2022-03-01]. https://www. bet. com/news/global/2013/12/05/transcript-nelson-mandela-s-1994-inauguration-speech. html.

③ Avvisati F，Besbas B，Guyon N. Parental Involvement in School：A Literature Review[J]. Dans Revue O'Economie Politique，2010（5）：759-778.

　　其二，通过增加教育教学内容的相关性、适切性提高学习者的积极性。有研究发现，影响学习者成绩的传统因素中，显性因素被广泛关注，如学校资源、教师的资格和经验、班级规模和教学语言。非传统因素如抱负、期望和动机，对学习者的成绩提升至关重要，但在南非的教育政策和实践中很少受到关注。[①] 较强的学习动机不仅可以提高学业成就、自我效能、个人幸福感、适应能力，还可以提高个体的心理健康水平，对个体具有重大价值和意义。尽管南非持续通过去殖民地化项目解决其不公平政策的遗留问题，提高学生学习活动的内驱力，但正如库尔茨（Brianna Kurtz）等所言，一种更隐蔽、更微妙的新形式的歧视、种族主义和恢复种族隔离的意识正悄然出现在南非大地上。这种情况同样存在于教育教学法中，如结果本位教育和当前的《课程评估政策声明》，它们侧重于基础教育而非重视多样性的教育[②]，给一部分学生的学习环境造成了不利影响。为了从另一个角度补偿和消除这种不利影响，南非基础教育新版教材注重强化教育教学内容的相关性，更多地向学习者展现崇尚美德、发扬传统、注重人文、回归生活的积极内容，培养学习者的社会公德、契约意识、公民意识和理性精神。同时，还通过改革融入了更多的内容，包括南非的现实世界、南非人乐观开朗的性格特征与人生态度（如"非洲有多绿""学会如何在学校里快乐生活"等主题）。总之，南非学校课程和教材力图帮助学习者理解自己的国家、非洲大陆及整个世界，使学生学会批判性思考。

　　其三，通过提高基础教育师资水平推动有质量的基础教育落到实处。南非基础教育部 2019—2020 年度报告指出，南非教育系统的质量取决于教师

---

① Yu K, Frempong G, Winnaar L. Improving Learner Achievement in South Africa: A Policy Proposition for a Growth Mindset Approach to Enhance Learner Support at Basic Education Level[J]. HSRC Policy Brief, 2015（2）: 1-4.

② Kurtz B, Roets L, Biraimah K. Global Education Inequities: A Comparative Study of the United States and South Africa[C]//New Challenges to Education: Lessons from Around the World BCES Conference Books, Volume 19. Sofia: Bulgarian Comparative Education Society, 2021: 77.

的专业知识（对课程、内容知识和教学技能的理解）和责任心。2019—2020年，南非教育系统招募了 17766 名 30 岁以下的青年教师，并为其中约 1/3的教师提供了永久性岗位。为了打造足够数量的敬业、高素质的教师队伍，南非制定了一项"四管齐下"的战略：（1）通过大学和其他系统培养更多合格的教师；（2）设计在职培训策略和支持系统，不断提高教师的技能；（3）与专业团体和教师工会合作，提高教师的专业知识并强化其责任意识；（4）确保适当的薪酬结构，同时奖励优秀教师。[①] 此外，自 2020 年 3 月起设立福匝·卢莎卡助学金奖（Funza Lushaka Bursary Awards），这个原本用于资助学生的助学金计划也将用于资助和奖励基础教育阶段的教师培育。同期启动的提升基础教育教师能力水平的项目还有教师协会合作工程，以一种开枝散叶的途径令更多教师从培训中受益。2020 年 1 月 24—26 日，小学阅读改善计划（PSRIP）的首席教师培训在 3 个省份率先实施，一共培养了 215 名首席教师，其中林波波省 67 名、夸祖鲁—纳塔尔省 83 名、东开普省 65 名，这些首席教师又在其所在地区开展教师培训。上述 3 个省份是南非基础教育相对薄弱的地方，通过这样一种开枝散叶的方式，使有限的教育资源投入能够获得较高的教育回报，有助于基础教育质量提升和实现教育机会公平。

第四节 结 语

南非基础教育在新冠肺炎疫情严重冲击教育发展的情况下依然取得了较好成绩，特别是基础教育入学率和高级证书考试过关率均有较大幅度的提升，一部分原本成绩不太理想的省份如夸祖鲁—纳塔尔省的高级证书考试通过率在近两年有了较为明显的上升。这些成绩的取得离不开政策的不断优

---

① Department of Basic Education Republic of South Africa. Department of Basic Education Vote No. 14 Annual Report 2019/2020[R]. Pretoria：Department of Basic Education Republic，2020：39.

化和调适。但还需认识到，南非的基础教育改革发展仍有很长的路要走。21世纪初的一份教育报告表明，得益于政府间的财政框架和公平分配准则，东开普省和北部省 ① 这两个最贫穷的省份教育支出在 1997—1998 年分别提高了49% 和 36.9%。② 然而，时至近年，南非基础教育发展仍然存在不均衡不充分现象，如豪登省和西开普省的学校在 2019—2021 年的业绩表现均远超全国平均水平，而林波波省的教育教学成绩依旧不够理想。此外，省区内的教育不均衡现象也较为突出，这是基础教育均衡发展的另一挑战。

　　南非基础教育投入透射出公平优先的理念，理论上比较科学可行，但在现实中私人资本的介入致使这种公平依旧停留在理论层面。当然，国家和省级财政对基础教育的投入确实在一定程度上完善了学校设施，保障了贫困孩子受教育的机会，这一点是毋庸置疑的。南非基础教育由国家和省级财政共同负担的现实，使得公共投入层层审批把关，确保教育投入依法依规、有据可依。南非国会、部长预算委员会、国家财政部、基础教育部、中期开支委员会（MTEC）等国家部门及成立的专门委员会在国家层面协同工作，此外还在国家与省级部门之间搭建“10 ＋ 10”平台一体推进基础教育规划和流程以确保教育管理及供给职能。在南非的基础教育预算过程中，基础教育监测委员会、财务常务委员会和拨款常务委员会这三个国家层面的委员会显得尤为重要，分别负责监管、筹款和拨款，确保基础教育有钱可花且能花到该花的地方。

　　南非之所以不断推进基础教育改革发展，首先是为了积极应对教育全球化的冲击，培养热爱和认同自己国家的未来公民。毕竟，人类对祖国的热爱之情是人的情感需要的最高满足，也是人类道德价值的最高表现。联合国发

---

① 原称北德兰士瓦省，2002 年改为林波波省。

② Asmal K. Education in South Africa：Achievements since 1994[R]. Pretoria：Department of South Africa，2001：9.

展组织总干事、著名经济学家孟加（Celestin Monga）在《非洲的生活哲学》一书中描述道："一旦当我踏上喀麦隆的土地，就没有什么可以取代那种流淌在我血液里的欢悦。自发的陶醉，记忆中的那些魅力，难以言表的颤抖，难以解说的灵魂之乐，难以觉察的救赎和永恒之感。"[①] 南非青少年的自豪感透射着这种天然的草根性和原初性，同时不难发现基础教育培植的影子。南非基础教育教材注重增强教育教学内容与学生所生活的环境的相关性，是以本土知识培根铸魂。对于种族隔离教育的遗毒，南非基础教育界竭力加以清除，这就要求其在确保全民享有优质公平的基础教育上狠下功夫，具体路径有家校合作协调推进教育提质增效、通过首席教师培训等方式提升教师的教育教学能力等。当然，南非优质公平的基础教育目标落地见效，一方面要靠政策的调适与优化，另一方面需要更多的财政投入以保障师资能力提升、学校硬件改善等。但无论是教育政策还是课程改革，最终都需要将相关内容落实到教材中，渗透国家对教育的要求，形塑基础教育阶段学生的知识结构和世界观。

---

① [喀麦隆] 塞勒斯汀·孟加 . 非洲的生活哲学 [M]. 李安山，等译 . 北京：北京大学出版社，2016：3-8.

CHAPTER 3

第三章

南非基础教育教材透视

> 教材决定着共同文化的形态，是链接文化知识与学习者的重要媒
> 介，也是塑造青少年文化价值观的一种专用载体。

——阿阑·卢克

南非同许多国家一样，高度重视基础教育教材[①] 建设。2011 年南非新政府时任总统祖马在国情讲话中指出推进教育体系提升必须将"三教"（教师、教材、教学时数）[②] 置于优先地位并特别强调了教材的关键作用。[③] 在南非政策改革和学校融合背景下，限制条件不仅牵涉种族，同样重要的影响因素还包括其他偏见，例如狭隘主义、沙文主义、性别不平等、仇外以及其他与宪法相悖的不可容忍的因素，这就要求建构新的课程、文本和教育学以贯彻落实民主理念。[④] 安塔莱宁（Kati Anttalainen）指出，在教育学结构薄弱、教育面临多重挑战的国家，教材在教师讲授和学生学习的过程中具有基础性作用。[⑤] 作为课程的物化载体、教与学的重要媒介，教材是经国家、地方教育部门许可的，向每一代学生呈现人类知识和文化的权威版本。[⑥] 我国政协委员何新认为，"文科教材关乎人的灵魂的净化，意识的萌发，思想的启迪，智慧的开蒙和人格的铸造"[⑦]。对南非学生而言，教材不仅是改善教学条件的

[①] 本研究中的"教材"是一个狭义的概念，专指学校教育教学所用的教科书。

[②] 原文为 3Ts（teachers，textbooks，and time），本研究为表述方便和契合语境做了意译处理。

[③] SA News 2011. Teachers，Textbooks and Time to Improve Education[EB/OL].（2013-07-20）[2022-03-01]. http：//www. sanews. gov. za/south-africa/teachers-textbooks-and-time-improveeducation.

[④] Nkomo M O，Mckinney C，Chrisholm L. Reflections on School Integration：Colloquium Proceedings[M]. Cape Town：HSRC Publishers，2004：2.

[⑤] Anttalainen K. Decolonizing the Mind? National Identity and Historical Consciousness in Cameroon History Textbooks [D]. Oulu：University of Oulu，2013：2.

[⑥] 蒲淑萍，宋乃庆，邝孔秀 . 21 世纪小学数学教材的国际发展趋势研究：基于对 10 个国家 12 套小学教材的分析 [J]. 教育研究，2017（5）：144-151.

[⑦] 王小石 . 北京语文教材录入《圣经》凸显放开文科教材编订权之危害 [EB/OL].（2016-06-01）[2022-03-01]. https：//www. hswh. org. cn/wzzx/llyd/jy/2016-06-01/38131. html.

方式，更是建立知识体系、塑造世界观的重要载体，有助于学生发现自己的兴趣。①

教育理论家阿普尔认为课程发展不只是教育问题，本质上更是意识形态与政治问题。② 教材所选择的知识形塑着学生的态度、价值观念，并影响其对国家和现有政治的认同感和拥护程度。基础教育教材体现和落实课程的基本理念，是学生获取知识的主要来源，也是教师开展教学和组织学生活动的最主要依据，它集中体现了国家的教育思想和教育观念。③ 基础教育阶段的学生正处于历史记忆与价值观形成的阶段，教学内容呈现什么就会使他们形成什么样的价值判断和认同意识。有研究认为，基础教育教材里的一句话、一幅图、一个字，甚至一个标点符号，都有可能影响学生一辈子。④

基础教育教材研究最为常见的方法包括内容分析、文本分析和意象分析⑤，上述方法着重关注教材内容文本，即便是意象分析也大都通过统计教材中的插图及文本意图来进行，因此很少有研究关注过教材的封面。实际上，"不要根据封面来判别一本书的好坏"，恰好说明一本书的封面信息和特点往往是影响读者判断的重要因素。同样地，教材外在特点也会因其符号传递对学习者带来一定的影响。谁在编撰和出版教材，生产谁的知识，防止或促进谁的知识被遗忘，期望塑造怎样的一代人，是教材建设的重大命题。

第一节　南非基础教育教材的外在特点

有研究认为，国外教材很多都是由一些知名出版公司编纂的，所以，

---

① Admin. The Importance of Textbooks in the Students'Journey[EB/OL]. （2017-03-26）[2022-03-01]. http：// noblemissions. org. ng/the-importance-of-textbooks-in-the-students-journey/.

② Murray H. Curriculum Wars：National Identity in Education[J]. London Review of Education，2008（6）：39-45.

③ 李水平. 新中国教科书制度研究 [D]. 长沙：湖南师范大学，2014：1.

④ 刘启迪. 我国中小学教育教材建设需要文化自觉 [J]. 当代教育科学，2014（12）：15-18.

⑤ Tilakaratna N. Teaching the Nation：Recontextualized National Identity in Sri Lankan English Language Textbooks [J]. Eckert Beiträge，2016（4）：3.

"一纲多本"的现象在国外非常普遍，这为基础教育教材的选择提供了很大空间。① 但也不可否认，教材外在符号如封面及印在封面上的出版社名称等会给学生认知带来一定的影响，它们是一部教材特征的最直接展示，其中封面上的图像给人以最直观的视觉冲击，是一种象征符号和表意系统，指向某种情感体验和文化认同，具有典型的内涵性意义。不同于其他书籍和阅读材料的是，进入学校教育的知识是专门用于教育下一代的特殊知识，是从整个人类认识成果的社会文化产品中选择出来的②，编者和出版社处于知识选择价值链的起始端，一定程度上是知识选择的主体，其价值取向和选择策略对基础教育课程有着重要影响。

一、南非基础教育教材的出版社

南非伊丽莎白港沃玛区（Walmer）的匹克威克书店（Pickwick Books and Stationers）有大量南非主流教材出售，是该地区基础教育阶段各类教材的主要供货商。主流教材体现国家意志，传播并承载着事关国家前途的相关知识③，能够较好地反映培育国家认同的知识承载情况。笔者经推荐购买了45本基础教育文科教材带回国，来自南非的努姆对这些教材感到十分亲切，并说它们是全国通用教材。他还进一步解释说，南非大部分教材由国外出版社编撰与出版，南非仅编撰和出版少量教材，而他尚不知道这些国内出版社的名称，也没有接触南非国内出版社出版的著作和教材。④ 与非洲其他国家情况类似，南非在国家教材编撰方面存在缺位现象。

限于语言能力，在语言类教材中，笔者仅选择了英语教材。南非11门官方语言教材通常分为两类：一类是给本族语学生使用，称为母语教材

---

① 卢帆. 国内外高中化学主流教材比较 [J]. 考试与招生，2009（4）：57-58.
② 李庆丰. 大学课程知识选择的实践逻辑研究 [M]. 北京：北京师范大学出版社，2014：108.
③ 刘捷. 主流教材的内涵与特征 [J]. 教育科学研究，2010（10）：45-49.
④ 2017 年 12 月 23 日下午的访谈。

（home language）；另一类是给非本族语学生使用，称为第一附加语教材（first additional language）。其他的科目设置根据年级和阶段不同，课程名称有所变化，如 1—6 年级的生活技能教材在 7—12 年级改称生活导向教材。7—9 年级开始开设社会科课程，到高中阶段进行分科，分为历史和地理两门课程。45 本文科教材具体情况见表 3.1。

表 3.1 南非基础教育文科通用教材与出版社

教材	年级	所属系列	出版社
英语（母语）	1—6 年级	"白金"（Platinum）	培生南非出版集团［Pearson South Africa（Pty）Limited］
	7—12 年级	"成功"（Successful）	牛津大学出版社（Oxford University Press）
语言类（第一附加语）	1—12 年级	"白金"	培生南非出版集团
生活技能	1—3 年级	"成功"	牛津大学出版社
	3—6 年级	"白金"	培生南非出版集团
生活导向	7—12 年级	"成功"	牛津大学出版社
社会科	7—9 年级	"白金"	培生南非出版集团
历史	10—12 年级	"焦点"（Focus）	M. 米勒·朗文出版社（Maskew Miller Longman）
地理	10—12 年级	"焦点"	M. 米勒·朗文出版社

注：所列教材以伊丽莎白港为例。

经梳理发现，这些书的封面上用大字标注了不同的系列，但实际上除牛津大学出版社出版的"成功"（Successful）系列教材以外，另外的系列化教材均归属于培生教育集团及其下属出版社——M. 米勒·朗文出版社。表 3.1 所列各年级、各科教材的系列之所以来自不同的出版社，很大程度上是因为伊丽莎白港的书店在选择教材时进行了"优化"组合，按照当地学情及教师的选配要求进行了一定甄选（其实，伊丽莎白港是从 8 年级起开设社会科，与全国并未完全同步）。可以肯定的是，这些出版社必然为南非的中小学出版了完整的系列教材，各省或各地区会根据自己的实际情况和需求选择整套或重组相应的教材。

据澳大利亚教育研究委员会提交给南非基础教育部的《南非教材与练习册形成性评价》报告，英语、祖鲁语、科萨语及茨瓦纳语等语言类教材是由牛津大学出版社、剑桥大学出版社、海尼曼出版社等出版。[①]桑沃德·帕克（Sunward Park）学校的副校长诺奇·坦戈（Enoch Thango）曾说，南非的教科书大都由英国麦克米伦出版公司或培生（Pearson）教育集团提供。[②]培生教育集团肇始于英国，后将出版业务拓展至全球。也就是说，南非的中小学教材的编撰出版大都由英国主导，这进一步印证了来自喀麦隆的莫纳（Mona）博士和尼日利亚的乐凯（Lekai）博士的说法，包括南非在内的许多非洲国家没有自己编撰的教材，都是由外国出版社直接提供。据牛津大学出版社南非出版中心（Oxford University Press South Africa）官网，该出版社在南非已有100多年的历史，1915年始建于开普敦，是一家教育出版机构，旨在为南非的学习者、学生和教师等提供担负得起的高质量教材。牛津大学出版社南非出版中兴依靠本土专家和学者，用11门语言编撰与出版各类书籍，范围涵盖学前、中小学、大学、研究生等各学段教科书以及普通文学书籍、词典等。[③]

培生教育集团网页显示，培生是全球领先的教育集团，拥有170年的悠久历史。培生南非出版集团（Pearson South Africa）官网首页赫然写着

① The Australian Council for Educational Research. Formative Evaluation of Textbooks and Workbooks in South Africa[R]. Pretoria：Department of Basic Education，2013：86-92. Oxford University Press Southern Africa Mandela Rhodes Foundation [EB/OL]. （2016-11-21）[2022-03-01]. http://www. oxford. co. za/page/11-home-mandela-rhodes-foundation.

② Inside South Africa's First Textbook Free Government School[EB/OL]. （2016-10-24）[2022-03-01]. https：//www. htxt. co. za/2013/10/24/inside-south-africas-first-textbook-free-government-school/.

③ Oxford University Press Southern Africa. About Us[EB/OL]. （2016-11-21）[2022-03-01]. https：//www. oxford. co. za/page/73-about-us. Oxford University Press Southern Africa Mandela Rhodes Foundation[EB/OL]. （2016-11-21）[2022-03-01]. http://www. oxford. co. za/page/11-home-mandela-rhodes-foundation.

"为就业而教育"，并强调提供互动学习的解决方案。1844 年，塞缪尔·培生（Samuel Pearson）在英格兰北部约克郡创立了一家小型建筑公司——培生父子建筑公司。1890 年，威特曼·培生（Weetman Pearson）将业务搬进伦敦，并将战略目光投向更加广阔的海外市场，如今，与之建立合作关系或附属的教育机构遍布全球 70 多个国家和地区。20 世纪 60 年代以来，培生教育集团先后并购了朗文、企鹅、爱迪生 – 威斯利、哈珀·柯林斯、西蒙与舒斯特等知名的教育出版品牌，成长为全球领先的教育巨擘。在基础教育领域，培生出版的 K–12 学科教材被美国、英国、澳大利亚、加拿大、新加坡等国家和地区的基础教育学校广泛采用，并辐射众多发展中国家的国际教育领域，将数学、艺术、科学等领域的创新理念和教学内容带给更多学习者。① 培生南非出版集团有许多极负盛名的合作伙伴，它们同时也是培生出版集团旗下的出版社，如 M. 米勒·朗文出版社（Maskew Miller Longman）、海尼曼出版社（Heinemann Press）、普伦蒂斯·霍尔出版社（Prentice–Hall Press）、阿迪生·威士利出版社（Addison–Wesley Press）。其中 M. 米勒·朗文出版的教材如"白金"（Platinum）系列和"焦点"（Focus）系列的教材在南非各基础教育学段推广使用，此外该社还出版有"聪明宝宝"（Smart–kids）、"精点"（Spot on）、"日复一日"（Day–by–day）等系列教材和儿童读物。②

　　2008 年 11 月 23 日，培生集团决定增持南非教育出版商 M. 米勒·朗文公司的股份，并计划把培生在南非的不同教育公司合并组建成一个新的公司——培生集团南非公司。培生集团现持有 M. 米勒·朗文公司 50% 的股份，另外 50% 的股份分别由卡克斯顿集团（Caxton）、计算机直接制版出版公司（CTP Publishers）和普林特斯集团（Printers）这三家公司持有。M. 米勒·朗

---

① Pearson. Editor's Note[EB/OL].（2017-03-22）[2022-03-01]. https：//za. pearson. com/Pearson-internal-magazine. html#corporate_profile.

② Maskew Miller Longman. Grades 1-3 CAPS-approved Catalogue [EB/OL].（2017-03-22）[2022-03-01]. https：//schools. pearson. co. za/media/74350/grade-1-3-catalogue. pdf.

文公司为南非、中非和东非的 10 个国家提供教育服务，其出版业务涵盖学校教材和语言类著作。1893 年，M. 米勒公司创立于开普敦，后于 1983 年与培生集团的朗文南非公司合并成立 M. 米勒·朗文公司。2010 年 11 月 22 日，培生集团以 3100 万英镑收购南非教育机构计算机培训（CTI）教育集团 75% 的股份，以扩大其在南非的业务活动。① 计算机培训教育集团从 2006 年起开始与南非中兰德大学合作，曾是南非私立高等教育机构的领先品牌，共有 9000 多名学生，分布于 12 个校区，为日益庞大的全日制学生和半职学生群体（part time student）授予商务、信息技术、法律、心理学咨询、平面设计和艺术创作等学科的学位和文凭。有国内研究认为，培生教育集团正在从"教育出版商"向"教育内容提供商"和"教育数字化技术服务商"转型。② 而在南非，培生教育集团收购计算机培训教育集团，一定程度上是其从出版业全面进军南非教育市场的标志。

官网漂亮的数据和耀眼的业绩有时并不能完全遮蔽出版者的"疏漏"，实际上这样极其类似的疏漏是出版者价值观的透射。培生出版集团下属出版公司 M. 米勒·朗文公司出版的教材中将强奸事件归咎于受害者曾引起了南非社会广泛关注和批评。2016 年，有读者发现《生活导向》（第 10 册）教材中将强奸事件归咎于受害人，认为这对受害人极为不公。此外，教材在行文中将"性行为"（sexual intercourse）与"强奸"（rape）互换使用，是对 15—16 岁少年的误导，一定程度上会导致比较严重的后果。据联合国报道，南非是全球强奸率最高的国家，相关事件平均每天发生 147 起，教材中的态度给受害人造成了二次伤害，也使许多青年为此蒙上了阴影。③ 教材发展研究院

---

① Wells P，Ingley C. Governance and Leadership Implications for Academic Professionals in the Era of Technological Disruption[J]. Journal of management & governance，2019（1）：21-32.

② 孙如枫. 数字时代培生教育集团图书出版商业模式研究 [J]. 出版科学，2014（2）：86-88.

③ The Guadian. South African Textbook Asks Pupils How Victims' Behavior Led to Rape [EB/OL].（2016-09-08）[2022-03-01]. https://www. theguardian. com/world/2016/sep/08/south-african-textbook-asks-how-victims-behaviour-led-rape.

指出，南非教育机构使用的教材在质量和效用上被忽略，且其对教育质量的影响也被大大低估。教育水平低下，教师受到指责，但却很少有人去关注教材标准及其质量，这可以说是本末倒置，因为教材是教师教学的基本资源。①

教材是反映阶层利益诉求的"法定文本"，也是各阶层争相占据的领地。有报告称，出版行业每年从基础教育部获取的教材订单高达 15 亿兰特且未能及时按照要求供应教材。南非每年都会出现教材交付不及时或发行失误等现象，有时学校开学数月方能领到教材，甚至有些学校还会发生省级教育部门没有预订致使学生领不到教材的情况。其中，影响较大的教材发行事故有林波波省教材危机事件——学生到期末尚未领到教材。② 为提高全国教育质量，协调教材有关问题，明确相关责任以确保学生及时领取教材，非国大2012 年提出了教材国有化的设想和计划，拟成立国有出版社并促进教材国有化。然而，非国大的小组委员会提交的关于教育和卫生文件指出："国家在教科书编写、配给和其他知识生产方面遇到挑战。"并且，有意见认为非国大的这一计划是对教材问题作出的误判，不但无助于解决现有问题，还会带来更多意想不到的困难。③ 南非作为分权制社会，是由"各种不同的压力集体所形成，每一个压力集体都了解自己的利益并为自己的利益而抗衡"④，这使得南非在实现国家编撰与出版教材上面临较大的阻力和挑战。

阿特巴赫说，第三世界国家在某种意义上处于世界知识体系的边缘，而工业化国家则处于该体系的中心位置。不掌握国家教材的编撰权则会进一步

① UNICEF. 2013 South Africa：Formative Evaluation of Textbooks and Workbooks in South Africa[EB/OL].（2016-05-19）[2022-03-01]. https：//www. unicef. org/evaldatabase/index_73762. html.
② Zille H. The Causes of the Limpopo Textbook Crisis[EB/OL]. （2012-07-24）[2022-03-01]. http：//www. politicsweb. co. za/news-and-analysis/the-causes-of-the-limpopo-textbook-crisis--helen-z.
③ John V. Nationalization of Textbooks in Our Lifetime，Says ANC[EB/OL]. （2012-05-28）[2022-03-01]. https：//mg. co. za/article/2012-05-28- textbook-publishing.
④ [美] 杜维明. 从东西文化的比较看中国文化发展的前景 [M]// 中国文化书院讲演录编委会. 中外文化比较研究. 北京：生活·读书·新知三联书店，1988：112.

使本土知识边缘化，遑论进入知识体系的中心位置。在社会学家眼中，教材是阶级斗争的舞台，是法定知识的范本，是统治阶级的"口舌"和实施社会控制的工具，也是诸多社会矛盾的集结点。[①] 非洲有句谚语，"借来的衣服不合身"，依靠前殖民者编撰教材很难作为长久之计。因此，南非需要重视教材建设，掌握并编撰自己的基础教育文科教材，将本土历史文化知识融入其中，如此才能较好地贯彻国家意志、培养具有非洲文化情怀的接班人。我国推动落实义务教育三科（道德与法治、语文、历史三门学科）教材统编，可为南非教材编撰和出版提供借鉴。但受制于现实情况，南非实现国家掌握教材编撰权还有一段很长的路要走。

二、南非基础教育教材的编写依据

南非基础教育教材的封面上除了课程名称、编著者、出版社及所属系列等信息外，还用较为显眼的字体印有"CAPS"四个字母。这四个字母是Curriculum and Assessment Policy Statements 的首字母缩写，指的是南非《课程评估政策声明》。它是为 R–12 年级的所有国家科目制定的单一而全面的文件，取代了以往各种政策文件，如学科声明、学习计划指南和学科评估指南。[②]《课程评估政策声明》出台于 2012 年 1 月，一方面是为了减轻教师的管理压力，确保教师在教学过程中得到明确指导并能一以贯之，另一方面是为了明确学生在学校中所应学习的知识、技能以及价值观。从课程标准演化发展的视角来看，南非新政府对基础教育课程标准进行了 3 次修订和更新，1994 年至今，新政府颁布的课程标准如表 3.2 所示。

---

① 折延东，周超，黄灿灿. 论教材的本质及其重建 [J]. 课程·教材·教法，2016（6）：42-47.
② ISASA. Guidelines to Strengthen CAPS Implementation 2017[EB/OL]. （2017-02-26）[2022-03-01]. http://www.isasa. org/guidelines-to-strengthen-caps-implementation-2017/.

表 3.2　南非新政府成立以来颁布的课程标准

课改情况	课程标准名称	颁布时间	说明
第一次 （1994— 2000）	《R−9 年级国家课程声明》 （ *The Statement of the National Curriculum for Grades R−9* ）	1997 年 10 月	脱离种族隔离时期课程，以结果为本位、学习者为中心，实现课程一体化
第二次 （2000— 2008）	《R−9 年级国家课程声明（修订版）》（ *The Revised Statement of the National Curriculum for Grades R−9* ）	2002 年 5 月	"课程 2005"的简化和加强，继承"课程 2005"的原则、目标和宗旨
第三次 （2009 年 至今）	《课程评估政策声明》（ *Curriculum and Assessment Policy Statement* ）	2012 年 1 月	将 R−9 年级和 10—12 年级课程文件合并为一个 R−12 年级课程文件，各年级与各学期的学习内容更为详细、清晰

资料来源：黄燕 . 中国和南非小学数学课程标准比较研究 [D]. 扬州：扬州大学，2015：15.

　　1994 年选举后不久，新政府便立即在学校实施临时教学大纲。为整合以前隔离教育遗留的问题，教学大纲设计委员会一方面将种族隔离时期各教育部门设计的教学大纲统合为单一文件，另一方面着力消除教学大纲中存在的种族隔离问题。虽然设计了教学大纲，但教育部门并不准备为临时教学大纲提供新的相应教材。在设置"新课程"的压力下，为使学校教学适应国家资格框架，1996—1997 年，教育部门为 1—9 年级设计的"课程 2005"匆忙问世，实施后并未取得预期效果且招致了多方批评。南非《课程评估政策声明》要求教材编写既充分考虑南非本土人文背景，又广泛汲取全球文化知识，以包容性统摄教学的各个环节。

　　联合国教科文组织指出，教育应赋予人以生动想象的能力，从而满足社会需要、胜任组织的要求，并能够按照现代国家的规则进行管理。因此，教材的编写首先需要满足"教育促进人的发展"的要求。蒲淑萍等对来自亚洲、欧洲、美洲的 10 个国家的小学理科教材进行了研究，发现这些国家的教材体现以学生为本的理念，注重学生的认知与发展规律、课程标准、学科特点

和社会需求的基本要求，其中教材编写理念的国际发展趋势的共性如图 3.1
所示。

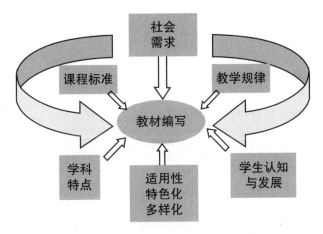

图 3.1 各国教材编写理念与形式特点

图片来源：蒲淑萍，宋乃庆，邝孔秀 . 21 世纪小学数学教材的国际发展趋势研究：基于对 10 个
国家 12 套小学教材的分析 [J]. 教育研究，2017（5）：144-151.

从图 3.1 来看，教材编写要体现或反映 6 个方面的要求，同时也受制于
这 6 个方面。其中学科特点和教学规律有着较为普遍的共性，课程标准则根
据国家对未来公民的要求有所不同。因此，尽管教材编写一定程度上会受到
编者和出版社理念的影响，但更多地还是要遵循国家的课程政策。有研究认
为，种族隔离时期，英国和开普敦的牛津大学出版社越来越多地依靠班图教
育认可的出版物获利，避免出版有争议性或是有违种族隔离政策的教材，在
强调文化和教育使命的同时掩饰着公司的商业利益。[①] 南非基础教育部要求
新的教材建设重视本土知识体系、承认国家悠久的历史和丰厚的遗产、培养
宪法所倡导的价值观念，在立足本土促进知识理念传承的同时增强对全球需

---

① Davis C. Histories of Publishing under Apartheid：Oxford University Press in South Africa [J]. Journal of
Southern African Studies，2011（1）：79-98.

求的敏感性。北师大课程教材研究小组在《国外基础教育教科书制度简介》一文中将各国教科书的审批和采用制度归纳为固定制、审定制、认可（定）制、选定制和自由制五大类。[①] 南非教材的审批和采用制度属于自由制，某种程度上是借鉴了英国、丹麦和澳大利亚等国的做法。

三、南非基础教育教材的封面设计

南非基础教育教材封面上字体最大的不是课程名称，而是该教材所属的系列，这导致了许多误解。来自津巴布韦的经济学博士塔福曾告知笔者诸如 "Focus" 和 "Platinum" 等都是出版社，类似地，有研究者将教材系列与课程名称混为一体，称其所对比的历史教材为《焦点历史》（*Focus History*）。[②] 从字面意思解读，这些大字标识的系列教材的名称如 "成功" "白金" 和 "焦点" 都蕴藏着美好愿望。从书本印刷装帧来看，南非的基础教育文科教材均为彩色印刷，装帧精美，大部分教材印次已达十多次。教育家乌申斯基说，儿童是用色彩和感觉思维的。加瓦尼亚（Maedeh Ghavamnia）在对比伊朗的 "顶级"（Top Notch）和 "前进"（Headway）两套教材后指出，富有趣味、色彩鲜艳而又真实的照片和图片能够激发学生的学习兴趣，而黑色且显得沉闷的图片则容易使学生入睡。[③] 据此来看，南非的基础教育教材在视觉处理方面较好地照顾到了学生需求，有利于通过色彩绚烂的教材激发学生兴趣。

教材封面通过形式美体现着外在质量，是综合质量指标不可或缺的组成部分，也具有一定的科学性、系统性和严谨性，力图同时透射出显性功能和隐性功能，一方面提示所学知识的内容，另一方面承载激发想象和培育认同

---

① 北师大课程教材研究小组. 国外基础教育教科书制度简介 [J]. 教育学报，1991（3）：40-43.
② 侯俊玲. 中国、南非高中历史教材比较：以岳麓出版社与马斯库·米勒·朗文出版社 1945—1991 年历史相关教材为例 [J]. 世界教育信息，2017（15）：48-51.
③ Ghavamnia M. Don't Judge a Book by Its Cover：Textbook Evaluation in the EFL Settings [J]. Journal of International Social Research，2010（14）：449-461.

的功能。下文以"通向非洲"（Via Afrika）^①出版的三本教材为例进行解读
（见图 3.2）。

图 3.2　"通向非洲"出版的三本教材的封面

图片来源：Innes L，Ntwape L，Parsard N，et al. Social Sciences（Grade 7 Learner's Book）[M].
Cape Town：Via Afrika，2016. Feenstea M，Gramanie P，Hardie Y，et al. Creative Arts（Grade
8 Learner's Book）[M]. Cape Town：Via Afrika，2016. Bean P，De Bod S，Houghton B B，et al.
Economic and Management Sciences Grade 8 Learner's Book [M]. Cape Town：Via Afrika，2016.

　　鲁迅先生认为，书籍的插图，原意是在装饰书籍，增加读者的兴趣，但
那力量，能补助文学之所不及。^②即便将三个科目的名称隐藏掉，人们依然
能够比较容易地猜出教材名称，因为教材封面的配图对所学内容有着明显的
提示。另外，前两幅图的背景均象征着南非——三面临海的国家与联合大厦
（Union Building）建筑，提示着南非地理位置和总统府所在地，具有较强的
培育学生国家意识的功能。"通向非洲"版教材封面上几乎全部呈现有南非

① "通向非洲"官方网站显示，该社植根于两大出版公司，即 1949 年成立的通向非洲（Via Afrika）和
　1963 年成立的纳索（Nasou）。该出版社为南非和博茨瓦纳出版了许多综合性的教材，包括教科书、教
　学指导、阅读材料等，且曾在纳米比亚、莫桑比克和赞比亚有出版经历。自从南非引入《课程评估政策
　声明》后，"通向非洲"出版了许多电子教材——无须互联网的多媒体交互电子书。该社出版的教材封
　面几乎均有南非人物，且背景中如海洋国家、高院建筑、彩虹等都是在提示国家形象。该社发展历史详
　见：http://viaafrika. com/about-us/。
② 转引自张泽贤 . 书之五叶：民国版本知见录 [M]. 上海：上海远东出版社，2008：91.

各族群人物，这是其比较独特的一点。关于封面人物种族，米克尼（Carolyn Mckinney）在《多元学习者的教材——南非学校学习材料批判性分析》一书中提出六项教材封面种族代表方案[①]，具体如表 3.3 所示。

表 3.3　教材封面种族代表方案

方案	黑人	白人	黑人和白人	总计
方案一	11（69%）	5（31%）	0	16
方案二	2（22%）	6（67%）	1（11%）	9
方案三	0	7（100%）	0	7
方案四	0	0	0	0
方案五	4（100%）	0	0	4
方案六	17（81%）	4（19%）	0	21
总　计	34（60%）	22（39%）	1（2%）	57

注：括号内数值表示呈现率，由于数值修约，部分方案的比值加总不一定为 100%，但这并不影响数据的准确性。

资料来源：Mckinney C. Textbooks for Diverse Learners：A Critical Analysis of Learning Materials Used in South African Schools[M]. Cape Town：HSRC Press，2005：20.

在该设计方案中，有色人和亚裔人均归入黑人类别。从单个方案来看，六项设计均显得失之偏颇，如方案三和方案五只偏向于一类种族而忽略了另外一个种族的存在，方案一、三、四、五、六中黑人和白人共现率为 0，不利于团结共处的意象培育，方案二将人口占比较小的种族过度呈现，忽略了大多数一方，尤其是黑人实际上包括亚裔人及有色人，仅两个人物不够三个族群平均，也就意味着有的族群会遭遇彻底忽略。综合六项方案进行计算，得出黑人呈现率为 60%，白人呈现率为 39%，黑人和白人共现率为 2%。

米克尼提出的教材封面种族呈现率给本研究以一定的启示，据此对 45 本基础教育文科教材封面插图进行统计，具体情况如表 3.4 所示。

---

① Mckinney C. Textbooks for Diverse Learners：A Critical Analysis of Learning Materials Used in South African Schools[M]. Cape Town：HSRC Press，2005：20.

表 3.4 南非基础教育通用教材封面插图统计（以伊丽莎白港为例）

年级	英语母语	英语附加语	社会科	历史	地理	生活技能	生活导向
1 年级	英文字母	英文字母				白人男孩	
2 年级	食物	彩色蜡笔				黑人男孩	
3 年级	剪刀玩具	黑人女孩				印度裔女孩	
4 年级	蜡笔	彩色铅笔				牙刷	
5 年级	彩色塑管	（无法辨识）				足球	
6 年级	千纸鹤	彩色建筑				非洲鼓	
7 年级	白人女性	犀鸟	海底植物				印裔男孩
8 年级	黑人男性	风筝	非洲陶罐				亚度裔女孩
9 年级	黑人男性	红色气球	海底世界				黑人男孩
10 年级	印度裔女性	（无法辨识）		建筑	（无法辨识）		群体合照
11 年级	亚裔女性	（无法辨识）		曼德拉	现代建筑		群体合照
12 年级	黑人男性	彩色梯子		星球	地貌		黑人女性

本研究中的 45 本基础教育文科教材封面插图大致可分为人物封面和非人物封面两种，非人物封面中有三个画面无法辨识，其余的插画均蕴含着一定的教育功能和意象，能够激起学生的回味和联想，如英文字母配 1 年级英语教材比较契合教材内容，提醒学习者以英语字母为起点。其他如千纸鹤、腾空的红色气球、梯子等象征着良好愿望、放飞希望以及努力攀登，海底世界与星球等则意在开阔学生的眼界和思维，使学生认识到有更广阔的天地等待探索和挖掘。此外，8 年级英语附加语、社会科教材封面的风筝和陶罐具有浓厚的非洲色彩，与非洲鼓一起展示，提醒学生继承和弘扬非洲文化与传统。

统计结果显示，45 本教材中有 17 本教材的封面采用人物元素，占比为 37.78%。封面人物涵盖了南非黑人、白人、印度裔人和亚裔人四大种族，封面基本上是单个人物画面，只有 2 本教材即生活导向教材第 10 册和第 11 册的封面是人物合照。其中，第 10 册教材呈现的是白人女性、黑人男性和黑人女性愉快交谈的场景，第11册呈现的是黑人女性、亚裔男性、印度裔女性和白人男性（从左到右）和谐相处的画面，并以桌山为背景。一定程度上，黑人和白人群体共现有助于营造种族和谐氛围，呼应多元团结的国家政策。此外，从生活技能教材到生活导向教材，封面人物逐渐由儿童角色转化为成人角色，适应学生年龄增长更换相应的人物角色。单个人物照中，黑人女性的展示仅有3年级附加语教材——一名黑人女孩用铅笔挂着脑袋在思考，其余黑人均是男性，而其他种族如白人、亚裔人和印度裔人多以女性照片来呈现。11年级历史教材封面人物是年轻时期的曼德拉在烧毁通行证。如果同样将人物分为黑人、白人及黑人与白人组合这3类并将印度裔人和亚裔人归入黑人进行计算，则黑人占人物比例为64.70%，白人为11.76%，黑人和白人组合占比也是11.76%。与米克尼的优化方案比例进行比照，白人比例偏低，黑人比例和群体合照比例偏高。但结合各族群所占南非人口比例来看，基础教育教材所选人物配图比例显得较为科学合理。

国家认同的培育需要通过国家符号的反复呈现与强化刺激学生进行深刻记忆，从国家要素呈现的角度来看，南非国土（领土）、主权（政府）、民族（人口）及语言（文化）在教材封面中的呈现比例如表3.5所示。

表3.5 南非基础教育教材封面中国家元素呈现状况

国家元素	国土（领土）	主权（政府）	民族（人口）	语言（文化）
呈现次数及占比	1（0.22%）	1（0.22%）	17（37.78%）	5（11.11%）

注：①表中数值分别表示呈现频次和占比。②南非领土未见专门的呈现，但作为人物背景的桌山能够给予提示；教材封面中没有明确提示主权或政府的政治符号，曼德拉作为新南非第一届总统且被视为南非的精神领袖，将之计入国家元素的"主权（政府）"中；英语是南非11门官方语言之一，与非洲色彩及艺术共同计入"语言（文化）"中。

由表3.5可知，国家元素在南非基础教育文科教材封面中的呈现比例为49.33%，其中民族（人口）呈现比例高达37.78%，是国家元素中呈现比例最高的。这提示基础教育阶段的学生关注南非人的构成及样貌特性，具有国家认同建构的积极作用。非洲色彩与非洲艺术暗示着非洲身份，与英语一道可视为南非语言（文化）的呈现，两者占比为 11.11%。国土（领土）和主权（政府）的呈现比例均为 0.22%，相对偏低。教材以人作为封面，是以"人"作为知识的接受对象，本质上是知识话语的发展与内部原则及其系统的可能性变迁造成的——形成了一整套有关人、确立主体地位的知识体系。[①]从比较视角来看，作为南非主流或通用教材出版社，培生集团及牛津大学出版社与占南非教材市场份额较小的本土出版社如"通向非洲"相比，教材封面上对南非人及南非国家意象的提示比例要小得多。南非每一本教材的封面上都有 CAPS 大字标识，表明其是南非基础教育国家教材编撰的重要指导文件。但如何真正落实国家教材指导思想，则要体现在教材的内容选取方面。

第二节　南非基础教育教材的文本特点

如前文所述，《课程评估政策声明》是指导南非基础教育文科教材编撰的重要文件，是南非民主转型以来历经多次调整并在综合、协调多方意见基础上所形成的能为各方接受的贯彻宪法精神的课程标准。以课程标准审视中小学文科教材的文本特点能够领会到编撰者的选题理念，并能通过比较发现文本与课程标准的契合程度，从而捕捉到潜藏在文本中的意图。

一、南非基础教育教材的主题特点

语言课程的时数（母语 6 学时，第一附加语 5 学时）远远高于生活课程（4 学时）或社会科课程（3 学时）等其他文科科目，且语言是学习其他科目的基础，其对学生的影响更为直接。可以说，对南非小学生而言，英语课程既是文化知识的载体，也是传播思想精神的媒介。因此，本研究选取小学英

---

① 刘亚斌. 文化霸权理论的变异学研究 [M]. 北京：中国社会科学出版社，2016：55.

语教材（包括母语和第一附加语）为视窗来认识南非基础教育文科教材的主题选择特点和意图。

　　分析方法：在分析小学英语教材（母语和第一附加语）主题前，笔者整理并翻译了小学 12 本英语教材目录中的主题（详见附录 4），随后借助"图悦"热词分析工具进行词频分析。该分析工具由谷尼国际软件提供技术支持，能够呈现词频指标和权重指标。根据"图悦"热词分析工具，小学英语教材（母语和第一附加语）的热词如图 3.3 所示。

母语（EHL）

第一附加语（EFAL）

图 3.3　南非小学英语教材热词

　　对比图 3.3 中两幅图的高频热词可知，母语和第一附加语重叠的主题有故事、动物、诗歌、朋友和食物，其中，诗歌主题在两套教材中的呈现频次是一致的。在母语中，故事和世界与其他主题的出现频次差距较大，而附加语中动物、健康和故事是该套教材中最为常见的主题。这些主题设置很大程度上旨在培养小学生初步感知自然和周围生活环境的意识，诗歌则是陶冶情操、提升文化修养、培养青少年良好的文学艺术素养的理想文本。通过进一步梳理对比发现，诗歌主题集中出现在高年级阶段，即分别呈现在 4—6 年级的教材中。[1] 这样的文本设置符合各个相应年级学生认知水平的需要。英语母语教材文本中的故事，部分是富有趣味的动物故事如狗猫鼠何以成为天敌[2]，而大部分与道德养成有关。所呈现的游戏多次提及南非传统游戏，意在以隐晦的方式呈现本土知识。实际上，本土知识也是《课程评估政策声明》中明确要求的，但本土知识呈现过于单一，某种程度上说明了南非基础教育文科教材对本土知识挖掘、开发不足。

将图 3.3 中的高频主题按培养目标进行分类，可分为认识世界、生活日常、为人处世、陶冶情操和培养归属感，具体如表 3.6 所示。

表 3.6　高频主题分类

培养目标	相关主题	数量	占比 /%
认识世界	世界（6）、太阳（2）、大海（1）、天气（2）、星星（1）、荒岛（1）、太空（1）、动物（6）、植物（4）、阳光（1）、黑夜（1）	26	39.39
生活日常	电视（1）、安全（4）、购物（2）、健康（6）、郊游（1）	14	21.21
为人处世	朋友（2）、羡慕（2）、保护（1）	5	7.58
陶冶情操	神话（3）、故事（7）、诗歌（6）、小说（1）、寓言（1）	18	27.27
培养归属感	升旗（1）、学校（1）、家庭（1）	3	4.54

由表 3.6 可见，南非小学语言教材的主题首重认识世界，这里的世界包括与大自然相关的诸种事物或现象，使学生了解世界、动植物及大海、天气、太空等，激发探索欲和求知欲。其次，注重通过诗歌、故事、神话等培养学生情操和加强文化修养。比例最低的为培养学生的归属感，其中对学校和家庭的认识有助于青少年认识到自己所属的群体，升旗则是学校场域中增进集体自豪感、加深对祖国认知的重要仪式。遨游世界知识的海洋与回归社群的怀抱并不矛盾但也不乏冲突。可以说，人们的世界及其生活正在被全球化与

---

[1] Baker P，Edwards M，Ralenala M，et al. English First Additional Language Learner's Book（Grade 5）[M]. Cape Town：Maskew Miller Longman（Pty）Ltd，2017（21th）：38，68.

[2] Cater G，Crane S，Heese S. Englsih Home Language Learner's Book（Grade 5）[M]. Cape Town：Pearson South Africa（Pty）Ltd，2017（22st）：12-13.

认同的冲突性趋势所塑造。总之，相较而言，南非小学英语教材培养学生归属感的比例偏低。特纳（Bryan Turner）指出，家庭、家族、邻里、工作群体、友谊圈、志愿性协会都是个体确立归属感与对他人表达承诺的方式。^①基础教育阶段的学生正处于探寻归属的关键期，需要营造相应的归属场域，并经由小的场域如学校、社区、村庄逐渐过渡或聚合到"国家"这一更大的场域，从而"见证"或感受国家的真实存在，而非仅仅是想象的共同体，使青少年的空间位置感逐步得以安放，从而最终形成对国家的归属意识。

虽然通过工具能够非常直观地将母语和第一附加语的主题特点简洁地呈现出来，但2门课程共193个主题未能得到完整的展示，且限于"图悦"软件是以热词为焦点，一些常用词如"我"或常见词如"国家"未能予以呈现。通过手动搜索和检查发现，两门语言课程都是从认识自我开始，例如"我""我和我的身体""我住的地方""我的学校""我该穿什么"，等等。有研究认为，以认识自己为出发点是一种康德意义上的启蒙精神，且人通过认识自己能够达到"更高的自觉精神"，这就是文化。^②也就是说，人只有在懂得自己在生活中的作用，懂得自己的历史价值、权利和义务^③后，方能升华自我，达至更高境界。当然，教材过分强调"我"而忽略了"我"作为社会或国家的一分子，一定程度上不利于集体意识培养，而集体主义精神正好是非洲乌班图思想的核心和非洲精神最根本的体现，从"小我"出发反映的是西方个人主义价值观的特征。

回顾"图悦"工具所呈现的高频词如健康、朋友、动物、植物等，其实也是围绕"我"展开的。结合"图悦"的词频分析与手动查证，发现南非小学语言教材实际上旨在让学生从认识自我出发走向认知世界，养成宽广胸怀和

---

① [英]布赖恩·特纳.公民身份与社会理论[M].郭忠华，蒋红军，译.长春：吉林出版集团有限责任公司，2007：95.

② 刘亚斌.文化霸权论的变异学研究[M].北京：中国社会科学出版社，2016：141.

③ 李鹏程.葛兰西文选[M].北京：人民出版社，2008：5.

包容气度。除学校、家庭等小共同体外，第一附加语第 3 册中还有 "我的国家" 相关主题，按照一般逻辑，该主题单元将会介绍南非的情况，然而主课文描述的是越南小孩儿卢安（Luan）发现船上失火并机智地救下了家人和四邻，得到大家夸奖和认可的故事。不过，在后面的听说部分和语言练习板块大量呈现了南非信息，包括地图、各省关系以及水果、动物、景观等。[①] 同样地，另一篇以 "英雄" 为主题的文本中，英雄讲的不是南非民族英雄或广为人知的神话般的英雄，而是 12 岁的孩子纳卡（Naka）如何帮助妹妹脱离被蛇困住的情景，该故事赞扬了少年儿童的勇敢、冷静与机智（如知道拨打 "107" 紧急求助电话）。[②] 此外，呈现国家元素的课文还有二年级英语母语教材的主题 10，除了向学生展示国旗及南非人的集体形象外，还在课文中提及了国鸟蓝鹤（Blue Crane）以及南非本土常见的鸟类那木那木鸟（Num-Num Bird）。通常情况下，很少有 "零价值载荷" 的教材，表面虽然呈现的是一系列故事、知识、材料、图片和活动内容，背后运行的是作者的价值立场、社会的主流价值观。[③] 南非地理与本土动物相关知识的呈现有利于学生认识自己的国家，本土 "小英雄" 为青少年做出了榜样，意在培养学生养成冷静果敢的品格，其他国家 "小英雄" 形象则是青少年认识外部世界的窗口，有利于促进国际理解。

对于以英语为母语的学生而言，南非英语教材相当于中国的语文教材。然而，对非母语学习者而言，作为附加语的英语并非像中国开设的英语那样属于一门外语，因为南非学习者有相应的阅读和应用环境。在中国，语文教材是落实党的教育方针、体现国家意志、传承民族优秀文化的重要载体。南

① Francis V，Baker P. English First Additional Language Learner's Book （Grade 3）[M]. Cape Town：Maskew Miller Longman，2011：32-37.

② Brennan P，de Vos J，Edwards M，et al. Englsih First Additional Language Learner's Book （Grade 5）[M]. Cape Town：Maskew Miller Longman，2016：12-13.

③ 折延东，周超，黄灿灿. 论教材的本质及其重建 [J]. 课程·教材·教法，2016（6）：42-47.

非由于语言多样性及较长的殖民历史、种族隔离教育以及国家建构过程中的协商、妥协等因素，采用多达 11 种可选官方语言进行教学。但在选取第一附加语时，阿非利卡语和英语这两门前宗主国语言更受学习者青睐，其中英语几乎是每一个学生第一附加语的首选。作为南非 11 门官方语言之一，英语是工具性与人文性相统一的学科，也是最受欢迎的第一附加语。有研究显示，许多阿非利卡青年基于市场价值选择学习和使用英语，毕竟英语比阿非利卡语在获取国内外工作机会方面更为便捷和有利。① 如何在学生选择教学语言受功利性因素驱动的情景下强化学生的国家意识、提升学生的知识修养，值得南非小学语言教材编撰主体认真考虑。

二、南非基础教材中的国家元素分析

莫纳什大学南非分校的恩德洛武（Morgan Ndlovu）通过对比南非和津巴布韦的价值观教育，发现津巴布韦陷入了正统的民族主义，其课程由所谓的"爱国主义价值观"和爱国公民形成的目标驱动，南非国家课程的首要目标旨在实现民主过渡，着力灌输自由民主价值观以期达到去部族化和培养完全脱离种族主义的公民。南非的课程以 16 个主题作为民主转型的载体，分别是文化交流、角色示范、读写算思、人权文化、提升艺术和文化、将历史嵌入课程、宗教与教育、多语主义、体育与国家建构、爱国主义与普通公民等。② 据统计，南非基础教育文科教材较好地贯彻了课程标准要求的 16 个主题，例如宗教问题在社会科教材及社会技能教材中均有呈现③，《生活导向》

① Loubser L. Afrikaner Identity in the Born-free Generation：Voortrekkers，Farmers and Fokofpolisiekar[D]. Johannesburg：University of the Witwatersrand，2014.

② Ndlovu M. History Curriculum，Nation-building and the Promotion of Common Values in Africa：A Comparative Analysis of Zimbabwe and South Africa [J]. Yesterday&Today，2009（4）：71-72.

③ Ranby P，Johannesson B. Social Sciences Learner's Book（Grade 9）[M]. Cape Town：Pearson South Africa（Pty）Limited，2016（15th edition）：108-109. Dommisse J，Espi-Sanchis P，Naidoo R，et al. Life Skills Learner's Book（Grade 2）[M]. Cape Town：Oxford University Press Southern Africa（Pty）Limited，2016（15th）：26.

教材第 10 册和第 12 册专辟"民主与人权"主题，通过集中呈现南非四大种族形象及其面临的挑战说明南非的多元化（diversity）特点，让学生回答如何进行调适以及分级评判调适的状况，并将人权法案比较完整地呈现在教材中。① 通过阐明何谓人权及如何应对歧视与人权侵犯来倡导人们做富有责任心的公民，并在阐述媒体对民主社会影响时，以黑体大字列出了"非国大不会分裂""强盗头目被捕"等部分媒体报道的标题。② 这些文字的选择不无意图，执政党团结是国家稳定的基础，成功抓捕强盗头目是保障国民人身安全及人民财产安全的基础，一定程度上都是在塑造积极的国家形象以便安定人心，推动自豪感和归属感的形成。

（一）语言和生活技能教材中国家认同的元素

基础教育文科教材特别是低年级《生活技能》教材较为系统地呈现了课程转型所提出的国家建构与爱国主义相关的主题，是推进国家认同教育不可或缺的重要元素。

表 3.7 显示，文科教材如英语和生活技能教材通过特殊景观如桌山和联合大厦这种专属象征、多元化宗教节日（如基督教的复活节、犹太人的复活日、印度人的排灯节、伊斯兰教的斋月）、不同的民族服饰、曼德拉和图图大主教等民族（国家）英雄人物、国旗国徽等国家象征物及重大历史事件如索韦托事件与第一次民主选举等，激发学生对国家产生美好的想象，认识南非多元文化并为之而自豪，形成历史共感并愿意为来之不易的生活而奋斗。此外，文本还通过具有励志意义的当代小人物小故事令青少年感到"伟人"其实并不遥远，他 / 她们就在身边，且南非人为打造辉煌所做的努力还在持续进行，能够让学生在产生亲切感的基础上形成认同感。有学者指出，国家

---

① Attwell A，Clitheroe F，Dilley L，et al. Life Orientation Learner's Book（Grade 10）[M]. Cape Town：Oxford University Press Southern Africa（Pty）Limited，2014（6th edition）：38-49.

② Attwell A，Bottaro J，Burger R，et al. Life Orientation Learner's Book（Grade 12）[M]. Cape Town：Oxford University Press Southern Africa（Pty）Limited，2017（8th edition）：76-89.

认同是一个动态过程，国家将历史、文化、宗教、节日、符号等进行了编码和再编码，使其进入人们的内心体验，使国民体验到自己与未曾谋面的同胞具有手足之情，与民族国家命运紧密相连。①

表 3.7　南非基础教育文科教材中有关国家认同教育的内容

科目	年级	主题或模块	内容概述	页码
第一附加语教材	1 年级	说和唱	一群小孩头顶上有一片彩虹，唱《彩虹之歌》。该主题看似教的是颜色的知识，实则投射了南非"彩虹之国"的寓意	17
	3 年级	听说训练	南非地图及各地特色动植物、水果或自然景观，如位于西开普的桌山以及各省的相对位置	36—37
生活技能教材	1 年级	特殊的节日	自由日（Freedom Day），配有曼德拉大幅照片和国会地址及国旗；南非青年欢呼及图图大主教投票照片	44—45
	2 年级	宗教节日与其他特殊节日	宗教节日：复活节（Easter）、赎罪日（Yom Kippur）、排灯节（Diwli）、斋月（Ramadan）特殊节日：青年节（Youth Day）、自由日、遗产日（Heritage Day）、世界艾滋病日	26
		南非国旗	处于最上面中心位置的是南非国旗，此外有2010 年世界杯足球参赛国的 8 面国旗	78—79
生活技能教材	3 年级	人权日	用 4 句话介绍了人权"女英雄"——社工阿内特（Annette），旨在让孩子懂得长大后要承担起对社会的责任、尊重并造福他人	25
	4 年级	文化与道德课	介绍了南非不同的文化族群如塞贝霍（Sebego）家族，黑人的居所、服饰等以及印度裔人的节日庆典、食物和运动等	96
	5 年级	角色扮演	可以扮演曼德拉，配有曼德拉身着传统服饰的照片	124
	6 年级	国家建构与文化遗产	介绍国歌、国旗、国徽及国庆日——和解日，还呈现了索韦托事件、第一次民主选举	118—123

资料来源：根据南非基础教育文科教材内容整理。

此外，非洲理念也得到了较好的呈现。生活技能教材中除爱护动物、照顾他人、"己所不欲勿施于人"等基本处事原则外，还在类似于小提示的板

① 吴玉军，吴玉玲．新加坡青少年国家认同教育及其启示 [J]. 外国基础教育，2008（7）：47-49.

块中以本土知识为主题详细陈述了乌班图思想，倡导对不幸的人进行救助，并配以群体合作建房的照片阐释团结合作与互助理念。①

> 乌班图思想是个本土词语，很难翻译成英语。乌班图是一个人对另一个人的敬称，与相互协作和关照有关。例如，在非洲的村庄里，全体村民会共同劳动将其建设成为宜居之地。在此过程中，有人建造房屋，有人种植庄稼、看护牛群、采集食物、取水以及照看村子里的小孩。

乌班图思想源自祖鲁语，为大多数非洲人所认同并被广泛传播，其内核是教人向善、团结合作，与南非建构多元一体国家所倡导的团结精神紧密相关，是促进国家认同不可或缺的思想源泉。

（二）历史与社会科教材中促进国家认同的元素

历史是民族国家的宝贵记忆，承载着培养和强化国家认同感的社会功能。学校历史教材体现意识形态，旨在塑造"理想"公民，自第一次世界大战（1914—1919）以来便被视为能够影响学习者观点和意识的教育媒介。②对过去的理解往往取决于人们现处的位置及其对未来的设想，如果整个教育体系都难免政治性，那么历史作为一门学校课程，政治方面的特性会尤为强烈，因为对历史的解读往往塑造国家认同。历史教材为审视一个国家正式承认的历史真相提供了丰富的资料。③历史科目的特点包括认知、了解和欣赏过去的历史事件及其影响因子。④

---

① Clitheroe F，Dilley L，Naidoo R，et al. Life Orientation Learner's Book（Grade 9）[M]. Cape Town：Oxford University Press Southern Africa（Pty）Limited，2016：101.

② Bertram C，Wassermann J. South African History Textbook Research：A Review of the Scholarly Literature[J]. Yesterday and Today，2015（14）：151-152.

③ Anttalainen K. Decolonizing the Mind? National Identity and Historical Consciousness in Cameroon History Textbooks[D]. Oulu：University of Oulu，2013：2.

④ Basic Education Department Republic of South Africa. National Curriculum Statement：Curriculum and Assessment Policy Statement Senior Phase（Grades 7-9）[Z]. Government Printing Works，2011：9.

M. 米勒·朗文出版社为南非高中出版的"焦点"系列历史教材将世界历史和南非历史进行混编，3 册教材共设置了 17 个主题，每个主题根据内容需要设置 4 ～ 11 个章节，每章含 1~15 个单元。南非历史教科书从 1600 年世界历史开始，第 1 册的第 1 章首先介绍了中国明朝旅游、贸易、文化和科学成就。第 1 册的 6 个主题中，与南非战争一样，法国大革命也占了一个主题。这也难怪来自南非的努姆表示，由外国出版社提供教材不仅耗费财力（每本教材平均价格为 100 兰特），而且许多教材的书写都缺乏受害者的视角，例如历史教材没能传递出南非特有的价值观及其不同寻常的历史，反倒将法国大革命等与南非毫不相干的历史进行了大肆书写。[①] 实际上，基础教育阶段的孩子是他 / 她们周围世界的敏锐观察者和体验者，陌生世界及其历史无助于其增进理解能力和融入集体。第 2 册设计了 6 个主题，分别关注冷战、非洲独立、公民社会抗议、南非公民抵抗、南非民主道路、冷战结束与世界新秩序，南非相关主题占比为三分之一。第 3 册 5 个主题分别是有关俄国共产党、美国资本主义、19 世纪至 20 世纪的种族观念、民族主义（南非、中东和非洲）、南非种族隔离。从南非历史占整个历史教材主题的比例来看，约为四分之一，且对南非转型后相关历史的介绍只有只言片语。一般而言，历史课程旨在促进对过去知识的获取和对人类活动的理解，并将其与现在联系起来，以帮助学习者了解前因和后果、承继和变化，进而认识到社会的总体演变。然而，政治家和政策制定者往往密切关注历史教学大纲，以确保教授的历史符合统治精英的意识形态，这就意味着历史不会以中立的方式得以呈现。[②] 因而，对南非过往历史的叙述着墨最多的是南非种族隔离，只不过对种族隔离的叙述不带任何情感，显得冷冰冰的。某种程度上，南非历史教

---

① 2017 年 12 月 23 日下午的访谈。

② Ndlovu M. History Curriculum，Nation-building and the Promotion of Common Values in Africa：A Comparative Analysis of Zimbabwe and South Africa [J]. Yesterday & Today，2009（4）：67-76.

材将南非的历史"薄情化"了，没有给人以根基感和深厚感。古希腊著名教育家、哲学家柏拉图说："一个人从小受的教育把他往哪里引导，能决定他后来往哪里走。"或许，南非历史叙述旨在塑造南非人的包容心，从而推动国民共感的形成以便为国家认同奠定较为坚实的基础。

实际上，历史教材对南非部分历史事件如索韦托事件的描述与社会科教材是重叠的，社会科教材中的描述甚至比历史教材呈现的内容更翔实和充分，这从学习梯度上说有些不合理，令人怀疑到底是历史教材在前还是社会科教材在前。南非社会科课程旨在为学习者提供机会，使之以新眼界和批判的眼光看待自己的世界，并将他们引入超越日常现实的世界。[①] 南非"通向非洲"版教材在介绍"社会科"时这样描述道："社会科是学习者在校学习期间最为有趣的课程，从中能够得知'我们是谁''我们从哪里来，要到哪里去''我们大家居住的世界及影响世界的各种力量'。"[②] 匹克威克书店的凯茜（Cathey）女士[③] 对南非社会科教材做了明了直接的解释：社会科教材是历史科和地理科分开前的准备科目。

社会科教材促进国家认同的内容包括对多样文化、宗教、地图等的呈现。培生集团出版的第8册《社会科》教材关注儿童权益与责任，并辟专章介绍了南非不同的族群文化、宗教。"族群文化"一章主要描述了各族群发展渊源、娱乐游戏、庆典、饮食和运动；"宗教"一章介绍了非洲传统宗教、佛教、巴哈伊（Baha'i）、基督教、印度教、犹太教和伊斯兰教，并以一幅图片展示了持有不同信仰的人其乐融融、欢愉交谈的场面。[④] 第9册《社会科》

---

① Basic Education Dpartment Republic of South Africa. National Curriculum Statement：Curriculum and Assessment Policy Statement Senior Phase Grades 7-9[Z]. Government Printing Works，2011：8.

② Via Afrika. Description of Via Afrika Social Sciences Grade 7 Learner's Book [EB/OL]. （2017-11-22）[2022-03-01]. http：//viaafrika. com/product/ebook-pdf-via-afrika-social-sciences-grade-7-learners-book/.

③ 凯茜（Cathey）女士曾经担任伊丽莎白港某小校数学教师，对南非基础教育各科教材情况比较熟悉。

④ Ranby P，Johannesson B，Monteith M. Social Sciences Learner's Book（Grade 8）[M]. Cape Town：Pearson South Africa（Pty）Limited，2016（17th edition）：96-97，104-109.

教材中南非地图呈现了 22 次，地图的高频呈现意在将国家领土形象刻入学习者的脑海中，是国家认同培育的重要方式之一。该册教材紧紧围绕南非地理地貌、湿度、温室效应、人口、水资源等问题展开，其中涉及了一些非洲整体概况，相较而言，对其他国家的介绍很少，是一本比较纯粹的"南非"地理知识教材。

（三）地理教材中的"南非"元素概览

地理教材对地理事物空间分布的阐述、地方文化的尊重意识、人地关系的辩证观、空间的相互作用及差异性知识的传播[①]，是学生对自己国家地理分布和区域、历史传统等形成认知的重要窗口，有助于学生养成良好的地理素养和形成比较稳定的心理品格（如地理态度、地理情感等），从而推动学习者社会属性如社会倾向和品德素养发生积极转变。国家认同是一个成分复杂的心理结构系统，可分为认知成分系统和情感成分系统，其中，认知是情感的基础和先决条件，某种程度上，有着怎样的认知便会形成怎样的情感。地理教材所呈现的地理知识是推动学生对国家地理和领土形成认知的基础，也是促进学习者生发自豪感的载体。

M. 米勒·朗文出版社出版的"焦点"系列高中地理教材将世界地理和南非地理进行混编，3 册教材设计了 18 个主题（含第 10 册的 4 个历史主题）。18 个主题分为 77 章（或分主题），每章（或分主题）包括 276 个单元，每个单元内设若干个活动或个案，介绍时区气候、地理概貌、道路交通、资源与可持续发展等。从教材目录来看，仅以出现"南非"字眼的显性表达进行统计（不含非洲、南部非洲如 Southern Africa 的表达，但包含以南非境内的省份和地区为例的表达），具体内容如表 3.8 所示。

---

① 许志娴，陈忠暖. 中学地理教育与构建国家认同的探讨：基于高中地理教材关键词词频的分析 [J]. 地理教育，2013（1）：12-14.

表 3.8 南非高中地理教材目录中的"南非"元素

序号	名称	分类
1	南非标准时间	单元
2	南非气候	分主题
3	南非自然地图（5 年级内容回顾）	单元
4	南非温度及降雨影响因素	单元
5	城市缘何在扩张？移民推拉因素（以南非为焦点透视非洲）	单元
6	南非城市化概览——兼谈种族人口隔离的问题	单元
7	南非商业与交通	分主题
8	南非主要道路、铁路、机场与港口	单元
9	南非港口——以伊丽莎白港为个案	单元
10	英国殖民地纳塔尔的蔗糖种植及与来自印度的契约劳工	单元
11	1867 年以后的金伯利（Kimberly）钻石开采	分主题
12	南非矿业革命	主题
13	进一步掠夺土地并击败非洲王国：1878 年击败科萨人、1879 年击败佩迪人和祖鲁人	单元
14	在金山（Witwatersrand）发现并开采深层金沙矿	单元
15	移民工人（更系统的控制并借用金伯利的复合体系）	单元
16	约翰内斯堡市	单元
17	南非历史上矿业革命的转折点	分主题
18	1913 年与 1860 年南非地图的比较	单元
19	第一次世界大战与南非	单元
20	卡罗（Karoo）地貌	单元
21	南非地貌概览	单元
22	南非国家角色与商业发展	单元
23	南非土壤侵蚀的迹象	单元
24	南非的热能、水能与原子能	单元
25	南非需运用传统资源满足长期能源需求的潜能	单元
26	太阳能：以南非与全球为例	单元
27	风能：以南非与全球为例	单元
28	南非未来的非传统能源	单元
29	采用非传统能源对南非经济和环境的可能性影响	单元
30	南非能源管理	单元
31	南非能源变化需求	单元

续表

序号	名称	分类
32	南非高压气流的位置及其特点	单元
33	南非周围反气旋及其对天气和气候的影响	单元
34	南非管道系统	章
35	南非小流域综合治理战略的个案	单元
36	改变南非城市模式及土地利用	单元
37	南非近期城镇化模式及其问题	单元
38	应对城镇挑战，回应环境、经济和社会关切——南非个案研究	单元
38	南非经济地理	主题
39	经济部门对南非经济的贡献	单元
40	农业与南非经济的关系	单元
41	影响南非农业的积极与消极因素	单元
42	南非食物安全的重要性	单元
43	矿业对南非发展的意义	单元
44	影响南非矿业的积极与消极因素	单元
45	第二、三产业对南非经济的贡献	单元
46	南非工业发展的影响因素	单元
47	南非主要工业区域	单元
48	南非的非正式部门高雇佣率的原因	单元
49	南非的非正式部门面临的挑战	单元

表 3.8 中，在 49 项以"南非"为元素的目录中，2 项是以主题呈现的，占总主题的 4.08%，5 项是以分主题（章）呈现的，占比为 10.20%，其余 42 项均以单元呈现，占比为 85.71%。以主题进行介绍的是南非矿业革命和经济地理，可见这两项在南非地理知识中占有举足轻重的地位。南非黄金、钻石生产量均居世界首位，深井采矿等技术居于世界领先地位，以此为主题进行大篇幅介绍，为教师的延伸解读提供了充足的材料，是培养学生自豪感的良好素材。南非作为非洲重要的经济体之一，始终注重经济发展，并将经济地理融入高中地理科目以推动学生对南非经济活动的区位、空间组合类型和发展过程形成认知。从分主题（章）来看，2 项与矿业有关，其余 3 项分别涉及气候、商业交通与管道。从单元主题设置关注点来看，除必要的地理知

识如南非标准时间、高压气流与反气旋地带及特殊地貌外，主要聚焦发展面
貌如道路、港口、能源、经济和城镇化等。虽然从呈现比例来看，单元、分
主题与主题有较大差别，但内容侧重上有着某种程度的相似性。

从文本内容视角来看，除介绍全球地理状况和一些不具名的地域状况
外，该套教材采用大量图片和个案介绍了英国、美国、中国、印度、日本、
俄罗斯、加纳、埃及等50多个国家和地区。按照国家或地区所处大陆进行
分类，并以"南非"及其地理要素作为参考系进行统计，详见表3.9。

表3.9　全球视野下的"南非"元素关键词频数

国家或地区	南非	非洲	亚洲	北美洲	欧洲	南美洲	大洋洲	南极洲
关键词频数	187	91	36	27	56	6	7	2
占总频数比例/%	45.38	22.08	8.74	6.55	13.59	1.46	1.70	0.49

注：南非未被计入非洲，其他非洲国家在表格或柱状图中集中出现时，算作对非洲的一次呈现；非洲国家作为个案则分别计算；对其他国家的城市或首都的描述列入相应国家的统计中。

资料来源：根据 M. 米勒·朗文出版社的3册"焦点"系列地理教材统计结果整理。

表3.9显示，"南非"元素占总词频的45.38%，而其他大洲共占54.62%，
说明南非地理教材在大量呈现本国地理及发展状况的同时，较好地兼顾了世
界或国际元素。与中国人教版高中地理教材"中国"元素的62%相比，"南
非"元素呈现比例偏低。教材中的国际元素或全球元素呈现大都以具体国家
为例，但也以较小的频次出现了大洲的表述，如北美4次、欧洲3次、亚洲
2次、南极洲2次、南部非洲（Sothern Africa）2次、拉美1次。分大洲来
看，南非教材对非洲有着充分的介绍和描述，频次达22.08%，比居第二位
的欧洲大陆高14.24%。但分具体国家来看，南非教材对非洲具体国家着墨
不多，除埃及、肯尼亚为2次外，其余国家仅呈现了1次，而美国的呈现频
次为20次、英国15次、印度12次、俄罗斯11次，欧美国家呈现频次远远
高于非洲国家。

在"南非"呈现的187频次中，93次是介绍南非各地如开普敦、约翰内

斯堡等的地势地貌及发展状况。3 册教材中南非 9 个省有 4 次共现，以省具名出现的有普马兰加省、林波波省、东开普省、北开普省、豪登省、夸祖鲁—纳塔尔省，其中夸祖鲁—纳塔尔省出现 7 次，是出现频次最高的省份。此外，还有一些城市如开普敦、约翰内斯堡和德班出现频次分别为 17 次、14 次、9 次，比上述省份呈现频次高出许多。这或许是在笔者的田野调查中许多南非人极力推荐游览开普敦和约翰内斯堡的原因，教材内容的高频呈现使南非人对这些地方有着更多的了解和认知以及更深的自豪感和信赖感。

除各省概况及较为知名的城市知识外，该套教材还介绍了南非国家电力公司（Eskom）、济勒斯特（Zeerust）、瓦克斯特鲁姆（Wakkerstroom）、奥兰治农场（Orange Farm）、金伯利（Kimberly）等。其中，南非国家电力公司是世界上第七大电力生产企业和第九大电力销售企业，拥有世界上最大的干冷发电站，供应南非 95% 和全非洲 60% 的用电量；济勒斯特是一座商业城市，位于西北省那卡莫·迪姆·莱玛（Ngaka Modiri Molema）地区，发展畜牧业、种植业及旅游业；瓦克斯特鲁姆则因美味的水果而闻名久远。此外，教材中对克尼斯纳（Knysna）的地理位置、交通、地貌特征及克尼斯纳湖等进行了全方位的描述。第 10 册专辟一个单元介绍伊丽莎白港的港口，用 5 幅大图描述了该地区的位置、往来贸易情况、吞吐量以及现代化装卸技术等。上述城市虽然达不到开普敦等中心城市的现代化程度或重要战略地位，但各有其比较优势，有助于南非青少年对祖国各地发展及特色形成比较全面的认识，从而达到培育归属感的目标。

三、南非基础教育教材中的"零课程"

艾斯纳提出的"零课程"（null curriculum）概念是深入解读基础教育教材的有力理念依托。所谓"零课程"，就是在显性课程或法定课程背后有意无意流露出来的隐秘的社会控制信号、控制意图。教材是一种"社会控制符号"，是统治阶级的统治意图的变相表达。[①]伯恩斯坦（Basil Bernstein）指出，学校所传递的知识是基于一种分配原则，以不同的方式分配给不同的社会群体。这种不同知识及可能性的分配并不是基于知识中立的差异，而是有不同价值、权利和潜在性的一种知识分配。[②]阿普尔认为，"教育并非一个价值中立的事业"，"教育和不同的文化、经济和政治力量总是不可分的有机联系体"。[③]因此，南非基础教育文科教材的文本呈现也难免"零课程"现象。

南非价值观教育声明以宪法精神中的平等、开放、包容、相互尊重为基本要义，《课程评估政策声明》指出，世界是互相联系、密不可分的，要吸收全球文化知识，让学生了解外部世界。但某种程度上，学生通过教材所学习和了解的外部世界是教材编撰者和出版者所选择或构建的世界，在反映事实的同时不乏选择的痕迹。综观 45 本南非基础教育文科教材，大多数文本内容都能够遵守价值观教育规定与课程标准要求。然而，也有小部分文本中的某些信息或者"事实"透射出了更多的意蕴，或许是对课程标准的一种有意或者无意的背离，或许反映出了潜藏在插图或文本背后的国家教育意图。有些文本或插图所呈现出的非洲其他国家的"世界"和南非的"世界"是不同的世界，虽然从地图上来看，南非是非洲的南非，但从发展程度而言，呈现出了完全不同的景象。南非发展领衔非洲是不争的事实，但若在文本选取时凸显了这种事实，便难免有选择或建构的嫌疑。南非教材通过与非洲其他国家对比建构了先进和发达的差异化意象，并将社会"现实"融入教材，力图增进青少年对某些社会现象的理解或者"适应"。

（一）族群差异认识的固化与暴力狂欢

整体而言，南非教材能够恪守种族平等观念，以团结为核心理念，较多

---

① 折延东，周超，黄灿灿.论教材的本质及其重建 [J].课程·教材·教法，2016（6）：42-47.
② [英]巴兹尔·伯恩斯坦.教育、符号控制与认同 [M].王晓凤，等译.北京：中国人民大学出版社，2016：8.
③ [美]迈克尔·W.阿普尔.意识形态与课程 [M].黄忠敬，译.上海：华东师范大学出版社，2003：1，10.

地呈现了不同族群民众在一起开心交流或共处的画面。但有些画面的呈现难免给人带来更多的想象。在1年级《生活技能》教材第2单元"我如何去上学"（How I get to school）主题栏目中呈现了6幅图片，如图3.4所示。

图 3.4 "我如何去上学"主题配图

图片来源：Dommisse J, Espi-Sanchis P, Naidoo R, et al. Life Skills Learner's Book（Grade 1）[M]. Cape Town：Oxford University Press Southern Africa（Pty）Limited，2016：11.

图 3.4 中的 6 张照片呈现了 6 种上学的交通工具和交通方式，其中左上角为骑小自行车的白人小孩，下面 2 幅图片为黑人乘坐火车和驴车的图片，右边 3 幅图片中最上边的是白人小孩乘坐校车或公交车的图片，中间则为白人一家乘坐私家车的照片，右边最下面是两个小孩搂肩搭背步行的背影。

图片本身或许描画了社会现实：民主转型以来，除部分黑人精英外，大多数黑人的经济地位并未得到多少提升。上学时，黑人大都乘坐公共交通工具，甚至有人搭乘传统的驴车；白人则有相对优渥的生活，可以驾驶私家车接送孩子。但若将这些图片置于一起，肤色差异与社会经济地位的对比就显现出来，并不见得有利于平等理念贯彻和化解黑人与白人之间的矛盾。当然，类似图片的一再呈现让青少年对此"适应"也不无坏处，能够使得学习者逐渐接受这种差异，进而不再为不公平现象"折腾"，有利于社会稳定、团结与和谐。来自南非的努姆说，这个主题和照片让他想起了上学是多么不易，有些偏远地区的孩子上学路程很遥远，有的甚至还得蹚过河流。[①] 这样的解释与主题"上学方式"有关，但似乎和图片没有关系，或许受教育经历使他已经适应或对差异"麻木"了，或许是其有意地"王顾左右而言他"。来自埃塞俄比亚的艾莫索（Emoso）看过短文后认为，与其说这些照片是在展示上学的方式，不如说是在展示社会地位。这实际上更多地呈现出了经济地位的不均衡（平等）：为什么黑人坐的是驴车，白人却开着豪华的小轿车？[②] 其实，教材中还有其他一些值得商榷的图片，例如：白人女士双手叉腰、黑人男士在修车，尽管两人的脸上都绽放着笑容；黑人参与抗议运动掀翻小轿车或毁坏物品时，群体脸上漫溢着欢笑，这样一种暴力狂欢带给青少年的影响值得深思。

（二）非洲作为他者的意象塑造

意象（image）本是指客观物象经过创作主体独特的情感活动而创造出来的一种艺术形象，多用于艺术通象。本研究中的意象是指客观形象与主观心灵融合后而形成的带有某种意蕴或倾向性的认识。或许是为回应非洲一体化、非洲复兴理念，南非基础教育文科教材对非洲的描述相对比较丰富。但

---

① 2017 年 12 月 23 日下午的访谈。
② 2018 年 1 月 9 日的访谈。

更多的可能则是，新的国家要建构新的神话和传说，最好的方式莫过于对比。教材文本在涉及南非的经济和发展状况时总是有意或无意地与其他非洲国家对比，建构了其他非洲国家"落后"的意象，带给南非人以"天朝上国"的自豪感和荣耀感，有助于培植国家认同感。但这也造就了"南非与非洲是两个不同的世界"这样一种意象，使得部分南非青少年对其他非洲国家民众持不屑、鄙视的态度。这或许可以解释本研究的"绪论"在个案中描述的南非青年的大国沙文主义做派。美国图学论者哈拉里（Frank Harary）曾说："千言万语不及一幅图。"南非基础教育文科教材中有大量的相关图片，能够给人以最直观的感受，既深化对外界的认知，又激发着对外界的想象，如反映医疗保障差异的现象，见图3.5。

图3.5　津巴布韦人和南非人就医对比

图片来源：Ranby P，Johannesson B. Social Sciences Learner's Book（Grade 9）[M]. Cape Town：Pearson South Africa（Pty）Limited，2016（15th edition）：26-27.

图3.5主题为"发展问题"，用整版图片展示了津巴布韦人的就医场景：开阔的场地上，连遮风挡雨或是避太阳的地方都没有，一名妇女怀里抱着孩子，手里还牵着一个赤裸着上身的儿童排队等候看病。与其形成鲜明对照的是开普敦红十字儿童医院里的南非黑人儿童，穿着漂亮，享受着较好的医疗

保障。两个国家必然都有农村和城市，或许还有和教材选图中相反的场景。由此，教材编撰者对信息的甄选意图可见一斑。

此外，教材中南非大城市如开普敦、约翰内斯堡、德班、伊丽莎白港等发展较好的地方出现频率较高，也对应选择了其他非洲国家的大都市，如图3.6所示。

图 3.6　肯尼亚和南非首都选景对比

图片来源：Ranby P，Johannesson B，Monteith M. Social Sciences Learner's Book（Grade 8）[M]. Cape Town：Pearson South Africa（Pty）Limited，2016（17th dition）：58；Dilley L，Earle J，Keats G, et al. Geography Learner's Book（Grade 11）[M]. Maskew Miller Longman（Pty）Ltd，2016（18th）：248.

两幅图片带给人极强的视觉冲击，但同为首都，差异真的有这么大吗？肯尼亚内罗毕的图片选择了街边小摊一角或集市场景，难免给人以破烂落后的感觉，而约翰内斯堡的图片全景呈现的是大都市的繁华。国家是想象的共同体，南非大多数青少年没有去过这两个地方，也无法对两个国家的整体形成认识。但如若在学习过程中通过对比两个首都便会对两个国家产生相应的想象，肯定会沿着教材编撰者预设的观点倾斜——其他非洲国家确实比南非落后。同样，对农村图景的选择也不乏类似的思路，这里不再赘述。

另外，推拉因素似乎是南非教材比较青睐的话题。有关推拉因素的主题，在社会科教材第 9 册与地理教材第 10 册中分别被提及。在分析人口流动中的推拉因素时，社会科教材指出：没钱、没工作、教育差、医疗差，是推动因素，更好的工作前景、良好的基础设施与服务、更好的受教育机会等是拉动因素，因此往往是农村人口向城市流动。此外，"非法移民"一节中还呈现了关押着许多非洲人的非法移民照片，并解释说刚果共和国是非法移民至南非最多的国家。[①] 地理教材在分析推拉因素时指出：推动因素有战争与政治问题、贫困、食物匮乏、干旱、洪灾等；拉动因素有更多的工作机会、更好的安全保障、更好的服务、更好的家庭成员、良好的教育、更振奋人心的生活方式等。无独有偶的是，配图是来自刚果的阿勒克斯（Alex）在开普敦当车辆看护员。[②] 鉴于这种巧合，笔者对比了两本教材的编者，并未发现有共同的成员。在非洲地区，南非是非洲其他国家民众求学、工作的理想之地，这是不争的事实。实际上，赴南非投资、创业的人包括不少高学历、高技能人才，他们为南非经济与社会发展做出了不可忽视的贡献，但教材唯独选择了低技能甚至毫无技能要求的工作岗位来呈现。如此，南非是非洲的"天堂"，为其他非洲国家的人创造了就业机会，是这一文本主题的潜藏意义。

在显性知识有所暗示的同时，缺位的知识同样会令学生形成别样的理解。有学者研究发现，学生说既然学校和老师没有提到知名的黑人科学家和发明家，那么就根本不存在黑人科学家和发明家，也就意味着，科学不是黑人擅长的领域。[③] 同理，如果教材中没有呈现其他非洲国家如南非这般光鲜亮丽、井然有序的相关内容，则青少年也会形成非洲其他国家没有令人向往的地方、偏远愚昧、其国民来南非"讨饭吃"的理解。

阿纳格留斯（Arvid Anagrius）指出，对南非公平、自由的叙述有赖于创

---

① Ranby P，Johannesson B. Social Sciences Learner's Book（Grade 9）[M]. Cape Town：Pearson South Africa（Pty）Limited，2016（15th edition）：224-234.

② Dilley L，Earle J，Keats G. et al. Geography Learner's Book（Grade 10）[M]. Maskew Miller Longman（Pty）Ltd，2016（17th edition）：73.

③ Ahwee S，Chiappone L，Cuevas P，et al. The Hidden and Null Curriculums：An Experiment in Collective Educational Biography[J]. Educational studies，2004（2）：25-43.

设与邻国相反的意象，将其描述为混乱、缺乏民主和自由的国度，导致南非公民形成了对移民的负面看法。[①] 尼克莫斯（Michael Neocosmos）在《从"外国的土著人"到"本土的外国人"——后种族隔离时代南非的排外阐释：公民、民族主义、认同与政治》一书中阐释，南非的政治话语并非简单地建立在其工业发达、有别于非洲的信念之上，还倾向于把非洲国家描述为倒退、贫困蔓生、政治不稳和腐败之地。[②] 顺着教材中的逻辑去理解，则非洲其他国家就是农村，而南非就是城市。萨莉（Peberdy Sally）认同尼克莫斯的观点，并将南非的政治话语体系称为"奇迹叙事"——南非转型实现民主、公平及现代化是一种独特的现象和奇迹。[③] 本研究通过对南非基础教育教材的透视，得出了与上述研究相似的结论。国家是国际体系的基本单元，认同是通过与"他者"的互动来建构的，南非通过与非洲其他国家互动对比，呈现了其发达的一面，带给青少年自豪感的同时无意间植入了大国沙文主义心态。

第三节　南非基础教育教材中的国家符号

在英语中，对国家的常见指称有 country、state 和 nation，三者的侧重点不同：country 侧重指国土或疆域，state 侧重指政权或国家机器，而 nation 侧重指国民或民族。一个主权国家（state）往往试图鼓励在所属领土上建构民族（nation），从而提高政府的合法性和治理的稳固性。[④] 史密斯（Anthony D.

---

① Anagrius A. Constructing the Rainbow Nation：Migration and National Identity in Post-apartheid South Africa[D]. Uppsala：Uppsala University，2017：2.

② Neocosmos M. From "Foreign Natives" to "Native Foreigners"：Explaining Xenophobia in Post-apartheid South Africa. Citizenship and Nationalism，Identity and Politics[M]. Dakar：Imprimerie Graphicus，2006：78.

③ Sally P. Selecting Immigrants：National identity and South Africa's Immigration Politics[M]. Johannesburg：Wits University Press，2009：162.

④ Yuen T W W，Mok F K T. Promoting National Identification through Civic Education：A Study of the Views of Civic Educators in Hong Kong[M]. Social and Economics Education，2013：84.

Smith）将民族解释为"被命名的人类种群"，其团结和稳定性源于历史领土、共同神话、历史记忆、大众文化、共同经济以及全民共同的法律权利和责任。① 同样地，克拉斯（James G. Kellas）认为民族是一群人感到自己属于一个共同体，与历史、文化和共同祖先相关联。② 韦伯（Max Weber）强调团结的根源在于确证了共同的威胁和敌人。③ 霍布斯鲍曼（Eric J. Hobsbawm）指出，民族是一国公民的集称，共同居住在国境之内，受同一政权管辖，享有共同利益；在同一领地上承袭共同的传统、民族精神与利害关系，并臣服于中央政权的管辖，以便维持群体的团结。④ 关于民族起源，学界持"原生论"和"建构论"两种观点，前者强调民族形成的客观性，后者强调民族形成的主观性。在"建构论"者看来，民族已经从一种"先天的"、客观的社会存在转变为一种"后天的"、主观性的社会建构产物。民族认同是一种建立在国家疆域之内的共同文化和价值观念基础上的共同体认知与共同体想象、情感认同与身份认同。⑤ 斯大林曾言，民族是人们在历史上形成的一个有共同语言、共同地域、共同经济生活以及表现于共同文化上的共同心理素质的稳定的共同体。⑥ 霍布斯鲍曼认为，民族不是天生一成不变的社会实体，而是一项特定时空下的产物和晚近的人类发明。民族的建立与基于特定领土而创生的现代主权国家（modern territory state）是息息相关的，如若不将领土主权国家与民族或民族性放在一起讨论，所谓的民族国家（nation-state）会变得毫无意义。民族具有双元性，它必定是由居上位者所创建，但也一定得从平

---

① Smith A D. National Identity[M]. Harmondsworth：Penguin，1991：1-87.

② 转引自 Yuen T，Byram M. National Identity，Patriotism and Studying Politics in Schools：A Case Study in Hong Kong [J]. Compare，2007（1）：23-36.

③ 转引自 Tsang W K. Critique of National Education Discourse in the HKSAR[J]. Education Journal，2011（2）：1-24.

④ [英] 埃克里·霍布斯鲍曼 . 民族与民族主义 [M]. 李金梅，译 . 上海：上海人民出版社，2000：17-18.

⑤ 朱智毅 . 从"文化共同体"到"法律共同体"：有关"中华民族"的想象与形成 [J]. 现代交际，2011（9）：19-20.

⑥ Stalin J V. Marxism and the National Question[M]. Moscow：Prosveshcheniye，1913：7.

民百姓的视角进行阐释才能完全被理解，也就是要探讨一般人的假设、希望、需求、憧憬和利益。① 任何一个民族国家的形成都离不开两个基本因素，即民族国家制度的建构和国民国家认同感的培育。在政治哲学层面，认同具有归属感或身份感的含义。②

国家场域的构成元素如国土、主权、族群、文化等符号呈现能够激发青少年对国家的想象，但远不如国家象征物的呈现更直观，因为国家象征直接代表了国家的理想、信念和品格。如核心概念界定所述，身份与认同是同一个英语单词，在某种程度上暗示着认同必然要对身份进行探寻和追问。"对内足以号令成员、对外足以抵御侵犯的政治实体"③，国家的这一定义说明，国家身份有国内建构的一面，也有国际体系建构的一面，同时还需借镜他国来彰显自己的国家身份，如前文对比的情况所示。无论是主流国际关系理论还是新现实主义，国家都是国际政治体系解释中的首要分析单元，所有其他的行为体都被忽视或边缘化了。④ 国际身份叙述必然暗含着与他国的比较，国家身份（national identity）又称国家特性，标识一个国家有别于另一个国家。教育则是将国家身份传递给受教育者的主要途径，从而促进学习者认知和建构国家意识。

从教育视角来看，要使公民对国家生发认同感，需要令其对国家身份有明确的认识。由图 3.7 可见，国家象征是国家身份在国际身份系统和国内身份系统中的交汇点，它是一个抽象国家物化的体现。周光辉教授在《国家认同的规范之维》一文中指出，有关国家象征与国家认同建构关联的讨论，仍有进一步探索的空间。⑤ 国家认同关注的是公民与国家之间的关系，其建构

① [英] 埃克里·霍布斯鲍曼. 民族与民族主义 [M]. 李金梅，译. 上海：上海人民出版社，2000：10-11.
② 吴玉军，吴玉玲. 新加坡青少年国家认同教育及其启示 [J]. 外国中小学教育，2008（7）：47-49.
③ 江宜桦. 自由主义、民族主义与国家认同 [M]. 台北：扬智文化事业股份有限公司，1998：6.
④ [美] 凯尔文·C. 邓恩，[加] 蒂莫西·M. 肖. 国际关系理论：来自非洲的挑战 [M]. 李开盛，译. 北京：民主与建设出版社，2015：74.
⑤ 周光辉. 国家认同的规范之维 [J]. 学习与探索，2016（8）：1-3.

依赖多种资源，国家象征便是重要资源之一。[①] 南非政府在 1994 年设计了代表多元色彩的国旗，两年后颁布了新宪法，1997 年确立了新国歌，2000 年发布了新的以"多元民族团结一体"（unite in diversity）为口号的国徽。这些是南非的核心象征物，也是南非青少年赖以想象国家和感知国家的重要载体，既承载着历史记忆，又透射着南非特性。

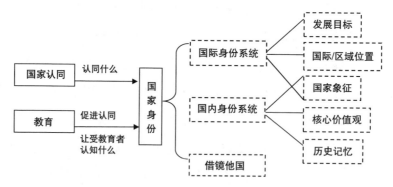

图 3.7　国家认同、教育及国家身份的关系

一、南非国家象征

象征（symbol）源于古希腊文，最早是指一个木板的两个半块，互相各取半块，作为信物，后来逐渐被引申为代表观念或事物的符号。[②] 国家象征作为国家的标识和重要的政治符号，本身具有民族主义的意象，是国家实体对外界展示自我作为民族共同体的标志，意图通过创造视觉性、口头性或图符性代表物来团结国民。因此，一个国家和民族的象征符号承载着该国家与民族历史的大量信息，是认识这个国家与民族文化的重要窗口，也是该国家与民族身份认同的重要载体或组成部分。[③]

① 殷冬水. 国家认同建构的文化逻辑：基于国家象征视角的政治学分析 [J]. 学习与探索，2016（8）：74-81.
② [英] 西蒙斯. 印象与评论：法国作家 [M]// 黄晋凯，等. 象征主义·意象派. 北京：中国人民大学出版社，1989：97.
③ 沈坚. 三色旗和高卢雄鸡：法兰西国家象征符号的历史解读 [N]. 光明日报，2012-05-17（11）.

　　沃尔泽（Michael Walzer）认为，国家是看不见的，需要对之人格化、象征化和形象化，方能被看见、爱戴和认知。[①]可以说，国家象征是"想象的共同体"物化的体现，是一个主权国家的代表和标志，对外展示国家形象，对内反映历史传统和民族精神，为公民感受和认知自己的国家搭起了一座桥梁，有利于增强国民的民族自豪感和爱国主义情感。国家象征可分为常见的官方象征物和非官方象征物。最常见的官方象征物包括国旗、国徽、国歌、国花、国树、国鸟等，其中国旗、国徽、国歌是国家的核心象征符号。

（一）南非核心象征物

　　一个国家的核心象征物一般包括国旗、国徽和国歌，是一个国家的代表和标志，也是外界认识这个国家最直观的物象。

1. 南非国旗

　　有研究认为，"彩虹之国"理念与新国旗令全球为之欢呼——作为积极、乐观以及新政权的象征有望使极其多元的南非社会达成和解。新南非的多彩旗呈长方形，长宽比例约为3∶2，是由布劳内尔（Fred M. Brownell）先生设计的，象征着后种族隔离时代南非的重生。[②]1994年3月15日，南非多党过渡行政委员会批准了新国旗；同年4月27日，新国旗正式启用。新国旗的设计和颜色浓缩了南非历史上旗帜的主要元素，对不同的人而言，每一种颜色或颜色组合都有不同的寓意。关于南非国旗颜色和图案的寓意，南非政府及设计者没有予以太多阐释，南非"事实百科"（Facts Encyclopedia）网站是这样解释的：红色为冷红色，象征着南非独立斗争的流血牺牲，白色代表着欧洲人以及欧洲人与非洲本土人和平共处、和睦融洽，绿色代表南非肥沃的土地，黄色代表南非矿产及其他自然资源，黑色代表南非本土人民，蓝

---

① 转引自 [美] 大卫·科泽. 仪式、政治与权力 [M]. 王海洲，译. 南京：江苏人民出版社，2015：7.
② Brownell M F. The Man Who Made South Africa's Flag [EB/OL]. （2014-04-27）[2022-03-01]. http：//www. bbc. com/news/magazine-27155475.

色代表南非湛蓝的天空与无限的机遇。[①] 此外，还有分析认为，黄色代表南非盛产黄金，右边红白蓝象征荷兰，代表了荷兰对南非的影响，中间的绿色代表和谐，以及各民族的交流与团结，6 种颜色一起象征着南非"彩虹之国"的美誉。[②] 能够达成共识的是对黑色的解释，即黑色代表黑人。关于图案，绿色的 Y 形与中间黑色的 V 形可解读为南非社会不同元素汇集，团结一致奋勇向前，突出了新南非"团结与融合"的主题，与旧南非国徽上的格言"团结就是力量"有所关联。

2. 南非国徽

南非国徽（the coat of army）的中心图案为绘有两个互相问候的人的盾徽，盾上方绘有矛、棒、帝王花、蛇鹫（秘书鸟）及升起的太阳，外面以象牙、麦穗装饰，下方的绶带书有国家格言"多元民族团结一体"。国徽万花筒般的图案象征美丽的国土、非洲的复兴以及力量的集合；平放的长矛与圆头棒（取代蛇鹫双脚）象征和平以及国防和主权，鼓状的盾徽象征富足和防卫精神。[③]

3. 南非国歌

在南非政府推行多种族体系之初，人们使用两种国歌——《上帝保佑非洲》（*N'kosi Sikelel'iAfrika*）和《南非之声》（*Die Stem van Suid Afrika*），前者颇受黑人欢迎，由黑人牧师诺克·桑汤加（Enoch Mankayi）谱写于 1897 年，1912 年首次在南非土著人国民大会（非国大旧译）上作为黑人民族主义赞歌进行吟唱；后者从 20 世纪 20 年代起作为南非正式国歌，并于 1957 年认定为白人政府国歌，被广大黑人视为种族隔离制度的产物。1997 年，两首

---

① South Africa Fun Facts. South Africa National Flag [EB/OL]. （2017-08-07）[2022-03-01]. http：//southafricaflag. facts. co/southafricanflagof/southafricaflag. php.

② 郭雍皓. 南非国旗六种颜色 [EB/OL]. （2010-07-03）[2022-03-01]. http：//news. 163. com/10/0703/02/6AKPEGE300014AED. html.

③ Brand South Africa. South Africa's National Symbols [EB/OL]. （2016-09-15）[2022-03-01]. https：//www. brandsouthafrica. com/people- culture/arts-culture/south-africas-national-symbols.

国歌合二为一（见表 3.10），新国歌的歌词用 5 种语言书写而成。[①] 两种风格融汇并使用 5 种语言的国歌在全球少有同例，是南非独特性的另一体现。

表 3.10 新南非国歌（5 种常用官方语）

南非语	原文歌词	汉语译文
科萨语 （Xhosa）	Nkosi sikelel'iAfrika Maluphakanyisw'uphondo lwayo，	上帝保佑非洲 愿她的荣光能振奋得更高，
祖鲁语 （Zulu）	Yizwa imithandazo yethu， Nkosi sikelela，thina lusapho lwayo.	也听到我们的祈祷， 上帝保佑我们，你的孩子。
塞索托语 （Setheto）	Morena boloka setjhaba sa heso， O fedise dintwa le matshwenyeho， O se boloke，O se boloke setjhaba sa heso，Setjhaba sa South Afrika – South Afrika.	上帝，我们请求您保护我们的国家 结束每一个斗争， 保护我们，保护我们的国家， 国民的南非，南非共和国。
阿非利卡语 （Afrikaans）	Uit die blou van onse hemel， Uit die diepte van ons see， Oor ons ewige gebergtes， Waar die kranse antwoord gee，	从我们的蓝色的天堂响起， 从我们的海洋环绕， 在不朽的山上， 在回声的峭壁共鸣，
英语 （English）	Sounds the call to come together， And united we shall stand， Let us live and strive for freedom， In South Africa our land.	呼唤的声音不间断地传来， 团结的我们将会挺立， 让我们居住并且努力争取自由， 就在我们的南非，我们的家。

资料来源：National Anthems Info. South Africa [EB/OL]. （2016-12-28）[2022-03-01]. http：//www. nationalanthems. info/za. htm.

（二）其他常见的国家象征物

除上述核心象征符号，南非还有国花、国鸟、国兽、国树等其他象征物。这些象征物往往具有高度的民族性、文化性和群众性，受到国民的普遍喜爱，是培养国家认同的重要载体。南非的国兽、国花等象征物见表 3.11。

---

① National Anthems Info. South Africa [EB/OL]. （2016-12-28）[2022-03-01]. http：//www. nationalanthems. info/za. htm.

表 3.11 南非其他国家象征物一览

国家象征物	名称	国家象征物	名称
国兽	跳羚（Springbok）	国花	帝王花（King Protea）
国鸟	蓝鹤（Blue Crane）	国树	罗汉树（Real Yellowwood）
国鱼	双帆鲈（Galjoen）		

资料来源：Brand South Africa. South Africa's National Symbols[EB/OL].（2016-09-15）[2022-03-01] https：//www. brandsouthafrica. com/people- culture/arts-culture/south-africas-national-symbols.

南非国兽跳羚源自南非荷兰语 pronk，因善于跳跃而得名。跳羚一般高约 75 厘米，重约 40 公斤，常见于自由州、西北省等地。跳羚两性都有角，但公羊角更厚更粗，能够适应干燥、贫瘠的环境。跳羚以草、叶为食，冬季以小群迁徙，夏季则以大群聚集。跳羚形象曾被用作南非自产车 Ranger 的车标，如今许多球队的队名也使用"跳羚"一词。国鸟蓝鹤又名天堂鹤，20 世纪 80 年代数量急剧下降，目前已属濒危保护动物。蓝鹤几乎仅见于南非境内，直立时身高约有 1 米，呈浅蓝灰色，产蛋于临近水域的草地上，往往成双或以小家族为单位群居，以草籽、昆虫、小爬虫等为食。对科萨人而言，蓝鹤很是特别，酋长常用其羽毛来表彰勇敢行为和功勋。因此，头上装饰着蓝鹤羽毛的男子很受尊敬，被称为乌巴（Ugaba，"麻烦"的意思）——意味着如若遇到麻烦，这些人能够清除麻烦、恢复和平与秩序。国鱼双帆鲈，在夸祖鲁—纳塔尔省又称黄鳍鲷，沿南非海岸自西（与纳米比亚接壤）向东（东至德班）是其生活的主要地带，常见于浅水区域。双帆鲈的颜色会随生活环境不同而有所变化，在靠近岩石的地方呈黑色，在沙地则是银铜色。双帆鲈"骁勇善战"，常以红饵、小贻贝及甲壳为食。南非国花帝王花，又名普蒂亚花（Protea cynaroides），花头与洋蓟（Cynara）颇为相似，故得其名。它是该类花卉中形体最大的，因瓶插寿命长而宜做干花。帝王花是"海神花属项目"的旗帜，也是开普花卉区的重要组成部分（开普花卉区是全球生物多样性重点区域和联合国教科文组织认定的世界遗产），常见于西开普的西南部和南部地区，叶子形状各异、颜色不同，其中粉红色最引人注目也最著名。国树罗汉树是一种古老的树，在南非生长已达 1 亿多年。罗汉树在南非境内广泛分布（从西开普的桌山至林波波省的布劳贝赫），树龄较大时，树干由卡其色变为灰色，与其高度相比，树冠显得较小。罗汉树生长慢、木质硬，与紫杉木相似，可用来做家具和画板等，曾被过度采伐，现已很少砍伐。[①]

　　通过以上南非国家象征物的描述，可以发现南非国家象征动物是南非特有或珍贵的动物品种，如蓝鹤稀有且仅见于南非；另外一些动物往往具备某些特性或优良品质，如跳羚对环境具有极强的适应能力。一方面，国兽有着丰富的文化和精神内涵，承载着国民长期认同并坚守的优秀民族精神和美好民族情感；另一方面，它们体现着国民的整体价值观、审美观和理想追求。同样地，国花、国树是一个国家在植物资源或传统栽培发展方面的一个象征，更是一个国家在自然文化积淀和精神风范方面的象征。南非是全球国家象征物比较齐备的国家，国花、国树均遵循一类一个的原则。有研究发现，"一国一花"是主流，全球"一国一花"的比例为 64.28%。[②]虽然该研究统计的国家数量有限且并未涵盖南非，但能够基本呈现全球国花数量选择的特点。总之，如上所述的国家象征物皆可视为一种培育认同的重要资源，能够起到激励和促进国民对国家生发自豪感的作用。南非艺术文化部指出，国家象征物并非装饰性艺术品，而是具有强烈的符号功能，是一个国家和人民展示自我身份、凝聚国家认同的重要途径和载体。南非国家象征物能够表达身份、标志历史事件（如种族隔离终结）、团结国民构建认同、呈现国家发展

[①] Brand South Africa. South Africa's National Symbols[EB/OL].（2016-09-15）[2022-03-01]. https：//www. brandsouthafrica. com/people- culture/arts-culture/south-africas-national-symbols.

[②] 温跃戈 . 世界国花研究 [D]. 北京：北京林业大学，2013：124.

愿景与目标路线图。[①]

（三）南非代表性人物

对国家的想象不仅有赖于象征物，更有赖于灵魂人物。国之根本在于民有信仰、国有英雄。国之脊梁，往往让国人自豪、世界赞叹。伟人故事是培养国人品格、建构认同不可或缺的生动素材。来自埃塞俄比亚的艾莫索博士认同这一观点并说自己国家的教材对曼德拉故事同样有着不少的描述。[②] 如学者秦晖所述，南非曾是种族隔离和种族压迫最为深重的一片土地，是一个"黑白分明"的世界，黑人与白人之间堆叠了数百年的压迫、仇恨和冤冤相报的杀戮。幸运的是，南非不仅有曼德拉这样的伟人，还有改变了南非甚至也改变了世界的真相与和解委员会。作为真相与和解委员会的主席，德斯蒙德·图图大主教以他的深邃智慧和无畏的精神，向世界解答了南非在社会转型的关键时刻，何以在"纽伦堡审判"和"全民遗忘"之外，选择了第三条道路，即以赦免换取罪恶真相的完全披露，实现加害者与受害者的和解，走出"以血还血"的漩涡，走出撕裂的历史。[③]

纳尔逊·曼德拉（Nelson Mandela），1918 年 7 月 18 日生于南非特兰斯凯，曾任非国大青年联盟全国书记、主席。于 1994 年至 1999 年任南非总统，是首位黑人总统，被尊称为"南非国父"，是全球最受认可的政治家之一。在任职总统前，曼德拉是积极的反种族隔离人士，同时也是非国大的武装组织"民族之矛"（MK）的领袖。当他领导反种族隔离运动时，南非法院以密谋推翻政府等罪名将他定罪。依据判决，曼德拉在牢中服刑了 27 年。1990 年出狱后，转而支持调解与协商，并在推动多元族群民主的过渡期挺身领导南非。自种族隔离制度终结以来，曼德拉受到了来自各界的赞许，包括从前的

---

① Nothern Cape Department of Education. National Identity Campain [EB/OL]. （2017-02-16）[2022-03-01]. http: //ncedu. ncape. gov. za/index. php/national-identity.

② 2018 年 1 月 15 日早晨的访谈。

③ 秦晖. 南非的启示：曼德拉传·从南非看中国·新南非 19 年 [M]. 南京：江苏文艺出版社，2013：1.

反对者，先后获得了超过 100 个奖项，其中最显著的便是 1993 年的诺贝尔和平奖。2004 年，曼德拉被选为最伟大的南非人。①

德斯蒙德·图图（Desmond Tutu），1931 年 10 月 7 日生于德兰士瓦省，先后任教员、讲师和牧师等职。一贯支持黑人争取平等权利的斗争，抨击旧南非当局的种族主义政策和镇压黑人的野蛮行径，呼吁国际社会对南非施加压力和实行经济制裁，坚决反对种族隔离。他是南非开普敦第一位黑人圣公会和南非圣公会省的大主教，在 1984 年获得诺贝尔和平奖，表彰其用非暴力方式反对南非当局种族歧视政策的斗争。②

二、南非基础教材中的国家象征符号分析

教材文本内容的选取往往揭示执政者对国民塑造的意图，曾在喀麦隆某中学担任历史教师的莫纳说，国家象征、民族英雄人物等在教材中的呈现，是学生认识和了解国家并形成国家认同的主要途径。③ 国家象征是创造国家认同不可或缺的文化资本，现代国家赋予国家象征无可比拟的神圣性、权威性、渗透性，并依赖这些属性创造公民对国家的认同。④ 了解和认知教材中的符号能够使之与学习者认知结构中的观念建立起非人为且实质性的意义关联⑤，国旗、国歌、国兽、国鸟以及庆祝的节日等象征符号在教材中的呈现是教材塑造国家意识的主要方式。

（一）国家象征的呈现状况

据统计，南非国家象征符号在基础教育文科教材中的呈现频次为 19 次，相较而言，生活教材（包括生活技能和生活导向教材）中国家象征符号呈

---

① Boehmer E. Nelson Mandela：A Very Short Introduction [M]. Oxford：Oxford University Press，2008：4-10.
② Crompton S W. Desmond Tutu：Fighting Apartheid [M]. New York：Chelsea House，2007：8-20.
③ 2017 年 12 月 12 日晚间的访谈；这与同年 5 月 29 日晚间访谈的观点基本一致。
④ 殷冬水. 国家认同建构的文化逻辑：基于国家象征视角的政治学分析 [J]. 学习与探索，2016（8）：74-81.
⑤ 韩进之. 教育心理学纲要 [M]. 北京：人民教育出版社，2003：165.

现频次最多。其中，核心象征符号均有呈现，国旗呈现了9次，国歌和国徽分别为1次和3次；非核心象征符号中，国鸟呈现了2次，国兽和国鱼各1次，而国树和国花没有呈现。国旗呈现频次最高，表明国旗在国内及国际政治层面具有非比寻常的作用，不仅是民族国家的重要象征，也是民族国家构建的产物。①可以说，无论是在新闻报道中还是教材中，对国旗、国歌等的描述均可以起到增进国家认同的作用。除生活教材外，母语教材对国鸟和国旗各呈现了1次，第一附加语教材对国旗呈现了1次，且附加语教材中的国旗呈现场景，是南非各族群人遇到节日或重大事件时涂在脸上的国旗色彩与形状。其中英语母语教材第2册对国鸟蓝鹤配图并描述道：

> 蓝鹤是我们的国鸟，仅在南部非洲能够发现其踪迹。蓝鹤以昆虫和草籽为食，十分勇敢。如若受到威胁，头上羽毛便会竖起，生气地跳起战舞并像蛇一样发出嘶嘶声。科萨人过去常常将蓝鹤羽毛敬献给战场上骁勇善战的勇士。②

上述关于国鸟蓝鹤的叙述将"独有"和"勇敢"做了一定强调，意在培养南非青少年的自豪感，力图使学习者领会并养成勇敢的品格，从而敢于战胜困难和威胁。实际上，国鸟蓝鹤是在主题为"升旗"的单元中呈现的，该单元的听说板块的训练题中介绍了南非的国旗并配以相应照片，同时在国旗图案的下面配有各族人民挥舞着国旗欢唱雀跃的画面。③国旗飘扬、不同肤色的人们举起国旗并一起欢呼，必然鼓舞青少年，带给其自豪感和归属感。

对国家象征最集中的呈现是《生活技能》教材第2册，其专辟"我的祖国"主题，文本中有联合大厦、南非地图（并明确地标注了9个省的位置）、

---

① 殷冬水，王灏森.缔造国家象征：新中国国旗征选的政治逻辑[J].社会主义研究，2017（2）：56-63.

② Farrow J，Fennel K，Krone B，et al. Engish Home Language Learner's Book Grade 2[M]. Cape Town：Maskew Miller Longman，2014（9th edition）：98.

③ Farrow J，Fennell K，Krone B，et al. Engish Home Language Learner's Book Grade 2[M]. Cape Town：Maskew Miller Longman，2014（9th edition）：97.

大小不一的国旗等国家象征符号，并用一整页呈现国歌——被南非人物形象与国鸟、国兽、国鱼及国旗环绕着。[①] 如果说国旗、国歌和国徽是南非作为一个主权国家的普遍属性，那么联合大厦则是南非的专有象征。在基础教育教材中，联合大厦和桌山等标识性专有象征有着相对高频的呈现。除却南非国兽、国鸟等象征物，南非企鹅、犀牛、鳄鱼、蛇、大象、斑马等其他非洲动物在教材中也得到了一定程度的呈现。核心象征物特别是国旗和国徽的呈现频次明显偏高，它们不仅是国家象征，更是国家组织和国家主权不可分割的标志。思想家奥古斯汀（Aurelius Augustine）说，符号使我们想到在这个东西加诸感觉印象之外的某种东西，也就是说符号既是物质对象，也是心理效果。南非核心象征物在教材中的反复呈现或许能够提示南非青少年对政府形成美好的想象和认知，培养他们尊重国家象征的自觉，热爱和敬爱自己的祖国，并以自己是一名南非公民而自豪。

（二）南非代表性人物的呈现状况

曼德拉和图图作为南非的政治风云人物，在非洲乃至国际社会都具有极高的辨识度，尤其是纳尔逊·曼德拉，俨然成为南非人的精神领袖和灵魂人物，某种程度上是南非的专有象征。德国社会学家马克斯·舍勒在《知识社会学问题》中指出，群体精神只有通过个人性的代表才表现出来，它是由个人性的领导者、由典型的个人决定的，换言之，这些典型的个人是文化产物的"承载者"。[②] 中亚各国在后苏联时期的族史与国史重构的主线是加大对主体民族辉煌历史及其英雄人物的塑造的"本土化"路径。[③] 南非教材对其英雄人物的形象呈现也显得不惜笔墨。

---

① Dommisse J, Espi-Sanchis P, Naidoo R, et al. Life Skills Learner's Book（Grade 2）[M]. Cape Town：Oxford University Press Southern Africa（Pty）Limited，2016（15th edition）：76-79.
② [德] 马克斯·舍勒 . 知识社会学问题 [M]. 艾彦，译 . 南京：译林出版社，2014：69.
③ 杨成 . 去俄罗斯化、在地化与国际化：后苏联时期中亚新独立国家个体与集体身份的生成和巩固路径解析 [J]. 俄罗斯研究，2012（5）：93-159.

据不完全统计，南非基础教育文科教材（包括封面在内）对图图大主教的人物照呈现4次，其著作封面被呈现1次；对曼德拉照片的呈现约23次，平均每2本教材就会有1张曼德拉的照片，部分呈现形象如图3.8所示。

图 3.8　南非基础教材中呈现的曼德拉不同时期的照片（部分）

图片来源：根据南非基础教育文科教材搜集整理。

图 3.8 中的曼德拉照片分散在不同教材的不同位置，包括其青少年时期、婚恋期、战斗期、罗宾岛监狱受难期、出狱重塑辉煌期等，可以说贯穿了曼德拉的一生。英语第一附加语教材第 12 册以"记忆与自传"为主题的单元开首放置了大幅的曼德拉头像[1]，回顾曼德拉的一生。在不同教材中重复呈现了 2 次的是曼德拉烧通行证和获释时与民众欢呼的照片，其中焚烧通行证

---

① Awerbuck D，Dyer D，Lloyd G，et al. Enlish First Additional Language[M]. Cape Town：Pearson Marmang（Pty）Ltd，2016（10th edition）：33-34.

分别出现在生活技能教材第 4 册内文 ① 和历史教材第 11 册封面 ②，获释出狱及与民同乐的照片同样分别出现在社会技能第 4 册和历史教材内文 ③。这些都是有关他勇于斗争的写照。关于曼德拉战斗人生的风采展示还有：担任"民族之矛"领导职务 ④、接受瑞佛尼亚审判（Rivonia Trial）、与德克勒克合照 ⑤，等等。关于曼德拉的辉煌人生的形象塑造有：赢得斗争胜利、实现民主转型塑造辉煌、获得世界大奖、宣布就任总统、与德克勒克共同获得诺贝尔和平奖等。⑥ 有关生活的是与温妮（Winnie）的结婚照并附上了曼德拉给第二任妻子写信的摘录。⑦ 除青年生活、战斗胜利、重塑辉煌的照片，教材还呈现了他退休后参与社会活动的照片，包括：身着传统服饰的场景 ⑧，在南非足球队 2010 年获奖时与国际足球联合会（FIFA）代表微笑合影，与各种肤色的孩子们在一起显得甚是开心 ⑨。

　　除了照片展示外，部分教材还摘录了曼德拉的名言。例如，在"终身学习"主题中以他论教育的名言作为引子劝说南非青少年永远不要放弃学习。⑩

① Ranby P, Johannesson B. Social Sciences Learner's Book（Grade 9）[M]. Cape Town：Pearson South Africa（Pty）Limited, 2016（15th edition）：169.

② Fernandez M, Friedman M, Jacobs M, et al. History Learner's Book（Grade 11）[M]. Cape Town：Maskew Miller Longman（Pty）Ltd, 2017（31st）：Cover.

③ Fernandez M, Friedman M, Jacobs M, et al. History Learner's Book（Grade 11）[M]. Cape Town：Maskew Miller Longman（Pty）Ltd, 2017（31st）：271. Amato H, Calitz J, Euston-Brown K, et al. Life Skills Learner's Book（Grade 4）[M]. Cape Town：Pearson South Africa（Pty）Limited, 2017（32nd）：207.

④ Ranby P, Johannesson B. Social Sciences Learner's Book（Grade 9）[M]. Cape Town：Pearson South Africa（Pty）Limited, 2016（15th edition）：215.

⑤ Fernandez M, Friedman M, Jacobs M, et al. History Learner's Book（Grade 11）[M]. Cape Town：Maskew Miller Longman（Pty）Ltd, 2017（31th）：274.

⑥ Fernandez M, Friedman M, Jacobs M, et al. History Learner's Book（Grade 11）[M]. Cape Town：Maskew Miller Longman（Pty）Ltd, 2017（31th）：291.

⑦ Awerbuck D, Dyer D, Lloyd G, et al. Enlish First Additional Language [M]. Cape Town：Pearson Marmang（Pty）Ltd, （2016 10th edition）：45.

⑧ Amato H, Calitz J, Heese KS, et al. Life Skills Learner's Book（Grade 5）[M]. Cape Town：Pearson South Africa（Pty）Limited, 2017（31st）：124.

⑨ Amato H, Calitz J, Campbell S, et al. Life Skills Learner's Book（Grade 6）[M]. Cape Town：Pearson South Africa（Pty）Limited, 2017（30th）：108.

⑩ Clitheroe F, Dilley L, Naidoo R, et al. Life Orientation Learner's Book（Grade 9）[M]. Cape Town：Oxford University Press Southern Africa（Pty）Limited, 2016（15th edition）：130.

曼德拉说，教育是个人发展的巨大引擎，通过教育，农民的女儿能够成为医生，矿工的儿子可以成为矿山负责人，农场工人的孩子可以成为一个伟大国家的总统。

在接受瑞佛尼亚审判时，曼德拉承认了自己的所有行为并说："我所做的这一切全因我在南非的经历，还有我深感自豪的非洲身份。"南非《生活技能》教材第 6 册收录了这次审判中曼德拉著名的演讲《我已准备为之牺牲》。

> 我的一生都献给了非洲人民的这场斗争。我为推翻白人统治而战，也为推翻黑人统治而战。我崇尚民主和自由的社会，在这样的社会里，所有人都和谐相处，都拥有平等的机会。这是我为之奋斗并且希望能够实现的理想。但如果有必要，这也是我准备为之牺牲的理想。[①]

上述语录选择具有一定的教育意义，鼓励青少年努力学习文化知识，使其相信知识能够改变命运、知识是创新的源泉。曼德拉的演讲还能激发青少年珍惜当下来之不易的生活，为祖国奋斗乃至献身。因此，南非教材通过选择曼德拉语录推进国家认同的意图十分明显。

实际上，一次成功的政治转型，一方面有像曼德拉那样不屈不挠勇于抗争、又心胸开阔不计前嫌的"圣雄"，另一方面有他们的对手如德克勒克——思想开明能识大体、懂得顺应民心和时代潮流、反对不择手段地株守既得利益的贤人。然而，教材中的德克勒克形象都是在陪衬曼德拉，脸上凝重的表情（即便是领取诺贝尔和平奖时也是如此）与曼德拉的笑容形成了明显的对比。[②] 希诺普斯（Radu Cinpoes）指出，通常情况下，政治精英采用

---

① Amato H，Calitz J，Euston-Brown K，et al. Life Skills Learner's Book（Grade 4）[M]. Cape Town：Pearson South Africa（Pty）Limited，2017（32nd）：218.

② Fernandez M，Friedman M，Jacobs M，et al. History Learner's Book（Grade 11）[M]. Cape Town：Maskew Miller Longman（Pty）Ltd，2017（31st）：290.

特定的事件和价值来塑造归属感并取得民众支持，为了能够引起民众意识上的共鸣，他们往往将这些事件和价值进行一定的筛选。[1]除却上述两位被国际社会所熟知的人物，教材还呈现了科萨纳（Philip Kgosana）伦敦被捕[2]、非国大前党主席坦博（Oliver Tambo）流亡伦敦[3]、黑人觉醒运动领导者比科（Steve Bik）以及"民族之矛"中唯一的白人成员戈德伯格（Denis Goldberg）等人物形象[4]。此外，南非教材鲜见对南非英雄人物包括曼德拉进行评价的内容，只对其人生轨迹及具有教育意义的语录做了客观呈现。而在《生活技能》第4册教材中却对南非的非洲人解放运动领袖卢图利（Albert J. Luthuli）配以照片，并评价他性格温和、思虑周详，是一位坚定的人权支持者。[5]

以曼德拉等为代表的南非民族英雄人物和政治符号，是培育国家认同的重要资源。象征是具有特定意义的符号表示，是一种基于物质理解的扩展思考，能够振奋人心，使人们发挥自己的潜力并充满希望地追求自己的梦想。赵琼和吴玉军在《历史记忆与国家认同——基于美国国家认同教育中历史英雄人物符号的塑造问题分析》一文中总结道，英雄的成就赋予共同体以昔日的荣光，从而给予共同体成员一种自豪感；英雄经受苦难、为共同体而牺牲的悲壮形象，会激发共同体成员的忠诚感和使命感；英雄的完美形象成为共同体的标杆，激发共同体成员的效仿。英雄人物符号承载着一个国家的历史记忆。通过文化宣传教育，这些英雄人物的形象和事迹深深扎根在每个民众的头脑中。对这些特定人物符号的记忆，不断地确证、强化着群体成员的认

[1] Cinpoes R. From National Identity to European [J]. Journal of Identity and Migration Studies, 2008（1）: 3-14.

[2] Amato H, Calitz J, Euston-Brown K, et al. Life Skills Learner's Book（Grade 4）[M]. Cape Town: Pearson South Africa（Pty）Limited, 2017（32nd）: 214.

[3] Fernandez M, Friedman M, Jacobs M, et al. History Learner's Book（Grade 11）[M]. Maskew Miller Longman（Pty）Ltd, 2017（31st）: 219.

[4] Amato H, Calitz J, Euston-Brown K, et al. Life Skills Learner's Book（Grade 4）[M]. Cape Town: Pearson South Africa（Pty）Limited, 2017（32nd）: 219-220.

[5] Amato H, Calitz J, Euston-Brown K, et al. Life Skills Learner's Book（Grade 4）[M]. Cape Town: Pearson South Africa（Pty）Limited, 2017（32nd）: 194.

同感。[1] 新南非基础教育文科教材中有关南非历史人物特别是非国大前领导者的叙述不乏类似的意图——培植自豪感、忠诚感、使命感并最终强化认同感，与此同时，其对历史人物形象的塑造还有助于美化执政党形象，稳定非国大的执政地位。

鲍曼教授的研究显示，黑人对新的国家象征有极强的认同感，其他族群特别是阿非利卡白人认为国家象征并不怎么重要。[2] 对国家象征的态度很大程度上反映着国民对国家的态度。鉴于此，南非在教材中高频呈现国家象征符号的同时还需进一步挖掘符号内涵，以多样化的形式科学合理地呈现符号形象，让基础教育阶段学生直观感知并初步体验国家情感，从而让国家的烙印深刻在每一位南非人的脑海中，促进各族群青少年通过国家象征对南非这个大家共同生活的国度生发认同感和亲和感。

第四节　结　语

南非基础教育阶段的文科教材如语言、历史、地理、生活导向及社会科教材所涉及的国家位置（自然地理位置及国际或区域发展所处的位置）、地势地貌、气候、历史、社会惯习、政府形象，综合起来便是构成国家这一"想象的共同体"的基本元素，也是培养青少年的国家认知和国家认同的可靠载体。知国、爱国、报国，首先需要弄清什么是国家。国家是一个让人既感熟悉亲切而又陌生遥远的词语，在古希腊指城邦及在古罗马是指城市的主体居民。恩格斯直言，国家起源于阶级斗争，是氏族制度破坏之后构建在地区原则基础上的"第三种力量"。[3] 某种程度上，国家的建构与血

---

[1] 赵琼，吴玉军. 历史记忆与国家认同：基于美国国家认同教育中历史英雄人物符号的塑造问题分析 [J]. 思想教育研究，2017（7）：101-104.

[2] Bornman E. National Symbols and Nation-building in the Post-apartheid South Africa [J]. International Journal of Intercultural Relations，2006（3）：383-399.

[3] 转引自易建平. 关于国家定义的重新认识 [J]. 历史研究，2014（2）：143-161.

缘、地缘是分不开的。国家除了表征历史上形成的领土、人口等自然因素外，还表征政治—法律共同体和历史—文化共同体。[①] 姚文帅在其博士学位论文《国家认同的价值研究》中提出，国土和人口为国家的形成提供了社会基础，社会、疆域及国家主权三位一体构成了国家。[②] 可以说，国家不仅意味着特定的疆域、领土，更是容纳制度、文化、民族血缘的共同体。安德森（Benedict Anderson）将国家归结为一个"想象的共同体"。[③] 西塞罗（Marcus T. Cicero）说，国家是基于法的一致和利益的共同而结合起来的集合体。[④]《辞源》对"国""家"的解释分别是"古代诸侯封地""公家和帝王"[⑤]，一定程度上体现出古代的国家属于帝王私有财产。此外，汉语中对国家的称谓有"国""邦""封"。最早作为国家通称者，非"邦"非"国"，而是"方"。自战国而下，"国"成为国家的主要通称后，"邦"作为国家通称仍然沿用，并由于庄重分封的来源，沿用的"邦"带有古雅、庄重的色彩。[⑥] 对国家的不同称谓一定程度上体现了中国不同历史时期民族国家的形成及疆域特点。

　　鉴于本研究中的国家指南非，其非洲身份是绕不过的存在，有必要加以说明。非洲的新历史来源于旧历史[⑦]，新独立的非洲国家，一般建立在旧的殖民统治的疆域内，其形成不同于西北欧传统民族国家在自己的领土上建立国家的方式，也不同于中华民族长期演化而形成稳固的共同体。据葛罗米柯统计，非洲国家的边界仅有 26% 属于自然边界，其余 44% 是按经线和纬线、30% 是用直线或曲线的几何方法划分的。[⑧] 有学者认为，非洲国家的创

---

① 吴玉军. 论国家认同的基本内涵 [J]. 中国特色社会主义研究，2015（1）：48-53.

② 姚文帅. 国家认同的价值研究 [D]. 北京：中央民族大学，2016：14.

③ [美] 本尼迪克特·安德森. 想象的共同体：民族主义的起源与散布 [M]. 吴叡人，译. 上海 上海人民出版社，2003：5-7.

④ 转引自徐大同. 西方政治思想史 [M]. 天津：天津教育出版社，2002：56-57.

⑤ 何九盈，等. 辞源 [M]. 北京：商务印书馆，2015：792.

⑥ 黄金贵. 邦与国 [N]. 中国社会科学报，2017-06-27（3）.

⑦ [英] 巴兹尔·戴维逊. 现代非洲史：对一个新社会的探索 [M]. 舒展，等译. 北京：中国社会科学出版社，1989：5.

⑧ 转引自马嬰. 区域主义与发展中国家 [M]. 北京：中国社会科学出版社，2002：107.

立先于民族的形成，是先人为地构建起一个国家，再来为这个国家的生存寻求必要的经济、文化、民族基础。[①] 因此，非洲国家的意蕴更多地指涉领土和制度而缺失整体的民族意识观照。同样地，南非因受荷兰与英国的双重殖民，且因种族隔离制度留下阴霾，更是缺乏民族国家的整体意识，南非境内黑人、白人、亚裔人和有色人转向族群寻求归属感的现象依旧，一定程度上解构了民族意识。许多论文在提及南非或其他非洲国家时多用 state 而非 nation。"彩虹之国"（Rainbow Nation）之所以用 nation，是政府在强调南非多民族共存和团结一体，该提法也从侧面透射出这个国家多种族、多语言、多样性文化等"多元"有余而"统一"不足的身份特性。

谢尔丹（Leslie Sheldon）说，有效评估教材是一项非常重要的职业活动，课程教材或教科书评估从根本上说是一种主观的、基于经验法则的活动，没有明确的尺度和公式可供参考。[②] 通过对教材外在特点（基于封面相关的信息如编撰者、出版社、编写依据及配图）描述、文本内容分析，以及对比其与南非基础教育课程大纲《课程评估政策声明》目标的契合状况，发现南非的教材审批和采用制度属于自由制，某种程度上是借鉴了英国、丹麦和澳大利亚等国的做法。政府在教材编撰权方面长期缺位，来自英国的诸多国际出版公司在嵌入教材出版业后，牢牢地把控着编撰权，在按照《课程评估政策声明》的要求编撰内容的同时体现执政党控制意图，将"伦敦作为非国大许多前领导者的庇护所"这一信息做了有意无意的多次呈现。当然，教材的整体编撰还是较好地契合了课标的 16 项内容要求特别是促进国家认同的要求。

从前文对国家元素的分解来看，南非基础教育文科教材对促进领土认同的元素十分关注，地理和社会科教材中有关地理板块的南非元素呈现较多。地图在许多教材中被大量呈现，旨在强化学习者的领土意识。地图除了具

---

① 刘云.非洲与外部世界关系的历史变化 [M].北京：世界知识出版社，2014：21-22.
② Sheldon L. Evaluating ELT Textbooks and Materials [J]. ELT Journal，1988（4）：237-246.

有传播知识、培养能力的功能外，还具有塑造情怀、激发想象的功能。一个国家的地图是国民想象这个国家的基础和渊源。地图可以存储、选择、模拟和表达地理信息，并通过象形符号表现地理事物的空间分布，乃至能够实现从地理空间想象到政治空间想象的再造。从推进主权认同或政治认同方面来看，教材中对国家象征物有着一定的呈现，核心象征物呈现比例高于非核心象征物，然而两者的整体呈现仍显不足。对南非英雄人物的形象展示充分但故事挖掘较少，通过英雄人物培育青少年品格的教育意义略显不足。历史教材中南非历史主题约占历史教材全部主题的四分之一且缺乏受害者视角，很难引起学习者共鸣，因而在培养共感的作用上也打了折扣。民族文化方面，乌班图思想以及包括非洲传统婚礼在内的 6 类结婚场面、洗礼、葬礼等仪式的呈现，示意青少年南非多元社会中具有不同的社会习惯与文化特色。[①] 此外，歌舞、击鼓等非洲人喜欢并擅长的活动在生活技能教材中也得到了呈现，但从整体来看呈现的频次并不多。

总之，南非基础教育文科教材通过领土象形符号呈现、历史事件建构、民族灵魂人物呈现、政治象征符号传递、民族文化展示、"他者"意象塑造等，力图实现国家认同教育的目标。但如艾斯纳在《教育的想象》一书中所提到的，学校教什么在引导着学生的思维，同时也应注意到没教什么对学生的潜在影响。[②] 同理，我们不仅要关注教材呈现了什么，还要关注教材没有呈现什么。南非没有通过改变殖民主义留下的教材来完成南非人对自己的文化认同、价值体系和凝缩在知识里的生活世界的再造。[③] 南非曾经是英国的殖民地和英联邦成员国，至今教材编撰权依然旁落于英国的教育出版集团，

---

① Amato H，Calitz J，Campbell S，et al. Life Skills Learner's Book（Grade 6）[M]. Cape Town：Pearson South Africa（Pty）Limited，2017（30th）：70-78.

② Eisner E W. The Educational Imagination：On the Design and Evaluation of School Programs（Third Edition）[M]. Upper Saddle River：Merrill Prentice Hall，1994：107.

③ 蒋晖. 南非"学费必须下降"运动和"人民教育"道路的失败 [M] // 汪晖，王中忱. 区域（2016 年第 2 辑）. 北京：社会科学文献出版社，2016：261-309.

对南非本土文化和国家精神的挖掘浅尝辄止，而国家认同教育不仅依靠教育政策和课程改革，更需要挖掘民族文化、凝练民族特性、突出民族气质、厚植民族根性，并将其融入教材知识，打造群体共同笃信的国家精神，使得青少年对历史、现实和未来的脉络可触可感。

CHAPTER 4

第四章

南非基础教育改革发展路向

每一次发奋努力的背后，必有加倍的赏赐。

——安东尼·罗宾

南非认识到基础教育改革是一项久久为功的系统工程，试图在面向 2030 年的教育规划中倡导家庭、社区、社会三方共同参与学校教育，打造教育共同体、聚合教育效能，推动基础教育教学改革落地见效。在人种、族群、文化多样化的现实背景下，国家目标和未来蓝图是引领发展和鼓舞人心的有效工具。亨廷顿认为，在缺乏人种、族群和文化共性的情况下，意识形态的黏合力是弱的。化解挑战、推迟衰亡、遏制解体的办法，就是重振国民身份和国家特性意识，振奋国家的目标感以及塑造国民共有的文化价值观。[①] 为振奋南非发展目标，南非出台了《2030 年国家发展规划》[②]，描绘了美好的发展蓝图，有助于激起民众的干劲。在南非《2030 年国家发展规划》的十大核心要素中，优质教育与技能发展被放在显著位置。[③] 南非基础教育部也积极回应，在大力推进全民教育并反思存在的问题后，制定了契合国家发展目标和"2030 教育可持续发展目标"的行动规划，力图凝心聚力促进青少年对国家的认同和对政府及统治合法性的认可。

从南非基础教育改革发展路向来看，首先，拉马福萨（Matamela C. Ramaphosa）总统高度重视基础教育，曾说一个国家的发展离不开人才储备，并让他的基金会在南非偏远地区援建了大量小学。其次，2017 年 5 月，南

---

① [美] 塞缪尔·亨廷顿. 我们是谁？——美国国家特性面临的挑战 [M]. 程克雄，译. 北京：新华出版社，2005：11.

② National Planning Commision. Our Future—Make It Work：National Development Plan 2030[Z]. Sherino Printers，2012：109-217.

③ Zarenda H. South Africa's National Development Plan and Its Implications for Regional Development[Z]. Working Paper Tralac，2013：3.

非西北大学首批本土知识专业毕业生获得学位，迈出了非洲以本土文化培养高等教育知识分子的第一步，为基础教育阶段本土化储备了大量人才。南非《课程评估政策声明》强调了本土文化、本土知识，但落实到教材中的进程显得缓慢，目前教材中的本土化内容大都是有关游戏的。罗杰斯（Cosby Rogers）等指出，游戏是生命的本质，即使是最平常的游戏，其中也蕴藏着深意。游戏是孩子体验成人角色的途径，通过游戏，孩子一边探索世界，一边验证自己适应世界的能力，从而变得越来越自信和成熟。[①] 同样地，通过游戏还能培育学生自信，培养学生互助互爱、相互成就的合作精神。随着本土知识挖掘整理工作的进一步开展、办学经验不断丰富、运作更加成熟，南非未来的青少年必将为创建、拓展和推广本土知识与文化做出应有贡献。最后，南非新政府将努力为所有南非民众提供平等的受教育机会，帮助所有南非民众发挥潜力，从而为建设包容性社会奠定基础。[②] "2030教育可持续发展目标"的行动规划将使南非从重视"包容""参与"之教育民主权利转为"提升"教育的层次[③]，力图实现教育由量变到质变的突破和飞跃，使青少年真切地体验到满满的获得感，从而为生发自豪感和认同感提供水之源头、木之根本。随着更多改革政策被接纳和实践、更多战略规划落地见效，南非基础教育质量有望进一步提升，从而为加强民族融合与团结奠定良好基础。

第一节　提升基础教育质量，加强学生爱国教育

南非执政党非国大提出，教育要使"青少年树立民主、自由、发展的意识以及热爱国家，着眼未来"。南非基础教育部官网赫然写着："每一个儿童

---

① [美] 劳伦斯·科恩. 游戏力：会玩的父母大智慧 [M]. 李岩，译. 北京：军事谊文出版社，2011：7-8.
② 刘建豪，陈明昆. 南非职业技术教育发展的挑战与愿景：基于对《2030国家发展规划》的解析 [J]. 世界教育信息，2015（11）：42-48.
③ [英] 巴兹尔·伯恩斯坦. 教育、符号控制与认同 [M]. 王小凤，等译. 北京：中国人民大学出版社，2016：11.

都是国家的资产。"儿童是一个民族国家的希望和未来，这是所有国家都可以达成的共识。一个国家怎样对待它的青少年，便会有怎样的未来。肯尼迪曾言，世界的希望在青年身上。曼德拉说过，是时候靠年轻一代人的力量来清除世界上的痛苦了。这些言论都表明，青少年必将肩负起让祖国繁荣富强的重任，成为民族国家发展的重要支撑。因此，包括南非在内的许多国家都十分重视青少年发展。为推动南非青少年形成共感，南非大力推动教育均衡化，基本在全民教育运动结束时实现了基础教育全民覆盖。教育机会均等不容忽视，而基础教育均衡发展更需注重质量提升。21世纪以来，南非响应联合国教科文组织号召，积极推进全民教育与教育机会均等，适时出台"2030教育可持续发展目标"，政策导向从教育覆盖面的扩大转为提升教育质量，为更多青少年获得教育机会、提高学业成绩和提升未来职业发展竞争力奠定了基础，必然会推动青少年对个人和国家发展充满希望和期待，增强国家认同感。与此同时，政府先后多次出台专门的青少年发展草案，每5年对青少年发展状况进行评估、规划和指导，力图使培育国家凝聚力的目标落到实处。

一、巩固基础教育基本均衡发展成果

持续推进和巩固基础教育均衡发展是南非教育界一项长期的战略任务，是促进教育公平最基础、最重要的内容。南非学界意识到接受良好的教育是青少年实现国家认同的有效保障，扩大基础教育覆盖面是实现更多青少年对国家产生认同感的有效路径。希伯来大学历史系教授赫拉利指出，之所以成立学校，是为了培养温顺而有技能的国民，忠实地为国家服务……年轻人到了18岁除了爱国还得识字，这样才能制订未来的计划，并确保对国家的忠诚。[1]南非力图通过推动教育公平、促进种族融合使青少年形成共感，这两

---

[1] [以色列] 尤瓦尔·赫拉利. 未来简史 [M]. 林俊宏，译. 北京：中信出版社，2017：26-31.

项目标的实现同样离不开教育覆盖面的扩大、教育机会的均等。21 世纪以来，为响应联合国教科文组织倡导的全民教育运动，南非大力推进提升入学率、促进性别平等的教育规划落地实施，使得与宪法精神和青年发展并行不悖的相关政策取得了一定成效。

（一）继续推动基础教育高质量均衡发展

没有质量的均衡发展消解了均衡发展的意义，实际上，"促进公平"和"提升质量"本来并不矛盾，然而限于资源，南非同世界上许多国家一样有些顾此失彼。一定程度上，南非基础教育面临的挑战不仅是如何促进小部分学校的种族融合，更是如何向所有人提供优质教育，成功促使南非每个学习者感受到尊严、平等，促进人权理念和自由价值观的传播。[1]南非前总统祖马在一次演讲中提到，经过努力，南非基础教育质量取得了长足的进步，尤其是在数学和科学方面有较大进展，非国大对自由州的成绩特别满意，学生合格率已高达93.2%，且来自公立学校的学生比例越来越大，表明政府推动教育发展的工作取得了一定的成效。[2]

（二）继续扩大各种族基础教育受教育机会

据民调机构"非洲晴雨表"（Afrobarometer）2017 年的调查，虽然高等教育对大部分（90%）南非人而言显得遥不可及，但几乎所有受访者（95%）都接受过正规的学校教育。[3]从学前教育到高中教育，入学率均有显著提高，意味着基础教育就学机会逐渐均等化。南非基础教育部 2019 年发布的《基础教育领域 25 年进展回顾》显示，受教育机会增加最多的是学前教育领域，

---

① Joubert R. Race Classifiction and Equal Educational Opportunities in South African Schools [J]. IJELP, 2014（1）：41-53.

② Ngoepe K. 10 Key Points From Jacob Zuma's Last January 8 Speech [EB/OL].（2017-01-09）[2022-03-01]. http://www. huffingtonpost. co. za/2017/01/08/10-key-points-from-jacob-zumas-last-january-8-speech_a_21650199/.

③ Nyoka A，Lekalake R. Afrobarameter：South Africa Round 6 Survey Analysis and Results[R]. Cape Town：Institute for Justice and Reconciliation，2017：3.

这主要缘于 2007 年发布白皮书以来 R 年级项目的实施。就读 R 年级的儿童人数从 2001 年的 241525 人增至 2017 年的 839515 人。5 岁左右儿童入学率 2002 年约为 40%，到 2017 年已经跃至 90%，一年级小学生中约 95% 的学生都曾上过 R 年级。[①] 据南非统计、南非综合住户统计调查的数据，2002—2017 年 R 年级的入学情况见图 4.1。

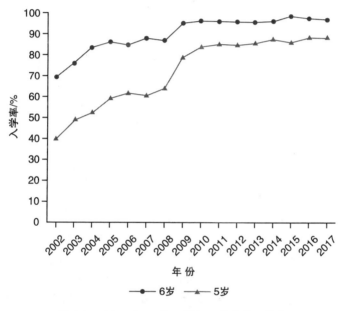

图 4.1　2002—2017 年 5 岁与 6 岁儿童入学率

历时比较来看，学校教育效率不断提高，学生晚入学情况得到改善，1 年级学生按期入学率也从 2002 年的 35% 提高到 2017 年的 64%。2017 年，7—15 岁的儿童青少年中，入读基础教育阶段的学生占比达 99%，高于 2002 年的 96%；在 16—18 岁的人群中，教育完成率约为 86%，这表明，该年龄范围的辍学人数开始大量增加（尽管这一数据多年来已平稳降低）。小学毕

---

① Department of Basic Education. A 25 Year Review of Progress in the Basic Education Sector[R]. Pretoria：Department of Basic Education，2019：3.

业率从 2002 年的约 85% 上升到 2017 年的约 95%。相应地，中学毕业率从约 40% 上升到略高于 50%。一定程度上，小学和中学的毕业率存在类似的趋势（见图 4.2）。

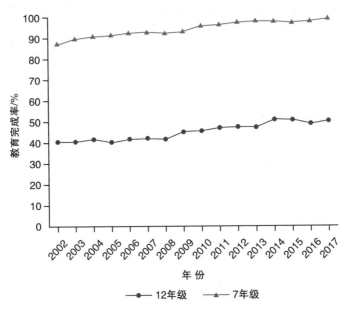

图 4.2　南非 2002—2017 年全国中小学教育完成率

从图 4.2 来看，尽管南非基础教育均衡化取得了一定进展，然而要实现国家发展计划中的中学毕业愿景，显然还有很多工作要做。国际比较视角来看，一方面，南非与大多数非洲国家相比，中学毕业率较高；另一方面，南非的中学毕业率还远低于亚洲、东欧和南美的许多国家。[1]

（三）继续推动全纳教育落到实处

实现教育公平不仅要考虑种族间的就学机会均衡，还应考虑残障人士等边缘人群的就学机会均衡。南非基础教育部发言人马兰伽（Elijah Mhlanga）

---

[1] Department of Basic Education. A 25 Year Review of Progress in the Basic Education Sector[R]. Pretoria：Department of Basic Education，2019：4.

在回应南非《星期日时报》（Sunday Times）高级编辑有关基础教育高质量均衡发展问题时指出，教育和竞技体育之间的一个根本区别是，竞技体育是为了产生赢家，而教育是全方位的，充分考虑每个人的发展，无论其家庭背景和其他限制因素如何，孩子都应充分发挥他们的潜力。[①] 南非建构包容性教育体系既是教育发展需要也是出于政治意愿[②]，是对基本人权的尊重。从民主转型融合教育到 21 世纪全民教育行动的实施，南非致力于推动基础教育均衡，取得了比较显著的成效。巩固现有成绩并迈向更好的未来，是南非基础教育未来一个阶段的奋斗目标。

二、提升基础教育质量，描画新的蓝图

在现代社会，学校是一个书写和重新书写民族意识的主要机制，教育则成为争取生存以及再造一个特定民族意识的主要手段和竞技场，从而助益于创造出基本且文化上特定的认同。[③] 国家认同教育是一个系统性工程，需要家庭、学校、社区等的共同推动，其中，家庭提供基础性的配合与支持，学校发挥引导作用并扮演实施主体的角色，社会进行整合性的渗透与化育，国家和政府推进战略决策和法治保障。[④] 在 "2025 学校教育愿景" 中，南非基础教育部规定了学生、教师、校长和家长的职责，并提出了教学材料和基础设施建设方面的建议。为了勾画南非基础教育发展新蓝图，进一步对接国家 "2030 发展规划" 和全球 "2030 教育行动规划"，南非基础教育部颁布了《2019 行动规划：面向 2030 学校教育》（Action Plan to 2019：Towards the

① Mhlanga E. Deputy Editor of Sunday Times Misses the Mark as He Exposes His Lack of Understanding of the Basic Education Sector[N]. Basic Education Sector Insights，2021-04-07.

② Lomofsky L，Lazarus S. South Africa：First Steps in the Development of an Inclusive Education System[J]. Cambridge Journal of Education，2001（3）：303-317.

③ [英] 巴兹尔·伯恩斯坦. 教育、符号控制与认同 [M]. 王小凤，等译. 北京：中国人民大学出版社，2016：10.

④ 柳翔浩. 和合视域下跨境民族地区中学生国家认同教育研究：以德宏州为例 [D]. 重庆：西南大学，2013：133-151.

Realisation of Schooling 2030）（以下简称《2019 行动规划》）[①]。《2019 行动规划》是《2014 行动规划》的更新版本，旨在总结经验、展望未来，促进南非基础教育质量提升。南非基础教育部认为，《2019 行动规划》的出台具有里程碑意义，意味着南非全民享受优质教育历程的开启。与旧版行动规划相比，《2019 行动规划》没有对战略重要性进行赘述，显得更为精简和直接。新版规划的出台并不意味着先前行动规划的终结，而意味着一种延续，是教育部门理解面临的挑战和提出应对措施的重要资源。某种程度上，南非中小学教育提升质量计划是一种场域整合策略，将单纯的学校教育责任转变为教育共同体责任，形成家校互动、社区支持的教育模式，有利于"2030 学校教育愿景"的实现。

（一）"2030 学校教育愿景"目标分析

杜布赞斯基（Theodosious Dobzhansky）等学者认为，目标广泛存在于有生命的世界里。[②] 南非基础教育发展离不开清晰的愿景予以指引，在点滴进步中不断向愿景靠拢是基础教育发展的原动力。南非"2030 学校教育愿景"描绘了和美与共的教育画面，利益攸关方各司其职，"学生乐学、教师乐教、校长尽责、父母尽心、教材完备、设备完好"；学校致力于创建安全的学习环境，构建和谐的人际关系，提供美餐，组织丰富的课后体育文化活动，吸引学生自觉自愿地上学，学生、教师和学校共同爱护教学设施及设备并以学校为荣。南非的教育行动规划与愿景目标是互为一体的，《2019 行动规划》可视为"2030 学校教育愿景"的一部分，既对愿景目标的落实具有指导意义又有切实的可操作性，包括"达到什么"（成果目标）和"如何达到"（行动目标）两部分。《2019 行动规划》提出的 27 项目标，基本沿用了 2011

---

① Department of Basic Education Republic of South Africa. Action Plan to 2019：Towards the Realisation of Schooling 2030[EB/OL].（2015-05-17）[2022-03-01]. https：//www. brandsouthafrica. com/wp_download_viewer. php?file=wp-content/ uploads/brandsa/2015/05/Department_of_Basic_Education_Action_Plan_to_2019. pdf.

② Dobzhansky T. Evolution，Genetics and Man[M]. London：Wiley，1997：95-96.

年颁布的《2014 行动规划》框架，前 13 项与招生及学习效果有关，可分为 5 类：达到最低教育标准、促进平均表现、提高义务教育入学率与完成率、保障儿童早期发展与预备级的入学机会、降低 1—9 年级的留级率（见表 4.1）。

表 4.1 《2019 行动规划》中的"成果目标"

成果目标	内容
目标 1	增加 3 年级学生数量，期终时达到最低要求，并具备 3 年级学生应该掌握的语言与算数能力
目标 2	增加 6 年级学生数量，期终时达到最低要求，并具备 6 年级学生应该掌握的语言与算数能力
目标 3	增加 9 年级学生数量，期终时达到最低要求，并具备 9 年级学生应该掌握的语言与算数能力
目标 4	增加 12 年级学生数量，使其达到大学学士项目要求的水平
目标 5	增加 12 年级通过数学考试的学生数量
目标 6	增加 12 年级通过物理科学考试的学生数量
目标 7	增加 6 年级通过语言考试的学生数量
目标 8	提高 6 年级学生数学科目的平均表现水平
目标 9	提高 9 年级学生数学科目的平均表现水平
目标 10	确保所有 15 岁以下的儿童不辍学
目标 11	促进 1 年级以下儿童获取优质的早期发展教育
目标 12	确保 1—9 年级学生顺利升学
目标 13	推动 9 年级以上的青年参加继续教育和培训

资料来源：Department of Basic Education Republic of South Africa. Action Plan to 2019 : Towards the Realisation of Schooling 2030[EB/OL]. （2016-11-21）[2022-03-01]. https ://www. brandsouthafrica. com/wp_download_viewer. php?file=wp-content/ uploads/brandsa/2015/05/Department of Basic Education Action Plan to 2019. pdf.

其余 14 项阐明了如何达成上述目标，分别涉及教师、学校课程覆盖面、学校管理、社区参与、学习者福利、全纳教育（目标 26）和区域支持等（见表 4.2）。此外，《2019 行动规划》列出了 5 项优先目标，分别是"确保 1 年级以下儿童获得优质的早期发展教育""提高教师在整个职业生涯中的专业能力、教学技能、学科知识水平和计算机素养""确保每个学习者能够根据国家政策获得最基本的教科书和练习本""确保在全国所有学校推行基本的年度管理流程，助力营造良好的学校环境""通过更好地利用电子教育，提高地区管理部门对学校开展监督、提供支持等活动的频率和质量"。简言之，5 项优先目标涉及学前教育、教师发展、教学材料、学校管理和地方支持。

表 4.2 《2019 行动规划》中的"行动目标"

行动目标	内容
目标 14	每年吸引新的年轻人及富有活力、受过适当培训的教师加入教学行列
目标 15	确保教师的可用性和利用率，避免超大额班级
目标 16	提高教师在整个职业生涯中的专业能力、教学技能、学科知识水平和电脑素养
目标 17	努力打造一支科学合理的教师队伍，提升教师工作满意度
目标 18	确保学习者就学期间能够掌握应该涵盖的所有主题和技能
目标 19	确保每个学习者都能根据国家政策要求获得最基本的教科书和练习本
目标 20	增加学习者接触更多媒介的机会，丰富他们的教育经历
目标 21	确保在全国所有学校推行基本的年度管理流程，助力营造良好的学校环境
目标 22	一定程度上通过电子教育战略丰富获取重要信息的途径，提高家长和社区对学校治理的参与度
目标 23	确保所有学校的资助水平至少达到国家规定的最低水平，并且透明有效地利用资金
目标 24	保障每个学校的物质基础设施，利用环境激发学习者上学、学习和教师教学的动力
目标 25	以学校为载体，促进学习者在健康、减贫、社会心理支持、体育和文化等领域获得各种公共服务
目标 26	增加有效实施包容性教育政策的学校数量，开设专家服务中心
目标 27	通过更好地利用电子教育，提高地方管理部门对学校开展监督、提供支持等活动的频率和质量

资料来源：Department of Basic Education Republic of South Africa. Action Plan to 2019：Towards the Realisation of Schooling 2030[EB/OL].（2016-11-21）[2022-03-01]. https：//www. brandsouthafrica. com/wp_download_viewer. php?file=wp-content/ uploads/brandsa/2015/05/Department of Basic Education Action Plan to 2019. pdf.

（二）《2019 行动规划》出台的动因

随着国际教育理念和国内社会经济发展形势变化，《2014 行动规划》已不足以应对新出现的问题和挑战。《2019 行动规划》的出台一定程度上是为了顺应国际社会教育发展理念、对接《2030 年国家发展规划》、融入中期战略框架及引领各省基础教育发展。2015 年是全民教育千年发展计划实施的最后一年，联合国发展问题特别峰会提出 2030 年可持续发展议程，实现了 8 项千年发展计划到 17 项可持续发展计划的升级并轨，2015 年后将全纳教育、优质教育、终身教育理念提上议程并受到重视。尽管联合国教科文组织提出的 6 项全民教育目标涉及教育质量，但被淹没在了"教育覆盖面"相关要求中，非洲乃至全球的全民教育一定程度上变味成了"全民入学"运动。南非在落实全民教育千年发展计划的进程中，同其他非洲国家一样，过于注重提高入学数量而忽略了教育质量。例如，南非目前 7—15 岁儿童青少年的入学率已高达 99%，但师资合格率不足、教师责任心不强、教材供应不到位等情形依然存在，导致学生学业完成率较低、社会和家长对基础教育教学质量不信任。

在汲取以往基础教育发展经验的基础上，《2019 行动规划》顺应新的变化形势，特别强调教育质量的提升，最低教育标准的设立，对平均表现、教育完成率、留级率等的重视等，都意在修正全民教育目标落实进程中的典型问题，力争为教育可持续发展打稳基础。在《2019 行动规划》的 5 类成果目标和 5 项优先目标中，学前教育均在一定程度上被强调。联合国儿童基金会的研究显示，学前阶段教育投入回报比为 1.6，是所有学段中投入回报比最高的。南非基础教育部认识到，学前教育是基础教育的重要组成部分，是学校教育与终身教育的奠基阶段。南非政府规划到 2030 年实现全国消除贫困、不平等减少、经济实力增强、国家综合实力增强、整个社会团结合作，青少年一代直接影响南非的未来发展，加强基础教育是实现上述国家发展目标的必由之路。有研究认为，改善基础教育有助于提高就业和收入水平，推动教育体制改革以建立包容性社会，并能在提供平等机会方面发挥潜力。有鉴于此，南非中期战略框架的 14 项优先成果中，基础教育被列在第一位。同时，《2019 行动规划》的出台有助于实现基础教育部与 9 省教育厅在 5 年战略规划及财政预算方面协调一致，推动年度绩效计划落到实处。

（三）《2019 行动规划》的亮点

《2019 行动规划》在政策设计上走在前沿，针对发展中国家办教育的现实困难，凝练出具有典型性的愿景目标和行动目标。

其一，战略对接，愿景融合，努力推动教育由量变到质变的飞跃。南非政府把办优质的基础教育视为国家的一项基本责任，认识到基础教育发展与国家命运之间的深刻关系，将"2030 学校教育愿景"融入国家"2030 发展规划"与中期战略框架，制定切实可行的教育行动规划以保障教育优先发展。在实现全民教育入学率提高和性别差异率下降等量的突破后，南非青少年接受优质教育迫在眉睫，然而这远非短期之功。南非遵循量变到质变的发展规律，及时出台 5 年行动规划和 15 年愿景目标，借鉴国际教育发展理念，将长期愿景目标与近期行动规划结合起来，更科学地把握当下和谋划未来。

其二，结果本位，注重效率，坚持教育可持续发展以质量为中心。南非转型以来，基于结果本位实施教育"2005 课程"改革，颁布《课程评估政策声明》使课程改革从频改期进入稳定期，为"2030 学校教育愿景"目标的实现创造了有利环境。在提升教育教学质量方面，南非基础教育部加强教材标准化建设，强化国家及省级年度评价，促使测试项目体系化，已经取得了阶段性成绩。综观南非《2019 行动规划》的 27 项整体目标，教育公平与效率均有涉及，但更为重视学生表现，结果本位的教育理念贯穿始终。在 5 项优先目标中，除学前教育关乎学段外，其余 4 项目标均与保障教育教学质量有关，"以质量为中心"的理念可见一斑。质量是教育可持续发展的生命线，如若在校生在基础教育阶段虚度光阴，没能掌握应有的知识和技能，则不仅个人终身教育机会受限，也会使家长和社会对基础教育失去信心，教育可持续发展目标的实现便无所依存。

其三，群策群力，广泛动员，构建学校教育共同体。学校教育活动绝非一种孤立的存在，而是需要教育利益攸关方携手合作、共同促进，且教育成果目标的落实有赖于全社会的广泛支持。不同的社会角色对学校教育有着不同的期待和贡献，南非基础教育部倡导学校、家长、社区共同参与教育事业，使学生认识到接受基础教育、获得一技之长的重要性，使教师通过培训获得职业幸福感，提升满意度，并努力为教师提供体面的收入和工作环境，使校长认识到其职责在于促进和谐、激发创造力、推动学校共同体内外形成良好的发展局面，使家长与学校保持顺畅的信息沟通，对学校充满信心，等等。为支持和推进教育改革，南非政府成立了国家教育合作信托机构（NECT），致力于加强民间教育机构和政府之间的伙伴关系，努力推动南非国家基础教育目标的实现，确保到 2030 年至少有 50% 的学习者能够通过数学、科学和语言测试。

从出台动因来看，南非的教育规划旨在契合发展目标、提高教育质量和落实愿景倡议。从规划的亮点来看，愿景、质量和共同体意识是"2030 学校教育愿景"的关键词，旨在推动南非人重拾对基础教育发展的信心，从而振奋人们的目标感以强化国家认同。联合国教科文组织发布的《反思教育：向全球共同利益的理念转变》指出，世界在变化，教育也必须变化。优质的基础教育是在瞬息万变的复杂世界中实现终身学习的必要基础。教育要超越单纯的识字和算术目标，促进社会公平正义和全球团结。教育必须重视文化素养，立足于彼此尊重的文化，将可持续发展的社会、经济和环境结为一体。[①] 也就是说，优质教育是公平理念和团结理念形成的助推器，对南非而言，通过教育促进团结是实现种族融合、社会和谐的重要途径。

---

① Bokova I. Rethinking Education：Towards a Global Common Good?[R]. Castello：UNESCO Publishing，2015：3-4.

三、重视加强基础教育阶段的爱国教育

基础教育阶段种下爱国的种子、厚植家国情怀是南非提高全民族整体素质的基础性工程。从现实状况来看，南非青年人数不断增加，许多青年已从"边缘"走向"主流"，开始从接受国家社会的哺育转向对社会的反哺。青年对国家的认同度关乎其对国家的反哺程度。2007 年，时任总统姆贝基（Thabo M. Mbeki）在国情咨文中指出，必须重视青年的关键角色，努力推动青年发展融入政府工作主流。① 《国家青年政策（2014—2019）》指出，青年并不是被动的，而是自我发展的主宰者，是国家发展的重要人力资源；他们是社会变革、经济扩张和创新的关键因素，应该为他们的发展提供足够的空间。② 在此背景下，2015 年 1 月，南非议会联合办公室发布了《国家青年政策草案（2014—2019）》，提出巩固国家政治文化的三个主要目标：加强爱国公民意识，培育国家凝聚力，鼓励有识之士积极参与各种青年项目和国家建设活动。③ 《国家青年政策草案（2014—2019）》是《国家青年政策（2009—2014）》的接续版本，是在《南非宪法》、联合国《20 世纪全球青年行动纲领》（1995）、《非洲青年宪章》（2006）及《2030 年国家发展规划》等框架内制定的推动青年发展的政策，主要就南非青年面临的新挑战及前一阶段遗留未解的问题进行说明和讨论以释放南非青年发展潜力。④ 同年，南非总统办公室发布了《国家青年政策（2015—2020）》，以推动南非所有青年发展为目标，注重纠正以往的错误，提供策略以应对青年面临的具体挑战，满足青年发展

---

① The Presidency. National Youth Policy [EB/OL]. （2017-12-28）[2022-03-01]. http：//www. nyda. gov. za/About-Us/strategy/Strategy%20Documents/Integrated%20Youth%20Development%20Strategy. pdf.

② The Parlimentary Liasion Office. The National Youth Policy（NYP）20014-2019[EB/OL]. （2017-12-28）[2022-03-01]. http：//www. cplo. org. za/wp-content/uploads/2015/02/BP-383-National-Youth-Policy-June-2015. pdf.

③ The Parlimentary Liasion Office. The National Youth Policy（NYP）20014-2019[EB/OL]. （2017-12-28）[2022-03-01]. http：//www. cplo. org. za/wp-content/uploads/2015/02/BP-383-National-Youth-Policy-June-2015. pdf.

④ South Africa Government. Draft National Youth Policy [Z]. Government Gazette 2014-2019，2015.

的迫切需要。①

《国家青年政策草案（2014—2019）》为政府应对青年特有的挑战提供了重要指导。南非乔治·默里信托基金会（DGMT）指出，投资青年就是在投资南非未来和激发社会发展潜力，在后种族隔离时期各种挑战长久并存的情况下，国家重视青年需求和推动青年良好愿望实现的倡议具有较强的现实意义，为处理威胁青年发展的因素奠定基础。②加强青少年爱国教育首先要培养青少年参与国家政治活动的能力，促进其使命感的形成。韦斯特海默（Joel Westheimer）等在《什么样的公民？为民主而教育的政治学》一文中指出，从教育视角来看，好公民分为三类：对个体负责任的公民（personally responsible citizen）、具有参与感的公民（participatory citizen）、持正义取向的公民（justice-oriented citizen）。③

南非中小学教材传递了与上述三类好公民相关的内容，但有关"具有参与感的公民"内容比例相对偏低（仅在与人权相关的两篇文章中有所呈现）。南非青年发展政策本着包容的理念，着力推动青年全面发展，并将妇女、残疾青年、失业青年、入学超龄青年、农村青年及处于不利地位的其他青年的发展置于优先地位。2000年制定的《国家青年政策》自发布以来，已经四次更新（见表4.3），表明南非政府不断透视新形势下推进青年发展出现的新问题、提出新的因应策略。

---

① The Presidency Republic of South Africa. National Youth Policy 2015-2020 [EB/OL]. （2017-12-28）[2022-03-01]. http：//www. thepresidency. gov. za/download/file/fid/58.

② DGMT. Investing in South Africa's Potential[EB/OL]. （2015-02-17）[2022-03-01]. http：//dgmt. co. za/wp-content/uploads/2015/02/DGMT-submission-draft-NYP. pdf.

③ Westheimer J, Kahne J. What Kind of Citizen? The Politics of Educating for Demcracy[J]. American Educational Research Journal, 2004（2）：237-269.

表4.3　南非青年发展政策演变概览

年份	政策	备注
2000	《国家青年政策》	未能推行，但具有指导意义
2002	《国家青年发展框架》	2002—2007年的5年计划
2007	《国家青年政策（2009—2014）》	南非总统办公室发布
2015	《国家青年政策（2014—2019）》	议会联合总统办公室发布
2015	《国家青年政策（2015—2020）》	南非总统办公室发布

资料来源：The Presidency. National Youth Policy[EB/OL]. （2017-12-28）[2022-03-01]. http：//www. nyda. gov. za/About-Us/strategy/Strategy%20Documents/Integrated%20Youth%20Development%20Strategy. pdf.

自《国家青年政策》提出起，围绕的核心问题便是如何加强青年爱国教育和增强国家凝聚力，《国家青年政策（2009—2014）》列出了青年发展的12项目标，其中4项与增进国家认同有直接关系。在《国家青年政策（2014—2019）》中，12项目标被压缩为5项，但强调推动国家认同教育的内容占比从1/3增至2/5，其中，推动青少年国家认同教育的内容如下：

（1）在青少年中加强爱国公民文化教育，帮助青少年成长为负有责任心的公民，能够关心家人和他人。

（2）培育青少年的国家凝聚意识，呈现多样化的现实，提供机会满足青少年的现实需要。

（3）大力弘扬爱国主义精神，鼓励青少年积极参与各种青年倡议活动或项目以及国家建设活动。

（4）倡导南非各族文化平等的理念，始终尊重并拥护南非价值观（如乌班图）。

对国家的认同不止于对民族文化共同体的情感归属和对政治共同体的理性赞同，还应有与之相匹配的公民文化素养（如对国家的责任意识）。上述国家认同意识培植要求青少年具有责任意识、包容意识（承认多样性）、参与意识（积极参与各类活动）以及民族文化意识（拥护南非价值观），为如何培养青少年以及培养什么样的青少年指明了方向。有研究指出，公民教育是建构和提升公民国家认同的前提和基础[1]，国家认同教育的本质是公民教育和爱国主义教育[2]，南非青年发展政策用爱国公民文化教育统领其他涉及国家认同的三个方面，旨在推动个人发展与国家意识协调统一，能够获得更多的理解和支持，有利于青年发展政策的贯彻落实。

第二节 加强本土文化教育，融合民主教育理念

南非基础教育注重爱国主义教育并着眼于未来，是种族隔离结束后国家建构的主要议题。[3]经过 20 余年的发展，转型之初面临的部分困境如全球化侵袭和种族抗争问题将会被破解或得以淡化，部分挑战仍待解决，如多语政策与语言融合之间存有张力（一面是遭受"黑人文化不被重视"的批评，一面是在教材中清除隔离文化遗毒而彻底使白人文化被边缘化的新困境，从一个极端走向了另一个极端）。鉴此，南非基础教育注重融入本土文化、融合民主教育理念、加强本国官方语言教育。

一、加强本土知识教育，唤起民族意识觉醒

一个民族的复兴，只有政治上的解放、经济上的繁荣远远不够，还必须有民族文化的繁荣兴盛。[4]每个国家的现代化过程，都和这个国家的文化

---

[1] 顾成敏. 公民教育与国家认同 [J]. 郑州大学学报（哲学社会科学版），2011（4）：34-37.
[2] 韩震. 重构国家认同教育：教育如何促进国家认同？ [J]. 人民教育，2015（20）：12-15.
[3] Clemitshaw G. Review of the Book：Patriotism and Citizenship Education [J]. Journal of Social Science Education，2012（11）：150-152.
[4] 李志喜. 蔡武在非洲演讲：民族的复兴必须有文化的繁荣 [EB/OL]. （2016-08-02）[2022-03-01]. http：//www.xue163.com/2743/1/27439648.html.

传统、价值取向、社会理念密切相关且不可分割。[①] 斯坦林布什大学的奈杜（Devika Naidoo）教授的调查研究显示，许多青年学生辍学的主要原因是"学到的知识各种各样，几乎无所不包，就是与他们自己毫不相干"[②]。由此，南非基础教育本土化显得极为迫切，政府也逐渐认识到不仅应该关注青少年受教育问题，更应该关注"受谁的教育"。南非政府鼓励高校培养本土文化人才，甚至计划设立更高层次的学位，表明其已经认识到本土化是应对全球化及解决本土问题的有效策略。高层次本土人才培养将会为中小学基础教育本土化打下良好基础和做好人才储备。

　　全球化必然反射性地带来本土化，使地方文化认同得到张扬。[③] 全球化运动既是一个人类演进的同质化过程，又伴随着各民族发展的异质化心路。[④]地方文化传统连接着一个国家或民族的历史、现实和未来的精神魂灵，是一个国家可持续发展的基础，也是本土知识赖以存在的载体。对本土知识的重视是现代意识的觉醒和更具世界眼光的后现代精神的体现。1997 年，全球知识大会在多伦多召开，本土知识的重要性及其地位受到关注。全球知识大会强调，要重新发现本土知识的价值并围绕本土知识开展学习和交流，然而响应寥寥，貌似呈蓬勃发展之势的本土知识并未得到发扬。[⑤] 西化的文化知识导致南非民众心灵失根的现象依旧没能得到纠正，非洲文化传统因被视为"落后"而遭遇丢弃和背离。有学者对此感到痛心：非国大将别国的风俗习惯移植过来，这样做会破坏祖鲁的珍贵风俗；非洲的"现代化"学校教我们读

① 彭慧，魏方.浅析传统文化对现代法治的双重影响 [M]// 中华文化学院.中华文化与法治国家建设.北京：学习出版社，2016：39.

② 2016 年 8 月 23 日，第十六届世界比较教育大会在北京师范大学举办，来自斯坦林布什大学的奈杜教授在分会场报告中分享的调研报告。

③ Thomas P. Conspicuous Construction：Houses，Consumption and "Relocalization" in Manambondro，Southeast Madagascar [J]. Journal of Royal Anthropological Institute，1998（3）：425-446.

④ 刘菊.价值认异：全球化背景下价值冲突的一种消解之道 [D]. 南京：南京师范大学，2006：1.

⑤ Mawere M. Indigenous Knowledge and Public Education in Sub-Saharan Africa [J]. Africa Spectrum，2015（2）：57-71.

书写字，但是没有告诉我们自己从哪里来、又将到哪里去，这些学校教我们去赚钱，而不是创造财富；我们民族丢弃自己的传统而去支持其他国家的发展，我们必须及时回头，去学习那些为我们的祖先"服务"过的每个传统。①这就要求南非制定本土化发展战略找寻非洲文化根脉，并通过教育传递非洲本土文化知识、滋养非洲情怀。

全球所有的社会群体都在依靠其本土知识解决日常社会经济问题，应对各种环境挑战。南非也不例外，南非拥有大量的本土知识和与之相关的技术，它们是当地人数千年来智慧的结晶和长期社会实践的经验总结，能够有效地解决当地的经济社会发展问题与环境问题。世界银行第9任行长沃尔芬森（James D. Wolfensohn）说，本土知识是本土社群文化和历史不可分割的一部分，我们需要从当地社区中汲取营养以丰富发展的过程。此外，南非还在社会科学理论和范式发展方面积累了丰富的资料，对社会科学发展有重要贡献。②当然，强调回归非洲传统文化不能排斥和仇恨其他区域文化，更不能忽略对国民领土认同意识的培养。有学者指出，国家的疆域与领土是客观存在物，无法改变，不存在公民的认同问题。③有研究认为，领土逐渐具有权利内涵，是自然空间向政治空间演变的结果，并成为现代国家的构成要素和主权的核心内容，是国家认同不可或缺的内容和必要的测量维度。④南非对此有着清醒的认识，在教材文本中大量呈现国家象征符号以培养青少年的国家意识。

在种族隔离时期，非国大等民族解放运动组织就提出了自己的课程建设

① [加纳] 乔治·B. N. 阿耶提. 解放后的非洲：未来非洲发展蓝图 [M]. 周蕾蕾, 译. 北京：民主与建设出版社，2015：135-136.

② Emeagwali G, Dei G J S. Africa Indigenious Knowlede and the Disciplines [M]. Rotterdam：Sense Publishers, 2014：9.

③ 冯建军. 公民身份的国家认同：时代挑战与教育应答 [J]. 社会科学战线，2012（7）：210-219.

④ 周光辉，李虎. 领土认同：国家认同的基础——构建一种更完备的国家认同理论 [J]. 社会科学文摘，2017（1）：46-64.

观点。转型初期，新政府以促进教育融合、推动教育公平为主要目标，频繁更改课程主要是为了清除种族歧视，直至 2012 年《课程评估政策声明》出台，才更多地将振兴本土文化、推动爱国主义教育等内容写进全国课纲，使南非以本土化应对全球化有了初步可能。面对全球化浪潮的冲击，如何使南非人牢记自己的南非身份并增强国家认同意识，对释放南非发展潜力和促进民族国家复兴意义尤重。设身处地谋求非洲发展绕不过本土化的课题，解决非洲贫困和发展问题需要依靠和发扬非洲本土经验与本土知识，需要培养民族继承性及其与生俱来的情感。诚如"非洲民族主义之父"布莱登（Edward W. Blyden）所言，对黑人充满信心才能培养黑人的自豪感。要敢于对新自由主义的宿命论说不，因为在 20 世纪末，受市场道德准则的影响，一种少数人靠多数人生活而占尽便宜的道德准则正通行无阻。[1] 南非隔离政府实施的隔离发展政策就是基于剥夺大多数黑人权益而保障少数白人权益，南非转型后，为促进融合发展，在推进政治、经济权力重新分配的同时，也在努力以本族文化涤荡黑人心灵，推动文化自信建设。例如，教材中对非洲传统婚礼、洗礼、葬礼等仪式以及非洲人喜欢并擅长的活动如歌舞、击鼓等有着一定篇幅的呈现；历史教材中，有关南非历史的叙述关注黑人觉醒运动、黑人种族隔离斗争等，意在通过呈现黑人斗争史唤起对黑人品格的认同。

二、融合民主教育理念，巩固全民教育成效

南非本着民族团结与和解精神，坚持通过谈判和对话解决黑人与白人之间的矛盾和冲突，为发扬民主和平息冲突树立了榜样。在遭受殖民和种族隔离统治前，南非一直是以"大树底下的民主"为特色，曼德拉在其自传中回顾自己待人处世、治理国家一定程度上受到了养父发扬民主方式的影响。[2]

---

[1] Freire P. Pedagogy of the Oppressed [M]. London：The Continuum International Publishing Group Inc.，2005：25.

[2] 曼德拉 9 岁时父亲死于肺结核，部落中的摄政王成为他的监护人。

政治道路选择与国家治理理念是一个国家政府培养国民的国家认同感不可或缺的重要元素。民主政治要求建立具有强势内聚力的政治认同，没有这种内聚力便没有包容。[①] 南非建构包容开放的社会必然要以民主政治认同为先决条件，重视人权保护与发扬民主的内容在教材中得到了一定的呈现，但频次并不高。实际上，民主政治一直遭到南非学者质疑。民族国家被质疑，危机在于民主政治这个概念本身，因为这个概念所预期的是一个主权的、议会代表制的民族国家的历史建构。[②] 西方民主是一个外来户，从多数和少数角度思考问题并不适用于非洲，且多数人未必代表真理。[③] 将非洲本土理念与外植的现代民主理念很好地结合起来，使南非青少年更容易接受并认同民主法治精神的优越性，认识到自己积极参与政治选举不仅是对个人和国家负责，也是对非洲传统精神的一种传承和发扬，有利于增进对政治法律共同体和民族文化共同体的认同感。

不可否认的是，虽然全民教育取得了显著成效，但由于教育质量不高等诸多原因，部族意识在南非开始滋生和蔓延，国民头脑中的国家意识十分淡薄，致使凝聚力和向心力不足。如若一个国家的民众视彼此为"他者"，缺乏共感或我群意识，那么轻则容易诱生部族矛盾、影响社会安定，重则导致种族屠杀、酿下人间惨祸。南非的国家认同教育不必回避历史，应该将相关素材纳入教材，使国民认识到种族不睦后果的严重性并引以为戒，以此唤起并培育对整个民族国家的热爱。摒弃南非民众的部族意识不仅要靠反面教材助推，更要靠非洲民族精神的引力。民族精神，是饶有趣味并极富启示性的文化现象。每个脱离了蒙昧状态的文化民族，都有其显而易见的心理特点及

---

① 宁乐锋. 民主政治及其认同根基 [D]. 天津：南开大学，2009：1-3.
② [美] 曼纽尔·卡斯特. 认同的力量 [M]. 夏铸九，黄丽玲，等译. 北京：社会科学文献出版社，2003：2-3.
③ [英] 马丁·梅雷迪思. 非洲国：五十年独立史（下）[M]. 亚明，译. 北京：世界知识出版社，2011：408.

其文化表现，足以构成民族精神的表象世界。[①]滋养南非民众的爱国情怀需要从非洲民族精神中汲取养分，非洲集体主义精神为团结自强、振兴发展奠定了基础，多样化的语言培育了南非人包容开放的心态，可以通过教育弘扬非洲精神以涵养其品格并构筑起兼容并蓄共同发展的理念。

三、注重语言基础教育，构筑民族精神基座

语言教育是基础教育阶段的核心，语言政策的制定离不开具体的国家和特定的历史背景。南非作为一个多民族、多语言国家，在实现民主转型后，为了传承、推广南非本土文化和清除种族隔离思想规定了 11 种官方语言。然而，现实与官方政策意图存在一定的冲突，一方面，在交流实践中语言之间趋于融合；另一方面，在教学实践中许多学校仍然延续了种族隔离时期对英语和阿非利卡语的青睐。米歇尔·拉弗恩（Michel Lafon）指出，南非向来重视正规教育培训，却未能给予南非本土语言课程相应的地位，尤其是前模式 C 学校坚持采用英语和阿非利卡语，而忽略了非洲本土语操持者。仅在小城镇或农村地区才有可能使用非洲语言实施教学，但也只在前 3 年采用非洲语言，因此造成了本就被边缘化的群体持续被忽视。[②]也就是说，政策虽然规定了 11 门官方语言，但在教学实践中，许多学校依然沿袭种族隔离时期的做法，将白人语言作为教学语言或中介语言，使多元化语言政策在教学实践中落空。

语言是建构民族国家认同不可或缺的基本元素，也是构筑民族精神的基座。曼德拉曾言，用双方理解的语言交流，能够印入脑海；用共享的母语交流，则能触动心灵。如何在南非这样一个极其多元化的社会实现语言共享，"依靠语言间的不断融合使具有包容力的语言逐渐吸收其他语言的精华

---

① 谢选骏. 神话与民族精神 [M]. 济南：山东文艺出版社，1986：208.

② Lafon M. Promoting Social cum Racial Integration in South Africa by Making an African Language a National Senior Certificate Pass Requirement. Sibe simunye at last![J]. Alternation，2010（1）：417-443.

并最终为全民所接受"不失为一种选择。实际上，确定一种（或两种）语言作为国语无疑对民族一体化有着积极的作用。在一些国家，政府极其重视国语的作用，成立专门机构负责国语的研究、发展和推广。当然，用非洲本土语言完全取代原宗主国语言并非易事，在民族成分复杂的国家更是如此。正是基于以上考量，南非确定了 11 门官方语言供学生选修，以致忽略了标识性语言的建设。标识性语言是推动全国人民团结一心的重要力量，是一国有别于其他民族国家的辨识物。历史证明，每一位伟大的领袖都尽其所能地加强民族国家语言。[1] 除了边界、名称、国旗、货币之外，标识性语言也是一个国家展示其独特性的重要标志。一个国家的标识性语言是明确的指标，不仅代表国家特征，而且象征着对先人遗产的继承。流利的共通性语言有助于彼此充分了解和消除误解，从而有利于促进团结与和睦共处。因此，国家制度化的教育体系都会在其管辖的边界内把自己的语言体系和生活规范传递下去，通过共同的语言和生活样式的教育培养国民的共性和民族特性。[2] 民族语言与国语一样，有别于方言，是官方的正式用语和一个国家的国民最常用的语言。民族与国家的区别在于，民族不仅有共同地域、共同经济生活作为纽带，还享有共同语言。南非在制定语言战略时不仅需要考虑与照顾各方利益，更要考量整体利益，组织学者探究各族群语言特性以通过整合形成相对统一的一两门国语，这或许更有利于认同感的形成。

非洲本土语言中，黑人语言大都属班图语支，语言多用"巴"（Ba）这个前缀表示多数，用"恩图"（Ntu）表示"人"，"班图"（Bantu）的意思就是"人们"。各班图语言在语法和词汇上有很多共同之处，不同族群的人很容易学会对方的语言。因此，南非本土语言融合不会十分困难。而荷裔南非

---

① Urdu. A National Language Represents the National Identity of a Country [EB/OL]. （2013-03-03）[2022-03-01]. http://www. yourcommonwealth. org/uncategorized/a-national-language-represents-the-national-identity-of-a-country/.

② 韩震 . 教育如何促进国家认同？ [J]. 人民教育，2015（20）：12-15.

白人和南非混血种人讲的阿非利卡语，属于印欧语系，英语也同样属于印欧语系，两种白人语言的融合也相对容易。① 不过在现实中，语言融合是相互的，且大多数情况下是英语吸收了其他各族语言的特点，使得极具包容性的英语变得越来越容易被南非青少年所接受。南非曾经是英国的殖民地，所以英语一直都作为官方语言而广泛使用。白人统治期间，学校里除了南非荷兰语（Afrikanns）之外，大都设有英语课程。南非成立之后，黑人当家作主，除了他们自己的本土语言之外，大都推崇英语，但南非的英语有着独一无二的特征。有人对南非的英语做了如下两方面的总结：

> 首先，南非英语有着很浓烈的多种族口音（accent）。黑人英语有黑人英语的口音，南非白人有南非白人的口音，尤其是阿非利卡人的口音很重。……

> 其次，南非英语中有很多特有的词汇。即便母语是英语的人到了南非，也难免感到困惑。例如，在其他英语国家，见面时用"How are you？"（你好吗？），而在南非大家多用"How is it？"（读成 howzit）。告别时不说"Bye"而喜欢用"Cheers"（cheers 这个词是很英国化的表达方式），这里的"cheers"当然不是"干杯"的意思。英语中"红绿灯"用"traffic lights"，但在南非广泛使用阿非利卡语词汇"robot"来代替。另外一个非常重要的词——"lekker"，这个词本来是南非荷兰语，相当于英语中的"nice"。还有"shame"这个词，在英国英语和美国英语中的意思是"羞愧、遗憾"，但在南非英语中，还有另外一个意思。比如某个人或者小动物特别使人怜爱，大家就说"shame"，以此来表达内心的感动或者喜爱。上述大多数词汇只在南非本土使用。现在，随着国际交流的不断增多，南

---

① 陆庭恩，宁骚，赵淑惠 . 非洲的过去和现在 [M]. 北京：北京师范学院出版社，1989：2.

非的一些特有词汇也被国际化了。①

除上述作者提及的"How is it""robot"等词语以及笔者详细介绍的"shame"外，南非还有许多比较特殊的词汇，有些源于切身感受，有些是笔者与南非人交流所得，有些从他处搜集而来。这些英语夹杂了阿非利卡语、祖鲁语、科萨语以及其他黑人语言的成分②，呈现出交融趋势。南非黑人英语适用于"新英语"的范畴，被本土化并在区域内得以交流使用，且作为第二语言通过教育体系传授给广大黑人。③另外，有些词汇除上述引文的作者解读的意思之外，还有需要进一步说明的地方（见表4.4）。

表4.4　南非特殊英语词汇略举

词汇	在南非的所指及意义
just now	在南非并不代表"立刻，马上"，更不指"刚刚"，与英美英语所期望的时间长短有较大差距。换言之，"很快"实际上并不快。这与非洲人的时间观念是一致的。
Hybow	"啊呀"，表示意外和惊讶。
now now	表示"尽快"，还暗含着"终于"的意思。
shame	是黑人和白人都比较常用的短语，表示"太丢人了"，用于化解个人尴尬，也是一个表示遗憾的语气词。
is it	表示确认时使用，相当于"really？"；表示自己在聆听时的一种回应，可激起对方进一步说下去的兴致。
robot	指的是红绿灯路口，但没有红绿灯的转盘路叫作circle。
zebra crossing	指的是斑马线，与中文用法完全一致，但对英美人来说理解比较困难（斑马线上走过的并不是斑马）。

资料来源：Beaven K A. 13 Things You Need to Know Before Traveling to South Africa[EB/OL].（2017-01-31）[2022-03-01]. https://www. oyster. com /articles/57039-13-things-you-need-to-know-before-traveling-to-south-africa/.

---

① 草原小屋新主人的博客. 南非印象之独一无二的南非英语[EB/OL].（2006-01-06）[2022-03-01]. http：// blog. sina. com. cn/s/blog_4a7066c5010005kv. html.

② Brand South Africa. South Africa's languages[EB/OL].（2007-10-06）[2022-03-01]. https：//www. brandsouthafrica. com/south-africa-fast-facts/geography-facts/languages.

③ Mesthrie R. Language in South Africa[M]. Cambridge：Cambridge University Press，2002：356.

南非的特殊英语用词是思想观念的表达，更是语言融汇交流的结果。在多元化背景下，南非各族群间的相互交流带入了自己的用词特色并不断被吸收进英语中，凝结为南非特色的语汇。英语强大的包容力是其经久不衰的原因，南非通常将英语作为通用的语言，为南非与外界交流提供了方便。尽管许多南非学者一再强调要提高南非本土语言的地位，并提出了各种应对措施，但都没能改变英语在不断吸收南非语汇和在自我适应基础上逐渐为更多青少年所接受甚至青睐的趋势。尼日利亚作家阿契贝（Chinua Achebe）意识到英语地位不可撼动，坚持用英语进行创作，但所使用的却是经过改造、挪用的英语，目的是消解前殖民者的独尊地位。因此，消解前殖民者语言的独尊地位的途径是多元的，一方面，南非可以加强本土语言间的吸收与融合，增加本土语言（选取一两门）成为国语的可能，减轻学习者负担；另一方面，南非也不必逆势而行，不妨顺势推动南非英语发展，形成类似于美国英语、澳大利亚英语等具有本国鲜明特色的英语。这样不仅有利于消解语言政策和语言实践之间的张力，也有助于南非青少年共感的形成。

四、守持文化传承创新，重构和谐共荣环境

南非国家教育部指出，教育是一个国家最有意义的长期投资，为创造高质量的生活、提供更好的就业机会、培养更富技能的劳动力奠定基础。同样地，教育也为打造国人共感奠定基础。共感源于公平感，没有公平便没有共感可言。旧南非种族隔离注重白人发展、压制黑人发展，造成的严重后果便是发展失衡。南非新政府一再强调南非是黑人和白人共同的国家。建构"南非"人文教育环境既要注重教育投资，更要注重文化传承和发展的均衡性，使黑人文化、白人文化、亚裔文化、有色人形成的特殊文化等都能得到彰显。如若仅仅放大某一族群文化，则难免给其他群体带来相对剥夺感。南非的现实是，许多学者和政府部门一味强调种族隔离遗毒的负面影响，将增

加黑人学校投资、促进教育公平和清除种族隔离后遗症作为着重点，却忽略了英国等西方国家的渗透，更忽略了经过 40 余年发展和打造的白人文化必然也有可取之处。种族隔离结束后，民主政府教育支出增量明显，从 1994 年的 318 亿兰特增加到 2000 年的 511 亿兰特，几乎达到了国内生产总值（GDP）的 6%，南非新政府是全球对教育投资最高的国家之一。然而，教育效果却持续落后于中等收入国家，这一定程度上反映出种族隔离教育的危害依然存在，需要进一步加大力度清除种族隔离的遗毒。[①] 从进一步推动基础教育发展的决心和规划来看，为了加强对基础教育的指导和管理，南非国家教育部于 2009 年拆解为高等教育部和基础教育部，其中基础教育部专注于中小学教育及儿童早期发展教育。国家教育部只提供框架层面的学校政策，各省教育部门负有管理责任。[②] 在分级负责、属地管理的基础上，南非新政府通过选举学校管理机构进一步将教育管理权限下放至办学实体学校，使基层管理者有更多的话语权。

为提振黑人自信，南非注重黑人文化的发扬，却未能注意抑制外来符号的渗透和操控。殖民教育和种族隔离教育严重打击了南非人尤其是黑人的文化自信，要培养具有南非意识和国家认同感的国民必须从教育切入，使非洲传统文明和精神植入南非人的头脑。唤醒民族自觉需要进一步改革教育体制，南非已认识到了教育体制改革的紧迫性，主张受教育者必须建立国家意识。[③] 教育体制改革还需同时辅以教材内容更新方能有显著成效，教材是开展课程教学的重要媒介，是学校教育获得知识和能力所依赖的主要途径，重

① Department of Education. Education in South Africa：Achievements since 1994[EB/OL].（2019-09-04）[2022-03-01]. http：//www. dhet. gov. za/Reports%20Doc%20Library/Education%20in%20South%20Africa%20Achievements%20since%201994. pdf.

② Wyk V J. ANC Government Plans to Split the Department of Education. [EB/OL].（2009-03-05）[2022-03-01]. https://edulibpretoria. wordpress. com/2009/03/05/anc-government-plans-to-split-the-education-ministry/.

③ 中华人民共和国教育部. 南非的教育改革与发展近况 [EB/OL]. [2022-03-01]. http://old. moe. gov. cn //publicfiles/ business/htmlfiles/moe/moe_1159/200605/15109. html.

要性不言而喻。然而，南非许多国家的教材由外国出版社把持和操控，较为常见的中小学文科教材如英语、社会科、历史、地理、生命教育等分别由牛津大学出版社、M. 米勒·朗文出版社、培生出版集团等出版，这些教材的外在符号容易在青少年心里埋下对西方国家向往的种子，也在潜移默化中解构着他们对南非的国家认同。知识是连接实践和认识过程的中介，南非人在长期实践中积累的本土知识是能够有效解决本国问题、适应现实需要的实用性知识，应该在教材中得到相应呈现。当下教材力图呈现南非知识，但因挖掘整理不足，某种程度上仍然遵照全球化模式运作。当然，南非教材中选取的知识既要有助于培养国民对民族国家的归属感，又要防止国民产生狭隘封闭的民族主义情结。

南非注重构建和谐共荣的教育文化环境，却未能适当传承和发扬南非白人文化。阿比迪（Ali A. Abdi）指出，非洲"模仿者"正在任由西方发达国家通过教育输出文化，把它的意识形态强加于非洲国家，实现思想控制和经济控制。[1] 这就要求非洲通过教育改革重新培养非洲文化生态系统，培育和构建和谐的、有利于非洲自身发展的人文教育环境。南非作为非洲的一分子，其非洲特性是抹不掉的。南非教材在进行南非"奇迹叙事"的同时，要能够理性看待非洲其他国家发展"落后"与欧美国家发展"先进"的状况，增进南非青少年的睦邻友好意识，逐渐消解大国沙文心态和潜在的西方崇拜意识。此外还需要认识到，南非是黑人和白人共同的家园，南非白人文化与西方国家文化应区别开来。有研究认为，殖民主义遗留下来的教育制度根深蒂固，它鼓励非洲人特别是青年人对外来文化持认同态度。[2] 而种族隔离教育宣扬对白人文化的认同。转型后，南非教材对黑人习俗、服饰、美食等均有呈

---

[1] Abdi A A. Globalization, Culture and Development：Perspectives on Africa[J]. Journal of Alternative Perspectives in the Social Sciences，2010（S1）：1-26.
[2] 艾周昌，舒运国．非洲黑人文明 [M]. 福州：福建教育出版社，2008：312-313.

现，意在培养黑人的文化认同，却又忽略了白人习俗和文化。如此一来，白人某种程度上又遭受到了歧视，由此产生的相对剥夺感使其越发不认同黑人文化。因此，南非教育政策与教材编撰应坚持"取其精华，弃其糟粕"的理念，以及兼顾公平、均衡发展的意识，在清除种族隔离意识的同时把旧南非已经发掘成熟并有价值的白人习俗和文化通过教育传承下来，避免"将孩子与洗澡水一同倒掉"。

第三节　创新基础办学模式，探索公私合作路径 ①

基础教育是政府提供给公民最重要的公共服务之一，也是促进青少年民族国家认同产生和厚植的主要机制与路径，因此，有质量的公平教育历来备受各国重视。实现转型以来，南非基础教育改革从未止步。改革的目标是不断地为青少年创设公平、优质的教育条件，以期消除种族隔离的后遗症。

转型初期，南非在全国推行学校融合教育。通过调整教育结构、贯彻平等理念等方式，教会各种族学生彼此尊重、互相信任。这为黑人和白人接受公平教育奠定了基础，促进了种族融合，并培植了南非民众兼容并蓄的精神气度。然而，随着肤色符号的式微，资本对教育的影响力和控制力日渐增强，同时，教育的资本逐利性越发凸显，民众对基础教育的投入和关注更胜往昔，教育公平问题再次进入公众和研究者的视野。

西开普省作为南非经济、社会以及教育发展水平最高的省份之一，近年来率先引入社会资本，结合政府、国际组织、私人力量、社会力量共同发展基础教育，在南非开启了公办学校新模式，为南非基础教育改革开创了新路，可视为南非教育扶贫的新导向。

---

① 本节部分内容刊于 2019 年 4 月 11 日《光明日报》（国际教科版），题目为《公私合作　强调公平：南非基础教育办学新探索》。

一、确保基础教育公平，尝试公私教育合作

南非基础教育阶段的学校包括免费公立学校、公私合资学校以及私立学校三种类型。其中，免费公立学校往往地处贫困地区，由政府补贴并对入读学生实施公办学校营养计划（NSNP）。公私合资学校也由政府补贴，但会向学生收取一定的费用。私立学校在南非由来已久，有些是由传统教会学校改造而来，如今最受学生和家长青睐。尽管私立学校收费高昂（例如，私立高中的收费往往是公立高中的 6 倍多），但许多南非家长对此热情不减。这些家长认为，针对青少年的教育消费是在购买希望、保障未来，为此，他们在择校和其他教育投入方面不惜代价。

在南非，许多私立教育机构选择参加由独立考试委员会组织的考试而非全国高级证书考试。2017 年，98.86% 的考生通过了由独立考试委员会组织的考试，考生中有 88.5% 通过了学士入学考试；相比之下，全国高级证书考试通过率为 75.1%，而选择这一考试的考生中仅有 28.7% 取得了学士入学资格。因此，许多学生家长认为其教育投入得偿所愿。

此外，OECD 的研究显示，小班教学更有利于满足学生个性化发展的需要。公立学校普遍采用大班教学模式，因此，许多家长将目光转向私立学校，以期为子女谋求优质教育。这种社会环境使得南非的许多公立学校在某种程度上被边缘化，成为贫困子弟的无奈之选。

迈向全纳、公平、有质量的教育是联合国教科文组织在《2030 年可持续发展议程》中提出的未来教育发展愿景。南非种族融合教育终结了隔离教育，为实现无排斥、无歧视的全纳教育目标奠定了坚实基础。然而，经济资本的杠杆调节功能在教育中不断凸显，对贫困群体享受有质量的公平教育提出了新挑战。

公立教育与私立教育各行其道，以往政府补贴的形式难以满足现实需

要，传统的公私合资学校调适功能有限，致使贫困群体接受优质教育的机会开始萎缩。美国著名教育学家克拉克（Burton R. Clark）指出，教育资源需求的无限性与政府投入的有限性是高等教育系统发展的矛盾。南非基础教育发展实际上面临着同样的矛盾，仅凭政府自身的力量难以满足教育发展的全部需求，这就要求教育部门正视现实问题，将社会优势因素引入公共教育以提高教育质量和效率。为了确保低收入群体学生享受同等教育教学质量，在全民教育运动收官之年，西开普省成为南非教育改革试点。该省率先实施在公办学校性质不变的情况下创建公私合办的学校。

二、力排众议推进改革，试点先行逐步推广

南非公私合作办学试点项目由西开普省政府主导推动，在这一进程中，有支持和赞誉，但也不乏质疑和争议。全球化背景下，促进教育均衡发展是时代发展的诉求，也是南非各级政府的责任。2015年，南非西开普省开始探索引入公私伙伴关系机制，建立了5所免费学校作为试点，分别是艾斯特维尔小学、快乐谷小学、奥兰杰克洛夫小学、兰戈高中和斯里卡瓦高中。在西开普省教育厅的主导下，这5所学校本着公办教师身份归属不变、入学免费且不选择生源的基本原则，成为首批公私合作试点学校。合作学校得到了诺亚盟校、千年信托、米歇尔与苏珊戴尔基金会以及默里信托的支持，但学校本身仍然属于公办教育体系。

2016年，西开普省发布草案提议赋予教育部门相应权利——可将任何学校划转为公私合作学校。2017年2月，西开普省教育厅召开新闻发布会，介绍公私合作学校取得的成效，并计划在未来若干年内，将合作学校的数量扩展至50所。2018年3月，西开普省教育议案公布，旨在修订1997年制定的西开普省教育法。西开普省学生的高考表现一直位于南非前列。不过，南非基础教育部2018年3月公布的各省及全国平均师生比显示，西开普省的中

学和小学师生比均高于南非全国平均水平。因此，西开普省的教育改革探索需要持续推进。同年 5 月，西开普省议会教育常务委员会向南非社会各界发出邀请，公开征集提案。

2018 年 8 月，为回应西开普省议会有关教育改革议案的邀请，公平教育组织在提案中指出，西开普省草案允许私营主体或捐赠者未经选举便获取合作学校的管理权限，这有违 1996 年的《南非学校法案》并对民主学校管理方式造成损害。该提案认为，合作学校无法为提升教育成效提供系统解决方案，试点项目监管缺位、评估不足，在南非推行合作建校模式显得草率且缺乏理性。

质疑声音认为：第一，合作学校定义含混不清，引入该模式与提升教育成效缺乏必然联系；第二，旨在改善"差校"的创新计划，实际上剥夺了贫困家长和工薪阶层家长的教育发言权；第三，公办教育是否应该过多地受到私营主体导向的影响，需要进一步讨论，因为有经验证明，在其他领域，在缺乏公共监管的情况下，私营部门提供的公共服务往往加剧了不平等；第四，项目运作方涉足教育领域的动机是开发新的获利市场，而教育领域关乎社会发展与基本人权，因此，一些学者对这一领域的营利动机持怀疑态度。总之，南非公私合作办学项目需要警惕私人资本的逐利倾向及新自由主义的倾向。

支持公私合作办学的学者指出，公私合作学校是优化政府公办教育体系的有效方案。第一，公私合作学校被赋予更多的自主管理权，可以更好地对接学生特殊需求；第二，公私合作经营模式本着结果导向原则，落实了学校主体责任；第三，合作学校没有合法收费的途径，需要从慈善组织或合作方募集资金获取收益。南非自由州大学前校长詹森认为，南非应该支持合作办学项目，这可能是留给南非人挽救贫困儿童、改变"因贫失学——无知识技能——永远陷身贫困"这一死循环的最后机会。

通过回顾南非公私合作办学试点项目并审视争议双方的观点，可以发现南非公私合作办学项目的主要亮点是政府主导、协同推进、稳步扩张、坚持公办属性、保障教师权益。质疑者关切的主要问题是成效监管缺位、贫困阶层家长呼声被掩盖、私营主体逐利进而导致不公平加剧的后果被低估。支持者的观点某种程度上回应了质疑，即自主管理对接需求保障教育成效、落实合办学校责任反映贫困生家长心声、明确收益渠道杜绝成本转嫁。

三、明晰未来发展趋势，贡献南非解决方案

南非政府对教育的重大意义有清晰的认识，不断谋求教育发展、促进社会公平正义，保障青少年公平享有教育机会进而获取优质教育资源。有研究者认为，南非教育改革需要南非方案，其首先要打破的就是"学校教育的成功有赖于家庭住址邮编（暗示学生家长收入水平）"的魔咒，应针对贫困青少年创建更多高水平、有影响力的学校，保障不同收入的家庭和人群都能接触优质教育资源，并在学习其他国家现有模式的时候力避照搬，特别要注意避免重复别人犯过的错误。

有报告认为，未来 10 余年，南非私立学校就学人数的占比将从 1/16 增加到 1/6，之后会趋于稳定，因为其余的青睐私立教育的父母心有余而力不足，承担不起相应的教育费用。公私合作学校作为公立学校和私立学校的补充形式，满足了低成本享受高质量教育的需求，具有一定的发展空间。

布尔迪厄指出，教育是代际流动和社会阶层再生产的主要途径。随着教育消费竞争的加剧，南非边缘化群体接受高质量的公办教育关乎教育公平，是国家和社会的百年大计。南非引入公私合作方式发展公立基础教育，是消弭公立教育和私立教育发展鸿沟、推进教育公平的新尝试。总之，在私立学校受追捧而公立学校被冷落的境况下，推行公办民助的合办学校不失为困境突围的有效路径。其不仅有利于提升公办学校的竞争力，而且有利于为贫困

群体创建优良的教育环境。

在公私合作办学的探索过程中，南非政府推行"免收学费、不择生源"的做法与不分种族、融合教育的初心一脉相承，是在通过对教育公平的坚守形塑南非人的共感或我们感。南非公私合作办学试点项目在西开普省政府的强力推动和主导下，已经进入立法程序。不过这一试点能否进一步获得认可并在南非全国推广，我们拭目以待。无论西开普省试点项目的结局如何，南非引入公私伙伴关系机制的举措不仅有效弥补了公共教育财政缺口，更重要的是为被边缘化的贫困群体享受有质量的公办教育提供了新路径，这必将为南非对接全球 2030 年教育发展目标"增颜添色"、创设新的条件。

第四节 结 语

南非基础教育政策改革以弥合种族裂隙、推动教育公平、形成国民共感为主要目标，中小学教材特别是文科教材中促进种族共融的内容占比不小，全球化侵袭、族群认同抗争两类挑战有望得到破解。但仍需注意的是，存异不求同的语言策略必然在各利益集团的角逐中继续维持甚至还有增加新的小众语言作为官方语言的可能。南非人相对于非洲其他国家的大国沙文主义心态也可能在较长一段时间内延续。"南非奇迹"的形象塑造是南非教育培植青少年自豪感的刺激因子，南非基础教育教材中以发展为主题的内容大都通过与非洲其他国家的对比来突出南非的发展成就，造成青少年对南非的认同与对非洲的不认同这一矛盾或将持续存在。这一点在南非总统办公室的报告中也有一定程度的体现。

曼德拉说，教育是改变世界最有力的武器，实际上，教育也是学校推进未来国民对国家认同的有力武器。南非实现民主转型后，新政府推动教育体系转型和促进课程改革以增强青少年爱国意识、提振民族自信、激发团结奋斗的精神，力图使新的国度能够巩固人类对正义的信念，增强人类对心灵深处高尚品德的信心，让所有人保持对美好生活的期望。然而，南非各种族所占有的政治、经济资本不均等，一定程度上是一种起点的不平等，从根本上决定了文化资本竞争机会的失衡。另外，国家过多的政策介入对部分族群造成了相对剥夺感，使得其认同感更加微弱。南非国家认同教育一方面基于多元一体化建设推进民族认同，另一方面通过在公民教育中贯彻民主与平等理念来增进未来国民对国家的认同。经过 20 多年转型发展，南非基础教育取得了不可否认的成绩，显著推动了教育公平，青少年在学校里相处融洽，种族融合在教育政策的强力干预下迈出了重要的一步。基础教育阶段的文科教材能够呈现南非政治精英和民族英雄留下的宝贵精神财富，如宽容、和解思想以及与非洲其他国家共享的传统理念。相信随着南非基础教育本土化不断推进和加强，本土知识能够得到进一步挖掘、整理并与民主法治理念有效结合，培养既有南非传统集体主义观念又有当代责任担当的青少年，从而弥合种族隔离教育造成的国民国家认同撕裂性、矛盾性的一面。

参考文献

一、外文文献

（一）著作、教材

Abdelal R，Herrera Y M，Iain J A（eds.）. Measuring Identity：A Guide for Social Scientists[M]. Cambridge：Cambridge University Press，2009.

Amato H，Calitz J，Campbell S，et al. Life Skills Learner's Book（Grade 6）[M]. Cape Town：Pearson South Africa（Pty）Limited，2017（30th）.

ANC. A Policy Framework for Education and Training[M]. Pretoria：African National Congress，1994.

Attwell A，Bottaro J，Burger R，et al. Life Orientation Learner's Book（Grade 12）[M]. Cape Town：Oxford University Press Southern Africa（Pty）Limited，2017（8th edition）.

Awerbuck D，Dyer D，Lloyd G，et al. English First Additional Language[M]. Cape Town：Pearson Marmang（Pty）Ltd，2016（10th edition）.

Baker P，Edwards M，Ralenala M，et al. English First Additional Language Learner's Book（Grade 5）[M]. Cape Town：Maskew Miller Longman（Pty）Ltd，2017（21st）.

Barbagli M. Educating for Unemployment：Politics，Labor Markets，and the School

System-Italy, 1859-1973[M]. New York : Columbia University Press, 1982.

Bean P, Bod D S, Houghton B B, et al. Ministry of Education Parliament of the Republic of South Africa [M]. Cape Town : Via Afrika, 2016.

Boehmer E. Nelson Mandela : A Very Short Introduction[M]. Oxford : Oxford University Press, 2008.

Bornman E. South Africa in Focus : Economic, Politic and Social Issues[M]. New York : Nova Publishers, 2013.

Brennan P, de Vos J, Edwards M, et al. English First Additional Language Learner's Book (Grade 5) [M]. Cape Town : Maskew Miller Longman, 2016.

Brooker E H. Apartheid : A Documentary of Modern South Africa[M]. New York : Routledge & Keegan Paul, 1968.

Cater G, Crane S, Heese S. Englsih Home Language Learner's Book (Grade 5) [M]. Cape Town : Pearson South Africa (Pty) Ltd, 2017 (22nd) .

Clitheroe F, Dilley L, Naidoo R, et al. Life Orientation Learner's Book (Grade 9) [M]. Cape Town : Oxford University Press Southern Africa (Pty) Limited, 2016 (15th edition) .

Crompton S W. Desmond Tutu : Fighting Apartheid[M]. New York : Chelsea House, 2007.

Department of Education in South Africa. Revised National Curriculum Statements (Grades R9 Schools) [M]. Pretoria : Sol Plaafje House, 2001.

Dilley L, Earle J, Keats G, et al. Geography Learner's Book (Grade 10) [M]. Cape Town : Maskew Miller Longman (Pty) Ltd, 2016 (17th) .

Dilley L, Earle J, Keats G, et al. Geography Learner's Book (Grade 11) [M]. Cape Town : Maskew Miller Longman (Pty) Ltd, 2016 (18th) .

Dobzhansky T. Evolution, Genetics and Man[M]. London : Wiley, 1997.

Dommisse J, Espi-Sanchis P, Naidoo R, et al. Life Skills Learner's Book(Grade 2)[M]. Cape Town：Oxford University Press Southern Africa(Pty)Limited, 2016(15th edition).

Eisner E W. The Educational Imagination：On the Design and Evaluation of School Programs (3rd Edition) [M]. Upper Saddle River：Merrill Prentice Hall, 1994.

Emeagwali G, George J, Dei S. Africa Indigenous Knowledge and the Disciplines[M]. Rotterdam：Sense Publishers, 2014.

Farrow J, Fennell K, Krone B, et al. English Home Language Learner's Book(Grade 2)[M]. Cape Town：Maskew Miller Longman, 2014 (9th edition).

Feenstea M, Gramanie P, Hardie Y, et al. Creative Arts (Grade 8 Learner's Book)[M]. Cape Town：Via Afrika, 2016.

Fernandez M, Friedman M, Jacobs M, et al. History Learner's Book (Grade 11) [M]. Cape Town：Maskew Miller Longman (Pty) Ltd, 2017 (31st).

Fiske E B, Ladd H F. Elusive Equity：Education Reform in Post-apartheid South Africa[M]. Washington：Brookings Institution Press, 2004.

Francis V, Baker P. English First Additional Language Learner's Book(Grade 3) [M]. Cape Town：Maskew Miller Longman, 2011 (1st).

Freire P. Pedagogy of the Oppressed[M]. Ramos M B, trans. London：The Continuum International Publishing Group Inc., 2005.

Hesse M B. Forces and Fields：The Concept of Action at a Distance in the History of Physics[M]. State of Delaware：Dover Publications Inc., 2005.

Innes L, Ntwape L, Parsard N, et al. Social Sciences (Grade 7 Learner's Book) [M]. Cape Town：Via Afrika, 2016.

Jansen J D, Sayed Y. Implementing Education Policies：The South African

Experience[M]. Cape Town : University of Cape Town Press, 2001.

Luke A. Literacy, Textbooks and Ideology : Postwar Literacy Instruction and the Mythology of Dick and Jane[M]. London : The Falmer Press, 1988.

Majhanovich S, Geo-JaJa M A（eds.）. Economics, Aid and Education : Implications for Development[M]. Boston : Sense Publishers, 2013.

Martin J L. What is Field Theory?[M]. New Jersey : Rutgers, 2003.

Mckinney C. Textbooks for Diverse Learners : A Critical Analysis of Learning Materials Used in South African Schools[M]. Cape Town : HSRC Press, 2005.

Mesthrie R. Language in South Africa[M]. Cambridge : Cambridge University Press, 2002.

Michael B, Mattes R, et al. Public Opinion, Democracy, and Market Reform in Africa[M]. Cambridge : Cambridge University Press, 2004.

Morris N, Rico P. Culture, Politics, and Identity[M]. Westport : Praeger, 1995.

Neocosmos M. From "Foreign Natives"to"Native Foreigners" : Explaining Xenophobia in Post-apartheid South Africa. Citizenship and Nationalism, Identity and Politics[M]. Dakar : Imprimerie Graphicus, 2006.

Nkomo M, Mckinney C, Chrisholm L. Reflections on School Integration : Colloquium Proceedings[M]. Cape Town : HSRC Publishers, 2004.

Pierre B, Loic J D. An Invitation to Reflexive Sociology[M]. Chicago : University of Chicago Press, 1992.

Ranby P,Johannesson B,Monteith M. Social Sciences Learner's Book（Grade 8）[M]. Cape Town : Pearson South Africa（Pty）Limited, 2016（17th edition）.

Ranby P, Johannesson B. Social Sciences Learner's Book（Grade 9）[M]. Cape Town : Pearson South Africa（Pty）Limited, 2016（15th edition）.

Sally P. Selecting Immigrants : National Identity and South Africa's Immigration

Politics[M]. Johannesburg：Wits University Press，2009.

Shabalala J. The SACMEQ II Project in Swaziland：A Study of the Conditions of Schooling and the Quality of Education[M]. Harare：SACMEQ，2005.

Sheila L C. Globalization and Belonging：The Politics of Identity in a Changing World[M]. Maryland：Rowman & Littlefield Publishers，Inc.，2004.

Smith A D. National Identity[M]. Harmondsworth：Penguin，1991.

Sparks A. The Mind of South Africa[M]. London：Heinemann，1990.

Stalin J V. Marxism and the National Question[M]. Moscow：Prosveshcheniye，1913.

Veriava F，Thom A，Hodgson T F. Basic Education Rights Handbook：Education Rights in South Africa[M]. Johannesburg：Section 27，2007.

（二）期刊论文

Abdi A A. Globalization，Culture and Development：Perspectives on Africa[J]. Journal of Alternative Perspectives in the Social Sciences，2010（S1）：1-26.

Ahmed R，Sayed Y. Promoting Access and Enhancing Education Opportunities?The Case of No-fees Schools in South Africa[J]. Compare，2009（2）：203-218.

Ahwee S，Chiappone L，Cuevas P，et al. The Hidden and Null Curriculums：An Experiment in Collective Educational Biography[J]. Educational Studies，2004（2）：25-43.

Ajam T，Fourie D J. Public Financial Management Reform in South African Provincial Basic Education Departments[J]. Public Administration and Development，2016（4）：263-282.

Arendse L. The School Funding System and Its Discriminatory Impact on Marginalised Learners[J]. Law，Democracy & Development，2011（1）：339-360.

Avvisati F, Besbas B, Guyon N. Parental Involvement in School : A Literature Review[J]. Dans Revue O'Economie Politique, 2010 (5): 759-778.

Bantwini B D. How Teachers Perceive the New Curriculum Reform : Lessons from a School District in the Eastern Cape Province, South Africa[J]. International Journal of Educational Development, 2010 (1): 83-90.

Beckman J L, Reyneke M. COVID-19 Challenges to Access to Education for Learners Living with Severe Disabilities : An Education Law Perspective[J]. Perspectives in Education, 2021 (1): 122-137.

Berg S. How Effective Are Poor Schools?Poverty and Educational Outcomes in South Africa[J]. Studies in Educational Evaluations, 2008 (3): 145-154.

Bertram C, Wassermann J. South African History Textbook Research : A Review of the Scholarly Literature[J]. Yesterday and Today, 2015 (14): 151-152.

Bornman E. National Symbols and Nation-building in the Post-apartheid South Africa[J]. International Journal of Intercultural Relations, 2006 (3): 383-399.

Chaka M. Public Relations (PR) in Nation-building : An Exploration of the South African Presidential Discourse[J]. Public Relations Review, 2014 (2): 351-362.

Chisholm L. Migration, Citizenship and South African History Textbooks[J]. South African Historical Journal, 2008 (3): 353-374.

Chisholm L. The Making of the South Africa's National Curriculum Statement[J]. Journal of Curriculum Studies, 2005 (2): 193-208.

Chisholm L. The Politics of Curriculum Review and Revision in South Africa in Regional Context[J]. Compare, 2005 (1): 79-100.

Cinpoes R. From National Identity to European[J]. Journal of Identity and Migration Studies, 2008 (1): 3-14.

Clemitshaw G. Review of the Book: Patriotism and Citizenship Education[J]. Journal of Social Science Education, 2012 (11): 150-152.

Cross M, Mungadi R, Rouhani S. From Policy to Practice: Curriculum Reform in South African Education[J]. Comparative Education, 2002 (2): 171-187.

Davis C. Histories of Publishing under Apartheid: Oxford University Press in South Africa[J]. Journal of Southern African Studies, 2011 (1): 79-98.

Eaton L. South African National Identity: A Research Agenda for Social Psychologists[J]. South African Journal of Psychology, 2002 (1): 45-53.

Enslin P. Citizenship Education in Post-apartheid South Africa[J]. Cambridge Journal of Education, 2010 (1): 73-83.

Esman M J. Ethnic Politics and Economic Power[J]. Comparative Politics, 1987 (4): 395-418.

Finchelescu G, Dawes A. Catapulted into Democracy: South African Adolescents' Sociopolitical Orientations Following Rapid Social Change[J]. Journal of Social Issues, 1998 (54): 563-583.

Fukuyama F. Why is Democracy Performing So Poorly?[J]. Journal of Democracy, 2015 (1): 11-20.

George G, Rhodes B. Teacher Salary Differentials Using Purchasing Power Parity (PPP): A South African Perspective as Both a "Source" and "Destination" Country[J]. Journal of Education, 2015 (63): 111-136.

Ghavamnia M. Don't Judge a Book by Its Cover: Textbook Evaluation in the EFL Settings[J]. Journal of International Social Research, 2010 (14): 449-461.

Harber C. Desegregation, Racial Conflict and Education for Democracy in the New South Africa: A Case Study of Institutional Change[J]. International Review of Education, 1998 (5-6): 569-582.

Himonga C N. A Legal System in Transition : Cultural Diversity and National Identity in Post Apartheid South Africa[J]. Journal of the African Law Association-Germany, 1998 (1): 1-23.

Huddy L, Khatib N. American Patriotism, National Identity, and Political Involvement[J]. American Journal of Political Science, 2007 (1): 63-77.

Hunter M. Schooling Choice in South Africa : The Limits of Qualifications and the Politics of Race, Class and Symbolic Power[J]. International Journal of Educational Development, 2015 (43): 41-50.

Hutchison T, Torres E. The Textbook as Agent of Change[J]. ELT Journal, 1994 (4): 315-328.

Jansen J D. Curriculum as a Political Phenomenon : Historical Reflections on Black South African Education[J]. The Journal of Negro Education, 1990 (2): 195-206.

Jansen J D. Political Symbolism as Policy Craft : Explaining Non-reform in South African Education after Apartheid[J]. Journal of Education Policy, 2002 (2): 199-215.

Jansen J D. The Politics of Salvation : Values, Ideology and the South African National Curriculum[J]. Verbum et Ecclesia, 2004 (2): 784-806.

Joubert R. Race Classification and Equal Educational Opportunities in South African Schools[J]. IJELP, 2014 (1): 41-53.

Kang X, Shen S, Gu J, et al. Projecting Nation?Cinema and the Creation of a National Identity in Post-apartheid South Africa[J]. Dissertations & Theses-Gradworks, 2011 (4): 1-5.

Lafon M. Promoting Social cum Racial Integration in South Africa by Making an African Language a National Senior Certificate Pass Requirement. Sibe Simunye at Last![J]. Alternation, 2010（1）：417-418.

Landsberg C, Mackay S. Is the AU the OAU without O?[J]. South African Labor Bulletin, 2003（4）：23.

Lomofsky L, Lazarus S. South Africa：First Steps in the Development of an Inclusive Education System[J]. Cambridge Journal of Education, 2001（3）：303-317.

Maringe F, Chiramba O. Imperatives for Educational Improvement in South Africa's Basic Education System[J]. Systematic Reviews of Research in Basic Education in South Africa, 2021（4）：251-271.

Marishane R N, Studies P. The Right to Basic Education for All in South Africa：Implications for School Principals[J]. Koers-Bulletin for Christian Scholarship, 2017（3）：1-8.

Mathebula R N, Runhare T. Saving the Curriculum or Saving Life?The Risk of Opening Schools in South Africa at the Peak of the Country's COVID-19 Pandemic[J]. Journal of Educational and Social Research, 2021（3）：187-201.

Mawere M. Indigenous Knowledge and Public Education in Sub-Saharan Africa[J]. Africa Spectrum, 2015（2）：57-71.

Meier C, Hartell C. Handling Cultural Diversity in Education in South Africa[J]. SA-eDUC Journal, 2009（6）：180-192.

Mestry R. A Critical Analysis of the National Norms and Standards for School Funding Policy：Implications for Social Justice and Equity in South Africa[J]. Educational Management Administration & Leadership, 2014（6）：851-867.

Mkhasibe R G, Mbokazi M S, Buthelezi A B, et al. Multicultural Education Exploring the Perceptions of Displaced School Principals：A Case of Principals From King Cetshwayo and Umkhanyakude Districts[J]. Multicultural Education,

2021（8）：208-219.

Modisaotsile B M. The Failing Standard of Basic Education in South Africa[J]. Policy Brief, 2012（1）：1-6.

Msila V. From Apartheid Education to the Revised National Curriculum Statement：Pedagogy for Identity Formation and Nation Building in South Africa[J]. Nordic Journal of African Studies, 2007（2）：146-160.

Murray H. Curriculum Wars：National Identity in Education[J]. London Review of Education, 2008（1）：39-45.

Ndlovu M. History Curriculum, Nation-building and the Promotion of Common Values in Africa：A Comparative Analysis of Zimbabwe and South Africa[J]. Yesterday & Today, 2009（4）：67-76.

Oyelana A A. Investigating the Rudiments of Access Must Rise and Fees Must Fall in the Tertiary Institutions of Learning in Selected African Countries[J]. Journal of Sociology and Social Anthropology, 2013（4）：63-68.

Reid W A. Curriculum as an Expression of National Identity[J]. Journal of Curriculum & Supervision, 2000（2）：113-122.

Ruiz R. Orientations in Language Planning [J]. NABE Journal, 1984（2）：15-34.

Sarah G. Tracking the Money for Open Educational Resources in South African Basic Education：What We Don't Know[J]. International Review of Research in Open and Distributed Learning, 2017（4）：16-34.

Sayed Y. Education Decentralization in South Africa：Equality and Participation in the Governance of Schools-paper Commissioned for the EFA Global Monitoring Report 2009-Overcoming Inequality：Why Governance Matters[J]. Medicina Clínica, 2008（19）：721-730.

Schultz T. Capital Formation by Education[J]. Journal of Political Economy, 1961

（69）：571-583.

Serfontein E M. The Nexus Between the Rights to Life and to a Basic Education in South Africa[J]. Potchefstroom Electronic Law Journal，2016（6）：2264-2298.

Sheldon L. Evaluating ELT Textbooks and Materials[J]. ELT Journal，1988（4）：237-246.

Simbo C. Defining the Term Basic Education in the South African Constitution：An International Law Approach[J]. Law，Democracy and Development，2012（16）：162-184.

Soudien C. "Constituting the Class"：An Analysis of the Process of "Integration" in South African Schools[J]. Acta Paediatrica，2004（1）：75-79.

Stuit H. Ubuntu，the Truth and Reconciliation Commission，and South African National Identity[J]. Biotechnology Progress，2010（2）：332-337.

Sun X T. What Is the Base for the Basic Education[J]. Theory and Practice of Education，2001（5）：16–23.

Taylor N. The Dream of Sisyphus：Mathematics Education in South Africa[J]. South African Journal of Childhood Education，2021（1）：1-12.

Tilakaratna N. Teaching the Nation：Recontextualized National Identity in Sri Lankan English Language Textbooks[J]. Eckert Beiträge，2016（4）：3.

Tsang W K. Critique of National Education Discourse in the HKSAR[J]. Education Journal，2011（2）：1-24.

Waghid Y. Compassion，Citizenship and Education in South Africa：An Opportunity for Transformation?[J]. International Review of Education，2004（5）：525-542.

Wells P，Ingley C. Governance and Leadership Implications for Academic Professionals in the Era of Technological Disruption[J]. Journal of Management & Governance，2019（1）：21-32.

Westheimer J, Kahne J. What Kind of Citizen?The Politics of Educating for Democracy[J]. American Educational Research Journal, 2004 (2): 237-269.

Xaba M I. A Qualitative Analysis of Facilities Maintenance : A School Governance Function in South Africa[J]. South African Journal of Education, 2012 (2): 215-226.

Yu K, Frempong G, Winnaar L. Improving Learner Achievement in South Africa : A Policy Proposition for a Growth Mindset Approach to Enhance Learner Support at Basic Education Level[J]. HSRC Policy Brief, 2015 (2): 1-4.

（三）其他文献（报纸、报告、学位论文等）

Alexander N. Language Education Policy, National and Sub-national Identites in South Africa[Z]. Strasbourg : Council of Europe, 2003 (7): 15.

Allais S M. Building and Sustaining Systems for Delivering Education : The Role of the State[M]//McLennan A, Munslow B (eds.) . The Politics of Service Delivery. Johannesburg : Wits University Press, 2009 : 258.

Anagrius A. Constructing the Rainbow Nation : Migration and National Identity in Post-apartheid South Africa[D]. Uppsala : Uppsala University, 2017.

Anttalainen K. Decolonizing the Mind?National Identity and Historical Consciousness in Cameroon History Textbooks[D]. Oulu : University of Oulu, 2013.

Armstrong P. Teacher Pay in South Africa : How Attractive Is the Teaching Profession?[R]. Stellenbosch : Department of Economics University of Stellenbosch, 2009.

Asmal K. Education in South Africa : Achievements Since 1994[R]. Pretoria : Department of South Africa, 2001.

Basic Education Dpartment Republic of South Africa. National Curriculum

Statement：Curriculum and Assessment Policy Statement Senior Phase Grades 7-9[Z]. Government Printing Works，2011.

Battersby J. A Question of Marginalization：Coloured Identities and Education in the Western Cape，South Africa[D]. Cape Town：University of Cape Town，2002.

Bengu S M E. Developments in Education Since the 1994 Elections：Our Current Challenges and Plans for the Future[R]. Johannesburg：Report on the National Policy Review Conference on Education and Training，1999.

Berg S V D，Taylor S，Gustafsson M，et al. Improving Education Quality in South Africa[R]. Namibia：Report for the National Planning Commission，2011.

Bokova I. Rethinking Education：Towards a Global Common Good?[R]. Paris：UNESCO Publishing，2015.

Chisholm L. The Quality of Primary Education in South Africa：Background Paper Prepared for UNESCO Education for All Global Monitoring Report[R]. Paris：UNESCO，2014.

Chisholm L. The Restructuring of South African Education and Training in Comparative Context in Kallaway[M]//Kallaway P，Kruss G，Donn G，et al. Education after Apartheid：South African Education in Transition. Cape Town：UCT Press，1997：170.

Crouch L，Hoadley U. The Transformation of South Africa's System of Basic Education[M]//Levy B，Cameron R，Hoadley U，et al. The Politics and Governance of Basic Education：A Tale of Two South African Provinces. Oxford：Oxford University Press，2018：27.

Department of Basic Education Republic of South Africa. Department of Basic Education Vote No. 14 Annual Report 2019/2020[R]. Pretoria：Department of Basic Education Republic，2020.

Department of Basic Education Republic of South Africa. National Senior Certificate（NSC）School Performance Report 2021[R]. Pretoria：Department of Basic Education，2021.

Department of Basic Education Republic of South Africa. National Senior Certificate（NSC）School Performance Report 2020[R]. Pretoria：Department of Basic Education，2020.

Department of Basic Education South Africa. Annual Performance Plan[R]. Pretoria：Department of Basic Education，2021.

Department of Basic Education（DBE）. South Africa Yearbook 2015/2016[Z]. Pretoria：Government Communications（GCIS），2015/2016.

Department of Basic Education. A 25 Year Review of progress in the Basic Education Sector[R]. Pretoria：Department of Basic Education，2019.

Department of Education（DoE）. White paper on Education and Training Notice 196 of 1995[Z]. Cape Town：Ministry of Education Parliament of the Republic of South Africa，1995.

Department of Education. SAAMTREK：Values，Education and Democracy in the 21st Century[R]. Pretoria：Department of Education，2001.

Drake M L. How Do the Values in New South African Policy Manifest in a Disadvantaged School Setting?[D]. Auckland：The University of Auckland，2012.

Fiske E B，Ladd H F. Balancing Public and Private Resources for Basic Education：School Fees in Post-apartheid South Africa[R]. Durham：Working Papers Series，2003.

Gibberd J. South Africa's School Infrastructure Performance Indicator System[R]. PFB Exchange，2007.

Gondwe J R. Manifestations of Inequality in Three Developing Countries：An

Investigation of Differential Education and Labour Market Outcomes[D]. Stellenbosch：Stellenbosch University，2021.

Hoppers W. Non-formal Education and Basic Education Reform：A Conceptual Review[R]. Paris：International Institute for Educational Planning，2006.

Hungi N，Makuwa D，Ross K，et al. SACMEQ III Project Results：Pupil Achievement Levels in Reading and Mathematics[R]. Paris：Southern and Eastern Africa Consortium for Monitoring Educational Quality，2010.

International Commission on the Futures of Education. Education in a Post-COVID World：Nine Ideas for Public action[R]. Paris：UNESCO，2020.

Isaacs S. Survey of ICT and Education in Africa：South Africa Country Report[R]. Washington：infoDev，2007.

Kurtz B，Roets L，Biraimah K. Global Education Inequities：A Comparative Study of the United States and South Africa[C]. New Challenges to Education：Lessons from Around the World BCES Conference Books，Volume 19. Sofia：Bulgarian Comparative Education Society，2021.

Lauwerier T，Akkari A. Teachers and the Quality of Basic Education in Sub-Saharan Africa[R]. Education Research and Foresight：Working Papers Series，2015.

Lehohla P. Education Series I Focus on Schooling in Limpopo[R]. Cape Town：Statistics South Africa, 2013.

Leonie A. The Development of Bantu Education in South Africa：1652 to 1954[D]. Montana：Montana State University，1965.

Mattes R. Learning Democracy?Civic Education in South Africa's First Post-apartheid Generation[R]. Bordeaux：7th General Conference of the European Consortium for Political Research，2012.

Mhlanga E. Deputy Editor of Sunday Times Misses the Mark as He Exposes His Lack of Understanding of the Basic Education Sector[N]. Basic Education Sector Insights，2021-04-07.

Minister of Education Department. Republic of South Africa Basic Education Laws and Amendment Bills[EB]. Government Gazette NO. 092101.

Moodie T D. The Rise of Afrikanerdom：Power，Apartheid，and the Afrikaner Civil Religion[M]. Berkeley：University of California Press，1975.

Mophosho B O. Identity Constructions of Black South African Female Students[D]. Johannesburg：University of the Witwatersrand，2013.

Motala S. Equity，Access and Quality in Basic Education：A Review[R]. Presidential Address Presented at the 2014 SAERA Conference，2015.

Mubanga D. Educational Policies in Post-apartheid South Africa：the National Curriculum and the Social Stratification of Working Class Families[D]. Johannesburg：University of the Witwatersrand，2012.

Muhammad R. The People's Education Movement in South Africa：A Historical Perspective[D]. Johannesburg：Rand Afrikaans University，1996.

Murtin F. Improving Education Quality in South Africa[R]. Paris：OECD Economics Department Working Papers，No. 1056，2013.

National Planning Commision. Our Future-Make it Work：National Development Plan 2030[Z]. Sherino Printers，2012.

Norgaard S. Rainbow Junction：South Africa's Born Free Generation and the Future of Democracy[D]. California：Stanford University，2015.

Nyoka A，Lekalake R. Afrobarameter：South Africa Round 6 Survey Analysis and Results[R]. Cape Town：Institute for Justice and Reconciliation，2017.

Perlina A. Shaping the Field：Kurt Lewin and Experimental Psychology in the Interwar Period[D]. Berlin：Humboldt-Universität zu Berlin，2015.

Phillips H M. What is Meant by Basic Education?Paris：A contribution to the HEP Seminar on "The Planning Problems in Rural Education"[R]. UNESCO，1975.

Ross K R. Quality and Equity in Basic Education：Can We Have Both?[N]. IIEP Newsletter，2007-07-09（9）.

Samoff J. After Apartheid，What?A Review of Externally Initiated，Commissioned，and Supported Studies of Education in South Africa[R]. Inventory and Analytic Overview of South Africa Education Sector Studies，1994.

Serene S K. National Identity and Young Children：A Comparative Study of 4th and 5th Grades in Singapore and the United States[D]. Michigan：University of Michigan，2010.

South Africa Government. Draft National Youth Policy[Z]. Government Gazette 2014-2019，2015.

Southern African Catholic Bishop's Conference. National Youth Policy 2014-2019[Z]. Briefing Paper 383，2015.

The Australian Council for Educational Research. Formative Evaluation of Textbooks and Workbooks in South Africa[R]. Pretoria：Department of Basic Education，2013.

The Report of the Working Group. Manifesto on Values，Education and Democracy[R]. Pretoria：Department of Education，2001.

UNESCO. Aparthied：Its Effects on Education，Science，Culture and Information[R]. Paris：Imprimeries Réunies de Chambery，1967.

United Nations. World Declaration on Education for All and Framework for Action to Meet Basic Learning Needs[R]. Jomtien：WCEFA，1990.

Vally S，Dalamba Y. Racism，"Racial Integration" and Desegregation in South Africa Public Secondary Schools[R]. Cape Town：South African Human Rights

Commission，1999.

Zarenda H. South Africa's National Development Plan and Its Implications for Regional Development[Z]. Working Paper Tralac，2013.

二、汉语文献

（一）专著

艾周昌，舒运国 . 非洲黑人文明 [M]. 福州：福建教育出版社，2008.

陈向明 . 质的研究方法与社会科学研究 [M]. 北京：教育科学出版社，2000.

方伟 . 新南非对外关系研究 [M]. 杭州：浙江人民出版社，2014.

冯建军 . 公民身份认同与学校公民教育 [M]. 北京：人民出版社，2014.

顾建新，牛长松，王琳璞 . 南非高等教育研究 [M]. 北京：中国社会科学出版社，2010.

桂榕 . 历史·文化·现实：国家认同与社会调适 [M]. 昆明：云南人民出版社，2012.

韩进之 . 教育心理学纲要 [M]. 北京：人民教育出版社，2003.

何九盈，等 . 辞源 [M]. 北京：商务印书馆，2015.

贺文萍 . 非洲国家民主化进程研究 [M]. 北京：时事出版社，2005.

黄忠敬，等 . 基础教育发展的中国之路 [M]. 上海：华东师范大学出版社，2016.

江宜桦 . 自由主义、民族主义与国家认同 [M]. 新北：扬智文化事业股份有限公司，1998.

李安山 . 非洲民族主义研究 [M]. 北京：中国国际广播出版社，2004.

李鹏程 . 葛兰西文选 [M]. 北京：人民出版社，2008.

李庆丰 . 大学课程知识选择的实践逻辑研究 [M]. 北京：北京师范大学出版社，2014.

刘亚斌 . 文化霸权论的变异学研究 [M]. 北京：中国社会科学出版社，2016.

刘云. 非洲与外部世界关系的历史变化 [M]. 北京：世界知识出版社，2014.

陆庭恩，宁骚，赵淑惠. 非洲的过去和现在 [M]. 北京：北京师范学院出版社，1989.

陆学艺. 当代中国社会阶层研究报告 [M]. 北京：社会科学文献出版社，2002.

马嬺. 区域主义与发展中国家 [M]. 北京：中国社会科学出版社，2002.

南京师范大学教育系. 教育学 [M]. 北京：人民教育出版社，1984.

秦晖. 南非的启示：曼德拉传·从南非看中国·新南非 19 年 [M]. 南京：江苏文艺出版社，2013.

滕星. 教育人类学通论 [M]. 北京：商务印书馆，2017.

王琳璞，毛锡龙，张屹. 南非教育战略研究 [M]. 杭州：浙江教育出版社，2014.

温宪. 我是非洲人：姆贝基传 [M]. 北京：世界知识出版社，2000.

肖宏宇. 非洲一体化与现代化的互动 [M]. 北京：社会科学文献出版社，2014.

徐大同. 西方政治思想史 [M]. 天津：天津教育出版社，2002.

杨立华，等. 南非政治经济的发展 [M]. 北京：中国社会科学出版社，1994.

叶澜. 中国基础教育改革发展研究 [M]. 北京：中国人民大学出版社，2009.

赵静蓉. 文化记忆与身份认同 [M]. 北京：生活·读书·新知三联书店，2015.

（二）译著

[德] 埃德蒙德·胡塞尔. 欧洲科学危机和超验现象学 [M]. 张庆熊，译. 上海：上海译文出版社，1988.

[德] 马克斯·舍勒. 知识社会学问题 [M]. 艾彦，译. 南京：译林出版社，2014.

[法] 弗朗茨·法农. 黑皮肤，白面具 [M]. 万冰，译. 南京：译林出版社，2005.

[法] 凯瑟琳·科克里－维德罗维什. 非洲简史：从人类起源到种族、宗教与革命 [M]. 金海波，译. 北京：民主与建设出版社，2018.

[法] 路易·约斯. 南非史 [M]. 史陵山，译. 北京：商务印书馆，1973.

[法] 皮埃尔·布迪厄, [美] 华康德. 实践与反思: 反思社会学导引 [M]. 李猛,
　　李康, 译. 北京: 中央编译出版社, 1998.

[加纳] 乔治·B. N. 阿耶提. 解放后的非洲: 非洲未来发展蓝图 [M]. 周蕾蕾, 译.
　　北京: 民主与建设出版社, 2015.

[加蓬] 让·平. 非洲之光 [M]. 侯贵信, 朱克玮, 等译. 北京: 世界知识出版社,
　　2010.

[喀麦隆] 塞勒斯汀·孟加. 非洲的生活哲学 [M]. 李安山, 等译. 北京: 北京大学
　　出版社, 2016.

[美] 埃里克·吉尔伯特, 乔纳森·T. 雷诺兹. 非洲史 [M]. 黄磷, 译. 海口: 海南
　　出版社, 2007.

[美] 本尼迪克特·安德森. 想象的共同体: 民族主义的起源与散布 [M]. 吴叡人,
　　译. 上海: 上海人民出版社, 2003.

[美] 凯尔文·C. 邓恩, [加] 蒂莫西·M. 肖. 国际关系理论: 来自非洲的挑战 [M].
　　李开盛, 译. 北京: 民主与建设出版社, 2015.

[美] 迈克尔·W. 阿普尔. 官方知识 [M]. 曲囡囡, 刘明堂, 译. 上海: 华东师范
　　大学出版社, 2004.

[美] 迈克尔·W. 阿普尔. 意识形态与课程 [M]. 黄忠敬, 译. 上海: 华东师范大
　　学出版社, 2003.

[美] 曼纽尔·卡斯特. 认同的力量 [M]. 夏铸九, 黄丽玲, 等译. 北京: 社会科学
　　文献出版社, 2003.

[美] 诺曼·K. 邓津, 伊冯娜·S. 林肯. 定性研究: 经验资料收集与分析的方法
　　[M]. 风笑天, 等译. 重庆: 重庆大学出版社, 2015.

[美] 朴尹正. 荣誉至上: 南非华人身份认同研究 [M]. 吕云芳, 译. 广州: 广东人
　　民出版社, 2014.

[美] 塞缪尔·亨廷顿. 我们是谁? ——美国国家特性面临的挑战 [M]. 程克雄,

译．北京：新华出版社，2005.

[南非]S. 泰列伯兰奇．迷失在转型中：1986 年以来南非的求索之路 [M]. 董志雄，译．北京：民主与建设出版社，2015.

[南非]海因·马雷．南非：变革的局限性——过渡的政治经济学 [M]. 葛佶，屠尔康，译．北京：社会科学文献出版社，2003.

[尼日利亚]铁努阿·阿契贝．非洲的污名 [M]. 张春美，译．海口：南海出版公司，2014.

[瑞典]斯特凡·I. 林德伯格．非洲的民主与选举 [M]. 程迈，译．南京：译林出版社，2017.

[以色列]尤瓦尔·赫拉利．未来简史 [M]. 林俊宏，译．北京：中信出版社，2017.

[英]O. F. 博尔诺夫．教育人类学 [M]. 李其龙，等译．上海：华东师范大学出版社，2001.

[英]埃克里·霍布斯鲍曼．民族与民族主义 [M]. 李金梅，译．上海：上海人民出版社，2000.

[英]巴兹尔·伯恩斯坦．教育、符号控制与认同 [M]. 王小凤，等译．北京：中国人民大学出版社，2016.

[英]巴兹尔·戴维逊．现代非洲史：对一个新社会的探索 [M]. 舒展，等译．北京：中国社会科学出版社，1989.

[英]布赖恩·特纳．公民身份与社会理论 [M]. 郭忠华，蒋红军，译．长春：吉林出版集团有限责任公司，2007.

[英]马丁·梅雷迪思．非洲国：五十年独立史（下）[M]. 亚明，译．北京：世界知识出版社，2011.

（三）期刊论文

蔡连玉，苏鑫．南非基础教育质量提升的路径 [J]. 比较教育研究，2014（12）：

92-97.

邓璐.教育强国，长远看基础教育 [J]. 教育科学论坛，2022（5）：1.

方展画，吴岩.南非国家课程的实施、调整及启示：评南非"2005 课程改革" [J].
课程·教材·教法，2004（10）：91-96.

冯建军.公民身份的国家认同：时代挑战与教育应答 [J]. 社会科学战线，2012
（7）：210-219.

高瑞.南非教育研究的进展、热点与特征：基于《South African Journal of
Education》的可视化分析 [J]. 高教探索，2019（3）：97-102.

顾成敏.公民教育与国家认同 [J]. 郑州大学学报（哲学社会科学版），2011（4）：
34-37.

郭凯.文化资本与教育场域：布迪厄教育思想述评 [J]. 当代教育科学，2005
（16）：33-37.

韩震.教育如何促进国家认同？ [J]. 人民教育，2015（20）：12-15.

侯俊玲.中国、南非高中历史教材比较：以岳麓出版社与马斯库·米勒·朗文出版
社 1945—1991 年历史相关教材为例 [J]. 世界教育信息，2017（15）：48-
51.

姜恒昆.非洲：全球化还是西方化 [J]. 西亚非洲，2003（3）：61-65.

[尼日利亚] 卡鲁·E. 乌穆.论南非种族隔离制的起源 [J]. 宁骚，译. 世界民族，
1984（4）：1-7.

康建朝，尤丽雅.新南非国家教育政策制定机制探微 [J]. 比较教育研究，2013
（3）：70-74.

康叶钦.教育政策借鉴的四步模型研究：以南非"结果本位"教育改革为例 [J]. 外
国教育研究，2013（1）：26-27.

李安山.新南非与津巴布韦的民族问题及民族政策的比较 [J]. 西亚非洲，2011
（7）：15-32.

李海云，张莉. 小学语文教科书价值取向比较研究 [J]. 教育科学文摘，2012（6）：59-60.

李龙. 港台青年国家认同的三维分析 [J]. 中国青年研究，2016（2）：4-10.

刘鸿武，王严. 非洲实现复兴必须重建自己的历史：论 B. A. 奥戈特的非洲史学研究与史学理念 [J]. 史学理论研究，2015（4）：77-86.

刘剑虹，张军. 南非以结果为本位的教育改革 [J]. 比较教育研究，2008（6）：45-49.

刘捷. 主流教材的内涵与特征 [J]. 教育科学研究，2010（10）：45-49.

刘兰. 南非种族隔离时期的教育制度与种族分层劳动力市场的形成 [J]. 世界民族，2016（2）：102-110.

楼世洲，徐倩，万秀兰. 对我国非洲教育研究的思考 [J]. 教育研究，2016（10）：138-142.

罗毅. 南非教育的改革与发展 [J]. 西亚非洲，2007（9）：17-22.

马正义. 重释南非和平转型：从白人政权的制度特征谈起 [J]. 学术论坛，2015（4）：34-37.

欧阳常青，苏德. 学校教育视阈中的国家认同教育 [J]. 民族教育研究，2012（5）：10-14.

蒲淑萍，宋乃庆，邝孔秀. 21 世纪小学数学教材的国际发展趋势研究：基于对10 个国家 12 套小学教材的分析 [J]. 教育研究，2017（5）：144-151.

乔琳. 金砖五国教育投资对经济增长的外溢效应：基于菲德尔模型的实证研究 [J]. 中央财经大学学报，2013（4）：63-68.

[韩]权五较，沈晓敏. 韩国社会科教科书中的国家形象透析 [J]. 全球教育展望，2010（11）：85-90.

石玉昌，张诗亚. "学在野"之"化"：兼论民族教育田野调查法 [J]. 民族教育研究，2015（6）：17-23.

宋乃庆，贾璞．中国基础教育发展 100 年：走向公平与质量的教育 [J]. 西南大学
　　学报（社会科学版），2021（3）：127-139.

王琳璞，顾建新．南非高等教育变革中的公平与效率问题 [J]. 教育发展研究，
　　2008（Z1）：92-96.

王留栓．南非高等教育发展简况 [J]. 西亚非洲，2001（3）：39-41.

吴方彦，孙蔚．国家认同研究中的核心问题探析 [J]. 南京社会科学，2016（6）：
　　72-78.

许志娴，陈忠暖．中学地理教育与构建国家认同的探讨：基于高中地理教材关键
　　词词频的分析 [J]. 地理教育，2013（1）：13-14.

杨成．去俄罗斯化、在地化与国际化：后苏联时期中亚新独立国家个体与集体身
　　份的生成和巩固路径解析 [J]. 俄罗斯研究，2012（5）：93-159.

易建平．关于国家定义的重新认识 [J]. 历史研究，2014（2）：143-161.

殷冬水．国家认同建构的文化逻辑：基于国家象征视角的政治学分析 [J]. 学习与
　　探索，2016（8）：74-81.

余东升．质性研究：教育研究的人文学范式 [J]. 高等教育研究，2010（7）：63-
　　70.

詹小美，王仕民．文化认同视域下的政治认同 [J]. 中国社会科学，2013（9）：
　　27-39.

张秀娟．南非成人基本教育之发展脉络与省思 [J]. 国际文化研究，2007（2）：
　　57-79.

折延东，周超，黄灿灿．论教材的本质及其重建 [J]. 课程·教材·教法，2016（6）：
　　42-47.

郑富兴，高潇怡．经济全球化与国家认同感的培养 [J]. 教育研究与实验，2005
　　（3）：31-36.

周光辉，李虎．领土认同：国家认同的基础——构建一种更完备的国家认同理论

[J]. 社会科学文摘，2017（1）：46-64.

周光辉. 国家认同的规范之维 [J]. 学习与探索，2016（8）：1-3.

朱智毅. 从"文化共同体"到"法律共同体"：有关"中华民族"的想象与形成 [J].
现代交际，2011（9）：19-20.

（四）其他文献（报纸、报告、学位论文等）

[美] 道格拉斯·福斯特. 曼德拉的遗产 [N]. 蒲实，徐睿晗，编译. 三联生活周
刊，2013-12-13.

韩震. 教育与国家认同 [N]. 光明日报，2013-12-26（7）.

黄金贵. 邦与国 [N]. 中国社会科学报，2017-06-27（3）.

黄肖静. 全球化背景下我国青年的文化认同研究 [D]. 北京：中国青年政治学院，
2008.

黄燕. 中国和南非小学数学课程标准比较研究 [D]. 扬州：扬州大学，2015.

蒋晖. 南非"学费必须下降"运动和"人民教育"道路的失败 [M]// 汪晖，王中
忱. 区域（2016年第2辑）. 北京：社会科学文献出版社，2016：261-
309.

李水平. 新中国教科书制度研究 [D]. 长沙：湖南师范大学，2014.

[澳] 默里·普云特. 何谓21世纪"好公民"：课程的视角 [M]// 檀传宝，[澳] 默
里·普云特. 培育好公民：中外公民教育比较研究. 杭州：浙江教育出版社，
2016：2.

刘秉栋. 公私合作　强调公平：南非基础教育办学新探索 [N]. 光明日报，2019-
04-10（14）.

刘秉栋，楼世洲. 南非2030学校基础教育愿景透视 [N]. 中国教育报，2017-
12-01（5）.

刘菊. 价值认异：全球化背景下价值冲突的一种消解之道 [D]. 南京：南京师范大

学，2006.

柳翔浩 . 和合视域下跨境民族地区中学生国家认同教育研究：以德宏州为例 [D].
　　重庆：西南大学，2013.

龙秀 . 民主南非基础教育课程改革 [D]. 金华：浙江师范大学，2013.

骆卡娜 . 民国时期小学语文教材插图研究 [D]. 上海：华东师范大学，2012.

宁乐锋 . 民主政治及其认同根基 [D]. 天津：南开大学，2009.

孙琳 . 场域：出场意义的形塑、传播与解码 [D]. 苏州：苏州大学，2012.

[英] 西蒙斯 . 印象与评论：法国作家 [M]// 黄晋凯，等 . 象征主义·意象派 . 北
　　京：中国人民大学出版社，1989.

杨清溪 . 合理发展：基础教育发展新路径研究 [D]. 长春：东北师范大学，2015.

姚文帅 . 国家认同的价值研究 [D]. 北京：中央民族大学，2016.

袁名清 . 南非和平转型是曼德拉的最大遗产 [N]. 潇湘晨报，2013-12-07（5）.

附　录

附录 1　观察或访谈对象 [①]

参与观察或访谈对象一览

人物姓名	概况介绍
瑞依（Ray）	男，33 岁，南非林波波省人，非国大（ANC）党员，曼德拉都市大学—斯坦林布什大学交换硕士研究生（笔者 2016 年寒假期间室友）
努姆（Numu）	男，25 岁，南非科萨人，商务部资助来华留学生
罗特恩都（Lotowndo）	男，22 岁，南非伊丽莎白港人（科萨族），曼德拉都市大学—斯坦林布什大学交换硕士研究生
木布娜（Mbguna）	女，18 岁，英裔白人，高中毕业，2016 年因贫困辍学
莫文（Mervyn）	男，年龄不详，南非阿非利卡人，Addo Elephant National Park 导游
马迪（Madi）	女，年龄不详，南非阿非利卡人，曾担任过小学数学老师，PGSV Unit 6 负责人
珍妮（Jenny）	女，26 岁，南非英裔白人，某大学国际教育学院工作人员
塔福（Tafu）	男，28 岁，津巴布韦人，经济学在读博士研究生，在南非伊丽莎白港 Walmer 地区某中学兼任教职
曼多（Mando）	男，24 岁，赞比亚人，南非开普敦某信息工程公司任职
莫纳（Mona）	男，35 岁，喀麦隆人，来华留学博士研究生
艾莫索（Emoso）	男，49 岁，埃塞俄比亚人，来华留学博士研究生
乐凯（Lekai）	男，28 岁，尼日利亚人，来华留学博士研究生
伊萨（Isah）	男，31 岁，尼日利亚人，曼德拉都市大学工程管理学博士研究生
凯茜（Cathey）	女，37 岁，南非伊丽莎白港市（PE）匹克威克书店经理，曾任伊丽莎白港某小校数学教师，对南非基础教育各科教材情况比较熟悉

---

① 书中所涉及的人物均为化名。

附录 2　访谈提纲

项目	说明
访谈目的	（1）了解南非人对基础教育重要性的认识； （2）了解南非人对基础教育现状的看法； （3）了解南非人对黑人和白人所接受的基础教育的异同的认识及其影响； （4）了解瑞依（Ray）小时候（种族隔离时期）所接受的基础教育及其特点。
访谈时间	2016 年 12 月 29 日晚；2017 年 1 月 13 日下午
访谈地点	Unit 5 Village 2 PGSV NMMU；Unit1 Village 6 PGSV NMMU
访谈对象	瑞依（Ray），34 岁，林波波省人，非国大党员，曼德拉都市大学—斯坦林布什大学交换硕士研究生
访谈类型	探索式访谈（在聊天过程中引入相关话题，以期能够得到自然的、无防备的真实回答）
访谈问题	（1）Do you think basic education is important? And why? （2）How do you think about the present status of basic education in South Africa? Could you please give me a more detailed description? （3）Thanks for your active response last time. And could you please briefly depict the basic education you received and the white received. Are there any differences and effects? Can you share any more specific examples? （4）Could you please tell me the story when you were a primary or secondary pupil? And what did you mainly learn at that time?

项目	说明
访谈目的	（1）呈现南非基础教育教材中的索韦托事件，以期了解南非人对这一特定文本的理解，确证作者的假设和判断； （2）南非"生而自由"一代（born free generation）接受的是后种族隔离教育，基础教育状况应该已有所改善，了解亲历者的相关感受； （3）深入探讨系列个案与基础教育之间的逻辑关系。
访谈时间	2017 年 12 月 23 日下午
访谈地点	浙江师范大学第 23 幢教学楼，咖啡厅
访谈对象	努姆（Numu），南非科萨人，25 岁，商务部资助来华留学生
访谈类型	半结构式访谈 （访谈前准备了与南非基础教育相关的数据资料和 2 个问题，然而科萨人大都侃侃而谈且很擅长延伸话题，便谈到了近期发生的系列事件与基础教育的关系）

续表

项目	说明
访谈问题	（1）This is a text about Soweto Uprising from a book for the learners in basic education，how do you feel while reading it? （2）"The born free generation" received merging education since the democracy transition. It was reported that only 60% of youths willing to vote in South Africa? How do you think about it? （3）Are those cases we discussed above independent or are there any relations among one another?

附录3　南非部分基础教育教材主题

母语教材（HL）

1年级教材主题

第一学期	第二学期	第三学期	第四学期
主题1 我和我的身体	主题4 我的家人	主题7 人与宠物	主题10 我的家
主题2 我的学校	主题5 安全	主题8 礼貌	主题11 找路
主题3 合理饮食	主题6 健康	主题9 植物与种子	主题12 水

2年级教材主题

第一学期	第二学期	第三学期	第四学期
主题1 我们的家	主题4 神奇的身体	主题7 野生物	主题10 升旗
主题2 扑通——水	主题5 美味的食物	主题8 家人与朋友	主题11 上班的人
主题3 阳光和雨	主题6 聪明的生物	主题9 热爱我们的世界	主题12 星球与星星

3 年级教材主题

第一学期	第二学期	第三学期	第四学期
主题 1 关于我的一切	主题 4 吃干净	主题 7 很久以前	主题 10 我该穿什么
主题 2 平安无恙	主题 5 漂亮的小虫子	主题 8 你的世界	主题 11 对我们有益处的动物
主题 3 小事情	主题 6 生物圈	主题 9 狂暴的自然	主题 12 太空

4 年级教材主题

第一学期	第二学期	第三学期	第四学期
主题 1 我们的地球	主题 6 别介意天气	主题 10 书的世界	主题 15 我的家
主题 2 吟诗	主题 7 故事时间	主题 11 做一名生态战士	主题 16 书虫
主题 3 奇妙的神话	主题 8 神话寓言	主题 12 有趣的诗歌	主题 17 可怕的朋友
主题 4 烹调	主题 9 做游戏	主题 13 关心我们的世界	主题 18 制作广告
主题 5 新闻与观点		主题 14 打鼓	主题 19 一起玩

5 年级教材主题

第一学期	第二学期	第三学期	第四学期
主题 1 动物故事	主题 6 训练你的大脑	主题 10 小说中的思想与情感	主题 15 丰富的故事
主题 2 假期时光	主题 7 绿化我们的环境	主题 11 等等，还有更多	主题 16 可疑的事实
主题 3 媒体	主题 8 动物和人类	主题 12 超长的神话故事	主题 17 迷上电视
主题 4 超级英雄，超级力量	主题 9 贪婪还是需要	主题 13 冒雨还是顶着阳光而来	主题 18 自己找乐趣
主题 5 诗歌是图画		主题 14 生活的挑战	

6 年级教材主题

第一学期	第二学期	第三学期	第四学期
主题 1 治愈我们的世界	主题 6 清楚地交流	主题 10 变	主题 15 我喜欢做的事情
主题 2 童话里的家庭	主题 7 跨过大海	主题 11 很久以前	主题 16 荒岛求生
主题 3 好的广告	主题 8 狡猾的蜘蛛阿南西	主题 12 滑稽故事	主题 17 故事时间
主题 4 表现自我	主题 9 今天天气如何	主题 13 勾画故事	主题 18 诗歌是图画
主题 5 童年梦想		主题 14 整个世界是一个舞台	

附加语教材（FAL）

1 年级教材

第一学期	第二学期	第三学期	第四学期
主题 1 我	主题 5 我住的地方	主题 9 保持健康	主题 13 动物
主题 2 开始上学	主题 6 出行	主题 10 照顾好你自己	主题 14 植物
主题 3 我的家人	主题 7 购物	主题 11 衣服	主题 15 保持干净
主题 4 我的家	主题 8 各种食物	主题 12 白天与黑夜	主题 16 特殊的日子

2 年级教材

第一学期	第二学期	第三学期	第四学期
主题 1 游戏	主题 5 我知道的地方	主题 9 保持健康	主题 13 野生动物
主题 2 我的学校	主题 6 旅行与冒险	主题 10 安全和不安全	主题 14 有用的植物
主题 3 我的家人	主题 7 商店与购物	主题 11 我们的穿着	主题 15 循环利用与节俭
主题 4 家	主题 8 生日礼物	主题 12 各种天气	主题 16 让我们庆祝吧

3 年级教材

第一学期	第二学期	第三学期	第四学期
主题 1 我喜欢运动	主题 5 我的国家	主题 9 健康活动	主题 13 有趣的动物
主题 2 在学校学习	主题 6 旅游	主题 10 保持安全	主题 14 植物与树林
主题 3 我和家人	主题 7 我们种植和制作的东西	主题 11 各种衣服	主题 15 水是生命之源
主题 4 在家	主题 8 美味的食物	主题 12 天气与自然	主题 16 庆祝新年

4 年级教材

第一学期	第二学期	第三学期	第四学期
主题 1 我们爱的人	主题 6 采取行动	主题 10 一个新城镇	主题 15 勇敢一点
主题 2 超级运动	主题 7 晴天还是多云	主题 11 保重	主题 16 让世界更美好
主题 3 河里冒险	主题 8 动物故事和诗歌	主题 12 太阳的故事	主题 17 忙碌的社群
主题 4 美味食物	主题 9 具有危害性的动物	主题 13 强大的太阳	主题 18 保护我们的星球
主题 5 我们住的地方		主题 14 朋友	

5 年级教材

第一学期	第二学期	第三学期	第四学期
主题 1 我爱干的事情	主题 6 故事欣赏	主题 10 我们羡慕的人	主题 15 安全玩耍
主题 2 出行	主题 7 发明	主题 11 漂亮的鸟儿	主题 16 火灾
主题 3 朋友	主题 8 怪物与其他生物	主题 12 动物与环境	主题 17 感觉
主题 4 一定要成功	主题 9 健康的习惯	主题 13 很久以前的埃及	主题 18 挖掘恐龙
主题 5 大量的诗歌		主题 14 劳动者的职业	

6 年级教材

第一学期	第二学期	第三学期	第四学期
主题 1 放学后	主题 6 捉弄	主题 10 特别的地方	主题 15 庆祝
主题 2 英雄	主题 7 有用的植物	主题 11 守护水资源	主题 16 制作音乐
主题 3 挺直腰板	主题 8 郊游	主题 12 太空探险	主题 17 天气
主题 4 要有创造力	主题 9 看电视时间	主题 13 科学与技术	主题 18 夏天到了
主题 5 美味的食物		主题 14 表演话剧	

后　记

　　晨起暮落，时光激滟，不觉间，博士毕业已四年有余。几年来，累土聚沙，增删改查，未敢懈怠，终于完成了对博士学位论文的修改，也完成了教育部资助课题的目标任务。这本书便由此应运而生。

　　回望来路，初心依旧，研究非洲，全赖恩师指引。浙江师范大学求学，苦乐相伴，日子充实而又丰盈，迄今仍清晰如昨。恩师楼世洲先生，学养深厚，洞幽察微，对待学术一丝不苟，对待学生宽厚仁慈。即便毕业，仍能享受教诲，恩师点拨我于困顿之时，鞭策我于懈怠之际。幽幽师恩，铭记于心，催我奋进。

　　解惑之恩，甚是感念，感谢金生鈜教授、於荣教授、朱剑副研究员、田晓红副研究员等诸位老师的提点和帮助；感谢周红霞教授、祝伟华老师、陈菲艳老师的支持和关心；关照之情，未敢忘却，感谢在南非期间给予我帮助的外导 Peter Cunningham 教授、同胞张浩然先生、赞比亚籍 Mando 硕士、尼日利亚籍 Isha 博士、津巴布韦籍 Tafazwa 博士。

　　读博士时奔波学业，返校后忙于事业，总是对家人亏欠良多。殷殷夫妻情，同心自相知，妻子知我之志向，先后支持我完成硕士和博士学业。妻子任劳任怨，十余年如一日，扛起了许多本该属于我的责任。妻子的付出，令我觉得拼搏的辛酸苦累充满甘甜。女儿聪明伶俐，从懵懂可爱到逐渐叛逆，就要长成大姑娘了！犹记得，读博离家时，她说想爸爸时就闻闻爸爸的衣服，这样就能感受到爸爸的味道。女儿当时的话让我的心无比刺痛，激励我尽快完成了学业。陪伴着她，看着她快乐成长，是我最大的幸福。丝丝亲情记心间，岳父岳母爱女及婿，给予我很多帮衬，令我求学放心、工作安心、生活顺心。涓涓父母恩，天高地厚，云何可报，唯有励精笃行、行稳致远。

　　深入田野，赴南非调研，受到国家留学基金委资助，本书出版还受到甘肃省哲学社会科学规划项目（编号：2022YB119）、陇东学院博士基金项目（编号：XYBY202020）、陇东学院著作基金等资助，在此一并致谢！

　　感谢浙江大学出版社策划编辑吴伟伟、责任编辑陈翩女士的辛苦付出，使本书得以顺利出版。

刘秉栋

2022年11月16日